DOCUMENTS

SUR LA

VILLE DE MAYENNE

PUBLIÉS PAR

A. GROSSE-DUPERON

Vice-Président de la Commission historique et archéologique de la Mayenne

Membre titulaire de la Société historique et archéologique du Maine

MAYENNE

IMPRIMERIE POIRIER FRÈRES

M. D. CCCCVI

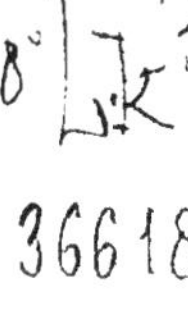

36618

DOCUMENTS

SUR LA

VILLE DE MAYENNE

LE DONJON DU CHÂTEAU DE MAYENNE

(*Rue du Château*)

DOCUMENTS

SUR LA

VILLE DE MAYENNE

PUBLIÉS PAR

A. GROSSE-DUPERON

Vice-Président de la Commission historique et archéologique de la Mayenne

Membre titulaire de la Société historique et archéologique du Maine

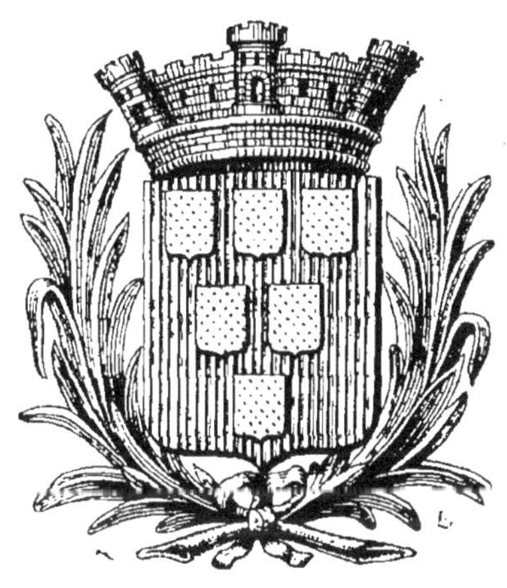

MAYENNE

IMPRIMERIE POIRIER FRÈRES

M. D. CCCCVI

Les documents, qui composent cet ouvrage, ont été imprimés à mesure qu'ils nous sont parvenus et nous n'avons pu les classer par ordre chronologique.

Nous remercions vivement M. CARRÉ, chef de l'Octroi de Mayenne, de la photographie du donjon du château de Mayenne qu'il nous a gracieusement offerte et dont nous donnons la reproduction en tête de ce volume.

M. BIS, commis des Ponts-et-Chaussées à Mayenne, a bien voulu dessiner le plan du District de Mayenne qui figure à la page 216, et nous lui adressons aussi nos remerciements.

DOCUMENTS

VILLE DE MAYENNE

A

ERECTION EN MARQUISAT DE MAYENNE DES BARONNIES
DE MAYENNE, SABLÉ, LA FERTÉ-BERNARD ET CHATEL-
LENIES D'ERNÉE ET DE PONTMAIN [1].

(Septembre 1544)

François, par la grâce de Dieu, roy de France, à tous
présens et avenir, salut.

Sçavoir faisons que nous,

Considérans que nos prédécesseurs roys de France,
par bonne et louable coustume, ont élevé en tiltre et
degré d'honneur les maisons de ceux qui nous attouchent en proximité de sang et de lignaige et entre autres
les personnages dont, par les grands, louables et vertueux services, leur mémoire doit estre perpétuelle, affin
de plus en plus les inviter et émouvoir de continuer de
bien en mieux et aux autres donner exemple de les en-
suyvir et, en les ensuyvant et imitant, faire chose qui
soit à l'honneur et utilité du bien publicq,

A cette cause, ayant esgard et considération aux
grands, vertueux et recommandables services que nostre

---

(1) V. Arch. Dép. de la Mayenne, *E, Titres féodaux, Mayenne.*

très cher et très aimé cousin Claude de Lorraine, duc de Guise, pair de France, nostre gouverneur èz pays et duché de Bourgongne, et par cy-devant et dès long temps faits à nous et à la chose publicque de nostre royaume au fait de nos guerres, sans y avoir espargné sa propre personne, ses enfans, ny biens, de sorte qu'il en est demeuré digne de perpétuelle louange et recommandation,

Pour ces causes et aussy que nostre dict cousin duc de Guise est de la maison de Lorraine, descendu par femme et aliance de la maison d'Anjou et de nos prédécesseurs roys de France, voulans luy et sa dicte maison décorer ainsy que la proximité de lignaige dont il nous attient et la grandeur de ses dicts services le méritte, et après qu'il nous a fait entendre que à luy compétent et appartiennent les villes et baronnies de Maienne la Juhez, Sablé et la Ferté-Bernard et aussy les chastellenies de Ernée et du Pommain estants en et au dedans la ditte baronnie de Maienne, le tout scituées et assises en nostre conté et pays du Maine et tenues par hommaige d'iceluy, fors quelque petite portion que l'on veult dire estre au ressort d'Anjou pour le regard dudit Sablé, de fort belle et grande estendue de pays, èzquelles et chacune d'icelles y a grande quantité de vassaulx, fiefs et arrières-fiefs, boys, forests, rivières, bourgs, villages qui en dépendent et églises des fondations de ses dicts prédécesseurs barons de Mayenne, de Sablé, la Ferté-Bernard, chastellenies du Pommain et Ernée,

Pour ces causes et autres raisons, bonnes et justes considérations à ce nous mouvans, nous ayans le tout bien considéré et délibéré avec les princes de nostre sang et gens de nostre conseil privé, et voulans décorer et élever nostre dit cousin, sa ditte maison et les dittes baronnies, terres et seigneuries de Maienne, Sablé et la Ferté-Bernard, chastellenies de Ernée et du

Pommain, estans comme dit est, dedans la ditte baronnie de Maienne.

De nostre certaine science, propre mouvement, pleine
puissance, libéralité et autorité royalle, et du consentement de nostre dict cousin le duc de Guise.

Avons, icelles trois baronnies et seigneuries de
Mayenne, Sablé et la Ferté-Bernard, chastellenies des
dicts Pommain et Ernée, fiefs et arrières-fiefs et choses
qui en dépendent et y enclavées, réduittes et remises,
réduisons et remettons en ung mesme corps [de] seigneuries et icelles, avec leurs territoires et dépendances
distinctes, séparées et distraittes de la ditte foy et hommage, teneure de juridiction, subjection, territoire et
ressort de nostre dit comté du Mayne et duché d'Anjou,
sçavoir est : les dittes seigneuries et baronnies de
Mayenne, la Ferté-Bernard et Sablé et les fiefs et seigneuries qui en dépendent, avec les chastellenies de
Ernée et du Pommain du dict ressort, pays et comté du
Maine, et aussy la ditte barronnie et seigneurie de Sablé
et fiefs qui en dépendent, en ce qui pouroit estre tenu du
dict comté du Maine et de nostre dict duché d'Anjou et
sièges d'illec ; et, icelles seigneuries et baronnies de
Maienne, Sablé et la Ferté, chastellenies du Pommain
et Ernée, ainsy unies et incorporées que dessus, avons
élevéz et érigéz et encore, par ces présentes, érigeons et
élevons à nostre dit cousin le duc de Guise, ses successeurs et ayant causes tant masles que femelles, en tiltre
d'honneur, prééminences, prérogative et autorité de
marquisat, pour estre tenu de nous et de nostre couronne
à une simple et seulle foy et hommage et ressortir, en
cas d'appel et juridiction, directement et sans aucun
moien, par privilège très espécial et exprès, en nostre
Cour de Parlement à Paris, avec touttes, telles juridictions et cognoissances qui y appartiennent, reservez
touttes fois les cas dont nos seuls juges royaulx doivent

connoistre ; lequel marquisat sera doresnavant nommé
et appelé le marquisat de Mayenne, auquel nostre dict
cousin, ses successeurs et ayans cause, tant masles que
femelles, pourront avoir, constituer et establir perpétuellement au dict lieu de Mayenne ung juge licentié èz loix
et homme qualiffié et expérimenté, qui se nommera le
juge de marquisat de Mayenne ; auquel juge [de] marquisat et à ses lieutenants èz sièges particuliers au prouf-
fit de nostre dict cousin, ses hoirs et ayans cause tant
masles que femelles, avons donné et donnons telle et
semblable juridiction, droit de prévention et autorité
dedans ledict marquisat que avoit et pouvoit auparavant
avoir notre dict séneschal du Maine pour le regard des
dittes baronnies de Mayenne, de la Ferté et Sablé, chastellenies dessus dittes et choses qui en dépendent et
semblablement nostre dit séneschal d'Anjou, èz sièges
qui en dépendent, pour le regard particulier dudict Sablé,
fiefs membrés et dépendances d'iceluy, qui estoient de
leur ressort et juridiction tant par moien que autrement,
fors et excepté les dicts cas royaulx à nos [officiers] seuls
appartenants ; par devant lequel juge dudict marquisat
de Mayenne, ses lieutenants et commis, nous voulons et
entendons ressortir par appel en trois lieux, èz sièges du
dict marquisat, touttes et chacunes les appellations qui
proviendront et pourront estre interjetées des baillys,
séneschaux et autres juges ordinaires et particuliers
des dessus dittes baronnies, terres et seigneuries, appartenances et dépendances d'icelles, ensemble des vassaulx, subjets d'icelles, sans aucune chose en excepter,
tout ainsy et par mesme moien que elles ressortissaient
cy devant par devant nos dits séneschaulx du Maine ou
d'Anjou et les sièges qui en dépendent, et du dict juge du
marquisat, ses lieutenants, commis, directement et sans
moien à notre Cour de Parlement et non ailleurs.

Et, pour ce que les dicts lieux de Mayenne, la Ferté-

Bernard et Sablé sont distants les ungs des autres de
quelque estendue de pays et affin que la justice soit
rendue à nos subjects sur les lieux, avons permis et per-
mettons à nostre dict cousin de pouvoir créer et mettre un
lieutenant du dict juge [du] marquisat, qui soit licentié
et qualiffié, èz lieux et villes de la Ferté-Bernard et Sablé,
pour les subjects et vassaulx qui en dépendent, sans ce
qu'ils ayent à aller ou puissent estre trainéz aucunement, en première instance ou par appel, au dict lieu de
Mayenne, mais, par appel des baillys ordinaires des dittes baronnies de la Ferté et Sablé, par devant les dicts
lieutenants chacun en leur esgard ; les appellations des
quels lieutenants ressortiront immédiatement en nostre
ditte Cour de Parlement à Paris ;

Voulans que, à ce faire et entretenir, nostre dict cousin, ses hoirs et ayans cause, subjects et vassaulx estans
en et au dedans des dittes terres et seigneuries, sans y
riens excepter, soient à ce faire respectivement contraints et tous autres nos justiciers, par touttes voyes
et manières deues et raisonnables, faisans expresses
inhibitions et deffences, sous peine d'amande appli-
cable à nostre dict cousin duc de Guise, ses hoirs et
ayans cause, chacun en son esgard à nos séneschaulx
d'Anjou et du Maine et à tous nos autres juges, leurs
lieutenants ou commis, chacun en son ressort et siège,
et à tous nos autres justiciers et officiers, sur peine
de nullité de ce qu'ils feront au contraire, de doresnavant entreprendre congnoissance, ne juridiction de
cause et matière provenant dudit marquisat, d'entre
les subjects, vassaulx, arrière-vassaulx et autres estans en
et au dedans des dittes terres et seigneuries, en quelque
sorte et manière que ce soit, en deffendant à tous autres
nos juges, cour et juridiction en et au dedans le dict
marquisat, appartenances et dépendances d'icelluy, lors
et excepté des dicts cas royaulx ; et sy, contre et au préju-

dice des choses dessus dittes, auroient esté faittes aucunes entreprises, actes, adjournement par nos dicts juges et officiers, iceux, dèz à présent comme dèz lors, avons déclaré et, par ces présentes, déclarons nuls et de nul effect et valleur, comme faits par personnes n'ayans puissance et par juges du tout imcompétants et contre nostre dict commandement, ordonnance et vouloir ;

Pour du dict marquisat, de telle qualité, siège et ressort que dict est, joyr perpétuellement par nostre dict cousin, ses hoirs et ayans cause, tant masles que femelles, en quelque degré que ce soit, à la charge touttes fois que le dict marquisat sera et pourra estre cy après à toujours, tant par nostre dict cousin que ses successeurs, partagé et divisé, tout ainsy et par la forme et manière que eussent peu estre les dittes baronnies et que s'y elles n'eussent esté érigées en tiltre dudict marquisat.

Sy donnons en mandement, par ces présentes, à nos améz et féaulx les gens tenans et qui tiendront nostre Cour de Parlement et Chambre des comptes à Paris et à tous autres justiciers et officiers ou leurs lieutenants présens et advenir et chacun d'eulx, sy comme à luy appartiendra, que de nos présente érection, création du dict marquisat de Mayenne et de tout le contenu en ces présentes ils facent, souffrent et laissent joyr et user pleinement, pacifiquement et perpétuellement nostre dict cousin, ses hoirs et ayans cause, tant masles que femelles, sans, en ce, leur mettre ou donner ou souffrir estre fait, mis ou donné destourbier ou empeschement au contraire et que ces présentes, affin de perpétuelle mémoire, facent enregistrer en nostre ditte Cour de Parlement, Chambres des Comptes à Paris et par tout où il appartiendra et seroit requis par nostre dict cousin, ses dicts hoirs et ayans cause,

Car tel est nostre plaisir.

Et à nostre dict cousin, pour les causes que dessus, luy avons octroyé et octroyons, de grâce espécialle, pleine puissance et autorité royalle, par ces présentes, le tout, nonobstant que les femmes n'ayent accoutumé de succedder au marquisat et que marquisat n'a de coutume estre partagé, ny divisé, comme l'on veut dire, et que n'ayons accoutumé donner ressort immédiat en nostre ditte Cour de Parlement à duché, conté et seigneuries que à ceux qui sont érigéz en dignité de pairie; à quoy, pour celle fois seulement, de nostre certaine science, pleine puissance et autorité royalle, par privilège exprès, nous avons dérogé et dérogeons, par ces présentes, voulans le dict marquisat, quant à ce seul point de jurisdiction et ressort, estre de telle valleur que sy érigé l'avions au dit tiltre de pairie.

Et, affin que ce soit chose ferme et estable, nous avons fait mettre nostre scel à ces dittes présentes, sauf en autres choses nostre droit, et l'autruy en touttes.

Donné à Paris, au mois de septembre, l'an de grâce mil cinq cents quarente quatre et, de nostre règne, le trentiesme.

Ainsy signé sur le reply : Par le roy, Bochetel.

Lecta, publicata et registrata, audito procuratore generali regis, quantum attinet nudum titulum honoris et dignitatis marchionatûs dumtaxat et ad alia onera, in registro super hoc septimà die hujus mensis facto contenta.

Parisiis in Parlamento, septimà die septembris, quadragesimo sexto.

Sic signatum : Du Tillet.

B

ERECTION DU MARQUISAT DE MAYENNE EN DUCHÉ PAIRIE [1].

(Septembre 1573)

Charles, par la grâce de Dieu, roy de France, à tous présens et à venir, salut.

Scavoir faisons que, comme pour les grands, vertueux et recommandables services que feu nostre très cher et très aimé cousin Claude de Lorraine, en son vivant duc de Guise, pair et grand chambellan de France, gouverneur et nostre lieutenant général en Bourgongne, avoit ce longtemps faict au deffunct roy François, nostre ayeul, que Dieu absolve, et généralement à tout le royaume, comme estant continuellement employé au faict des guerres sans y espargner sa personne, enffans, ny biens, led. roy François, nostre ayeul, le voulant décorer et sa maison, ainsy que la proximité de lignage dont il luy attenoit et la grandeur de ses services le méritoient, et eust, après longue, meure délibération avec les princes de son sang et gens de son conseil privé, uni en un mesme corps les terres, seigneuries et baronnies de Mayenne-la-Juhée, Sablé et la Ferté-Bernard, chastellenies d'Ernée et de Pontmain, fiefz, arrières-fiefz et toutes choses qui en deppendoient, scis et situéz dedans le comté et pays du Mayne et tenues par foy et hommage d'iceluy, fors quelle petite portion que l'on veult dire estre au ressort d'Anjou pour le regard de Sablé, et le tout estant de fort belle estendue de pais, où il y avoit grande quantité de vassaux, fiefz et arrières-fiefz, bois, forest, rivières, villes closes, bourgs et villages qui en

(1) V. Bibl. nat. Ms. Fr. 3949, f° 185.

deppendent, èsquelz y a foires et marchéz ordinaires, abbayes, monastères, prieuréz et autres églises de fondation de ses prédécesseurs barons, chastelains, haults justiciers, et ledit corps, ainsy composé, eust eslevé et érigé à nostre dict feu cousin le duc de Guise, ses successeurs et ayant cause, tant masles que femelles, à tousjours, au tiltre, honneur, prééminence, prérogative et autorité de marquizat, pour estre tenu de luy à l'advenir et de la couronne de France à une simple foy et hommage et ressortir, en cas d'appel, directement sans aucun moyen, par privilège très spécial et exprès, en nostre Cour de Parlement à Paris réservé toutes fois les cas dont nos seulz juges royaux doivent connaître, lequel marquizat ils ont voullu dès lors estre appelée le marquizat de Mayenne, avec aultres droictz et prérogatives à plain contenues par les lettres de chartres qui, dès le mois de septembre mil cinq cent quarante-quatre, en furent expédiées à nostre très cher et très aimé cousin, publiées et enregistrées en nostre Cour de Parlement de Paris le septième jour de septembre mil cinq cens quarante-six et huitiesme may mil cinq cens quarante-trois *(sic, pour cinquante-trois)* [1], auquel marquizat de Mayenne feu nostre très cher et très aimé cousin François de Lorraine, en son vivant duc de Guise, pair et grand maistre de France, filz aisné du feu Claude de Guise et marquis de Mayenne, avoit succédé, lequel nous a faict et au feu roy, nostre seigneur et père, que Dieu absolve, de grands et mémorables services, tant pour la conservation et deffence que pour accroissement de nostre royaume, deffendant et conservant nos villes et pais contre la puissance de nos ennemis et en assaillant et mettant en nostre obéissance plusieurs bonnes villes et pais, ou réduictz aussy nos subjects

---

(1) Ce nouvel enregistrement au Parlement eut lieu sur mandement de Henri II. (Arch. Nat., X^{1a} 8618, fol. 109).

rebelles a nostre obéissance, mesme que, estant notre lieutenant général, conduisant nos armées et s'emploiant pour le service de Dieu et de nostre couronne, il a esté proditoirement occis, délaissant néantmoings plusieurs enffans de luy et de notre cousine Anne d'Este, fille de nostre très cher et bien aimée tante Renée de France, duchesse de Chartres ; lesquelles autres, qui nous attouchent de proximité de lignage et parenté, de leur première jeunesse ont tousjours esté imitateurs des prouesses et vertus de leur père, ayeul et autres, leurs anciens progéniteurs, et, ayant jà faict plusieurs actes, tant ès batailles et journées qui se sont données en nostre royaume que au siège de Poitiers, auquel les deux premiers filz de nostre dict feu cousin François de Lorraine, duc de Guise, s'y seroient volontairement rendus et enferméz sans espargner leurs vies, tellement qu'ils avoient conservé et vaillament deffendu ladite ville ; — lesquels très agréables services voullant recongnoistre, — considérant que nos prédécesseurs, roys de France, par bonne et louable coustume ont tousjours eslevé en tiltre et degré d'honneur les maisons de ceux qui leur attouchoient en proximité de lignage, spécialement ceux desquelz, pour les grands, louables et vertueux services, la mémoire doibt estre perpétuée, affin de plus en plus les émouvoir à continuer de bien en mieux et aux autres donner exemple de les ensuivre ;

Avons, à nostre très cher et très aimé cousin Charles de Lorraine, second filz de nostre feu cousin François de Lorraine, duc de Guise, ledit Charles estant à présent marquis de Mayenne, chambellan de France, gouverneur et nostre lieutenant général en notre pays et duché de Bourgongne, ses successeurs et ayant cause tant masles que femelles, eslevé, créé et érigé, et, par ces présentes, de nostre certaine science, propre mouvement, plaine puissance, libéralité et auctorité royalle, par l'advis de nostre très honorée dame et mère, nos très chers et très aiméz frères le roy de Pologne et duc d'Alençon et des princes de nostre sang et gens de nostre conseil privé, eslevons et érigeons ledit marquizat, selon et ainsy qu'il a esté cy-devant composé et eslevé et créé en marquizat à notre dict feu cousin Claude de Lorraine, en son vivant duc de Guise et pair de France, son ayeul, en tiltre d'honneur, prééminence, prérogative et auctorité de pairye et duché, pour estre tenu de nous et de nostre couronne à une seulle, simple et seulle foi, hommage, pour en jouir à l'advenir, par notre dict cousin, ses successeurs et ayans cause en tous honneurs, auctoritéz, prérogatives, prééminences que à un pair et duc peuvent compéter et appartenir, droict et ressort de jurisdiction portée par l'érection dudict marquizat, à la charge que, quelque qualité, honneur, dignité, droict et privilège de pairie et duché qui soit, par ces présentes, attribuée audit marquizat, ce soit néantmoings pour en jouir perpétuellement, par nostre dict cousin, ses hoirs, ayans cause, en quelque degré que ce soit mesme pour le partir et diviser cy-après entre ses successeurs et héritiers et autres, tout ainsy et par la forme et manière que sy lesdictes baronnies et chastellenies n'eussent esté mises en un mesme corps, érigé en marquizat et, par ces présentes, en pairie et duché, nonobstant l'édict par nous faict au mois de juillet mil cinq cens soixante et six, par lequel nous avons voullu que tous duchéz, marquizats ou contéz qui doresnavant seront par nous de nouvel érigéz, nous compéteront et appartiendront et à nos successeurs rois de France, au cas que les détempteurs d'iceux duchéz, marquizats ou contéz viendront à décedder sans hoirs procrééz de leurs corps.

Sy donnons en mandement, par ces présentes, à nos aiméz et féaux, les gens tenans et qui tiendront nostre dicte Cour de Parlement et Chambre des Comptes à Paris, et a tous nos justiciers et officiers ou leurs lieutenans, présens et advenir, et à chacun d'eux si comme à lui appartiendra, que, de nos présentes érection et création de ladite pairie et duché de Mayenne et de tout le contenu en ces présentes, ils fassent, souffrent et laissent jouir et user plainement, paisiblement et perpétuellement nostre dict cousin, ses hoirs et ayans cause, sans en iceluy mettre, ni donner ou souffrir estre mis ou donné aucun trouble ou empeschement au contraire, et que ces présentes, afin de perpétuelle mémoire, fassent lire, publier et enregistrer en nostre dicte Cour de Parlement et Chambre des Comptes à Paris et partout ailleurs ou il appartiendra et seront requis par nostre dict cousin, ses hoirs et ayans cause.

Car tel est nostre plaisir, — nonobstant que les filles n'ayent accoustumé succedder en duché et pairie et que duché n'ait accoustumé estre partagé et divisé ; à quoy, pour cette fois seullement et sans tirer à conséquence, de nostre certaine science, plaine puissance, et auctorité royale et privilège spécial, nous avons desrogé et desrogeons par ces présentes.

Et, affin que ce soit chose ferme et stable, nous avons signé ces présentes de nostre main et à icelles faict mettre nostre scel.

Donné à Paris, au mois de septembre, l'an de grâce mil cinq cens soixante-treize et, de nostre règne, le troisiesme.

Ainsy *signé :* Charles ; et *sur le reply* desdictes lettres est escript : par le roy et la reyne, sa mère, et le roy de Pologne, son frère et lieutenant général. A Paris, *signé :* Brulart.

Et a costé : *visa : contentor :* [1] et scellées en lacqs de soye rouge et verte et cire verte de grand scel.

---

[1] Formules indiquant que les lettres avaient été présentées au sceau et que les droits en étaient payés.

Et à costé est escript :

Levées, publiées et registrées, ouy le procureur général du roy, réservé à faire droict sur l'opposition du duc d'Alençon, sy et quand il appartiendra. A Paris, en Parlement, le vingt-quatriesme jour de septembre l'an mil cinq cens soixante-treize. Ainsi *signé :* du Tillet.

C

LETTRES PATENTES PORTANT CONFIRMATION DE LA CRÉATION ET ÉRECTION DE LA BARONNIE DE MAYENNE-LA-JUHEL EN MARQUISAT ET DU MARQUISAT EN DUCHÉ ET PAIRIE DE FRANCE [1].

(Janvier 1655)

Louis, par la grâce de Dieu, roy de France et de Navarre, à tous présens et avenir salut.

Le roy François Ier auroit, par ses lettres patentes en forme de charte, du mois de septembre 1544, créé et érigé en faveur de Claude de Lorraine, duc de Guyse, les terres, seigneuries et baronnies de Mayenne-la-Juhée, de Sablé et de la Ferté-Bernard, les châtellenies d'Ernée et de Pontmain, avec toutes leurs apartenances et dépendances, en tiltre de marquisat, sous le nom de marquisat de Mayenne, pour en jouir par ledit duc de Guyse, ses successeurs et ayans cause, tant masles que femelles, à toujours, même avec faculté de le partager ; et le roy Charles IX°, par ses lettres patentes du mois de septembre 1573, auroit en faveur de Charles de Lorraine, second fils dudit Claude de Lorraine, créé et érigé ledit marqui-

<hr>

[1] V. Archives du ministère des Affaires Etrangères : *Mémoires et documents, affaires extérieures*, vol. 154, f° 23.

sat en duché de Mayenne et pairie de France, pour en jouir pareillement par ses héritiers, successeurs et ayans cause, tant masles que femelles, avec faculté de le partager ; lesdites lettres de création de marquisat et de duché enregistrées en nostre Cour de Parlement de Paris ;

Duquel Charles de Lorraine, tous les descendants masles, en droite ligne, étant décédés sans enfants, ledit duché seroit passé de la maison de Lorraine en celle de Nevers, au moyen du mariage de Catherine de Lorraine, fille et héritière de deffunt Henry de Lorraine, vivant dernier duc de Mayenne. fait avec Charles de Gonzagues, duc de Nivernois et de Rethelois, depuis duc de Mantoüe; contre lequel Charles de Gonzagues les officiers du présidial du Mans, ensemble les échevins et procureurs de ladite ville, s'étans pourvus en nostre Cour de Parlement de Paris, ledit duc y auroit obtenu arrêt contradictoire le 9e juillet 1622, par lequel auroit été maintenu et gardé en la possession et jouissance dudit duché et pairie de Mayenne, avec tous les droits y attribués, tout ainsy que ses prédécesseurs ducs en avoient jouy ; et ledit duché de Mayenne ayant été saisy sur la succession dudit Henry de Lorraine à la requête de ses créanciers, ledit Charles de Gonzagues s'en seroit rendu adjudicataire par décret du 25e juillet 1626. Et ayant déclaré, le 17e du même mois, qu'il entendoit que l'adjudication à luy faite dudit duché de Mayenne fut au profit de Ferdinand de Gonzagues de Clèves, son fils puisné, iceluy de Gonzagues et ses successeurs et héritiers en ont paisiblement jouy jusques à Charles de Gonzagues, duc de Mantoue, lequel en a traité avec nostre très cher et très amé cousin le cardinal Mazarini, qui l'a acquis de luy, avec nostre consentement et agréement, dès l'année 1654, en est en possession et jouissance et nous en a rendu les foy et hommage.

Et, encore que lesdites lettres de création dudit duché
de Mayenne ayent eu leur effet, non seulement en la
possession d'iceluy duché par les sucesseurs dudit
Charles de Lorraine, en conséquence de ladite acquisition par décret, mais, en outre, en ce que les terres et
seigneuries de Sablé et de la Ferté-Bernard en ayant été
demembrées, le droit de juridiction, de ressort en nostre
Cour de Parlement de Paris leur a été conservé, en vertu
desdites lettres, et que la clause portée par icelles en
faveur des héritiers, successeurs et ayans cause dudit
Charles de Lorraine en rend la possession et jouissance
indubitable à nostre dit cousin le cardinal Mazarini, qui
en a fait l'acquisition de bonne foy audit titre de duché,
comme faisant une partie considérable du prix de la
terre et sur la confiance qu'il a eue d'y estre maintenu
sans difficulté, même dans le rang et en la qualité qu'il
tient et en conséquence de nos lettres de naturalité suivant lesquelles il peut posséder toutes dignités et biens
en nostre royaume ; néantmoins, comme l'on pourroit
prétendre que nostre dit cousin n'étant qu'aquéreur
du dit duché, le tittre d'iceluy ne devroit subsister
en sa personne, nous voulons lever tous les doutes
et obstacles qui pourroient arriver en une chose de
cette conséquence et, par même moyen, étant bien
aise de faire connoistre au public la parfaite satisfaction que nous avons des grands, recommandables
et signalés services que nostre dit cousin le cardinal
Mazarini a rendus au feu roy, de glorieuse mémoire,
nostre très honoré seigneur et père, que Dieu absolve,
à nous et à nostre état, depuis une longue suite d'années,
et qu'il nous continue journellement dans le ministère
de nos plus importales affaires, voyants comme, par
les prudents conseils qu'il nous a donnés et par le zèle,
les travaux et les soins qu'il a apportés à l'exécution de
nos résolutions et de nos ordres, nos plus importans et

glorieux desseins ont succédé contre les plus puissans ennemis que cette couronne ait jamais eus, et que les avantages que nous avons remportés sur eux avec l'assistance divine ont été si considérables que nous avons tout sujet d'espérer qu'enfin nous parviendrons a une juste et solide paix, pour laquelle nous reconnaissons aussi, avec beaucoup de contentement, comme nostre dit cousin s'employe avec toute sorte d'affection et de sollicitude pour répondre au sincère et ardent désir qu'il scait que nous en avons, c'est pourquoy nostre intention étant de le grattifier en toutes occasions, mêmes en celles de luy assurer à ce qu'il possède en nostre royaume avec tant de mérite ;

Scavoir faisons que nous,

Pour ces causes et autres bonnes considérations à ce nous mouvants, de l'avis de nostre conseil où étoient la reine, nostre très honorée dame et mère, nostre très cher et très aimé frère unique le duc d'Anjou, plusieurs princes, ducs, pairs et officiers de nostre couronne et autres grands et notables personnages de nostre conseil, et de nostre grâce spéciale, pleine puissance et autorité royale, après nous estre fait représenter et avoir vu en nostre dit conseil lesdites lettres patentes d'érection de la baronnie de Mayenne-la-Juhée en marquisat, du mois de septembre 1544, et celles d'érection dudit marquisat en duché de Mayenne et pairie de France, du mois de septembre 1573, dont les originaux sont cy-attachés sous le contrescel de nostre chancellerie ;

Avons confirmé et confirmons, par ces présentes signées de nostre main, ladicte création et érection de la baronnie de Mayenne-la-Juhée en marquisat et dudict marquisat en duché de Mayenne et pairie de France, portées par lesdites lettres, et, en tant que besoin et ou seroit, avons, du même avis, puissance et autorité cy dessus, créé et érigé, créons et éri-

geons, de nouveau, par ces dictes présentes, ladicte terre
et seigneurie de Mayenne la Juhée en titre et dignité de
duché de Mayenne et pairie de France, pour en jouir
par nostre dit cousin le cardinal Mazarini, ses héritiers
en ligne directe et collatéralle, successeurs et ayans
cause soit à titre universel ou à titre particulier, pleinement, paisiblement et à toujours, audit titre et dignité
de duché de Mayenne et pairie de France, ensemble de
tous les honneurs, autorités, prérogatives, prééminences,
libertés, franchises et facultés dont ont jouy ou dû jouir
lesdits ducs de Guyse, de Mayenne, de Nevers, de Mantoue et autres, et jouissent les ducs des autres duchés
de ce royaume et pairie de France ; le tout selon la
forme et teneur desdictes lettres des roys François Ier
et Charles IXe et sans y préjudicier aucunement, voulant
qu'elles demeurent en leur force et valeur et qu'elles
ayent leur effet en la personne de nostre dit cousin, le
cardinal Mazarini, et en celles de ses héritiers, successeurs et ayans cause, comme dit est, et comme y estans
entendus, compris, et que ces présentes y soient relati-
ves et soient de même force et vertu que celles de ladite
première création et érection.

Si donnons en mandement à nos amés et féaux, les
gens tenant nostre dite Cour de Parlement et Chambre de nos Comptes à Paris et tous autres nos justiciers
et officiers qu'il appartiendra que, ces présentes, ils
fassent enregistrer et du contenu en icelles jouir et user
pleinement, paisiblement et perpétuellement nostre dit
cousin le cardinal Mazarini, ses successeurs et ayans
cause, sans leur faire ny souffrir qu'il leur soit fait aucun
trouble, ny empêchement au contraire, nonobstant l'ordonnance de 1566, à laquelle il est dérogé par lesdits
lettres d'érection, et celles de 1579, postérieures ausd.
lettres, et tous édits, ordonnances, constitutions, réglements, arrêts et autres choses à ce contraires, auxquelles

en tant que de besoin nous avons dérogé et dérogeons
par ces dites présentes.

Car tel est nostre plaisir.

Et, afin que ce soit chose ferme et stable à toujours,
nous avons fait mettre nostre scel à ces dites présentes,
sauf, en autre chose, nostre droit et l'autruy, en toutes.

Donné à Paris, au mois de Janvier, l'an de grace mil
six cent cinquante cinq et, de nostre règne, le treizième.

D

CONSULTATION AU SUBJECT DU DUCHÉ ET PAIRIE DE MAYENNE [1]

Les soubz signéz, qui ont veu les Lettres d'érection de
la baronnie de Mayenne en marquisat, en l'année 1544, et
celles d'érection du marquisat en duché, de 1573, avec
toutes les pièces y attachées,

. Sont d'advis [2] que les termes ausquelles sont conçues
les Lettres d'érection de duché sont sy formelz et précis
qu'il n'y a pas lieu de doubter que le droict du duché
et pairie ne soict, en droict réel, sur la terre de Mayenne.

Autrefois, les tiltres de duc et pair n'estoient accordés
qu'aux princes du sang et l'on a depuis communicqué
aux princes estrangers et aux grands seigneurs ; quand
les roys érigent des terres et les autres dignitéz, il leur
accordent telle prérogative que bon leur semble et
soubz telle condition qu'il leur plaist, encore que régu-
lièrement ces dignitéz soient esteintes par deffault des

(1) V. Bibl. Nat., Ms. Fr. 3949, f° 191.

(2) Cette consultation, quoique datée du 13 mars 1655, c'est-à-dire d'une
époque postérieure aux lettres patentes de confirmation en faveur du cardinal de Mazarin, de janvier 1655, paraît avoir été donnée avant cette dernière date, du moins verbalement.

hoirs masles et que mesmes, en ce cas, ces terres soient
réunies au domaine du roy.

Il est pourtant au pouvoir du souverain d'y apposer
d'autres clauses. Ainsi, pour cette considération qu'il y
a presque autant de différence aux érections de duchéz
et pairies qu'il y a diversité de Lettres, celles de 1573
pour le duché de Mayenne sont toutes particulières ;
non seullement il n'y a poinct de réversion par deffault
d'hoirs masles, mais mesmes [on] y a employé tous les
termes qui peuvent conserver le duché et pairie en toutes
sortes de personnes, aux héritiers, successeurs et ayans
cause, ce qui est repellé en trois endroictz différendz, et
les femelles y estant appellées aussy bien que les masles, — les motz y estant très exprès, *héritiers, successeurs et ayans cause,* en quoy sont compris les acquéreurs à tiltre singulier.

On pourroit dire que la possession du duché de
Mayenne auctorise ce sentiment, par ce qu'on a tousjours jouy du tiltre et desdictz droicts de duché et pairie, nonobstant les mutations qui en ont esté faictes, soit
par adjudication par décret ou autrement. Il est vray
qu'il estoit toujours demeuré à ceux de la famille, mais
ce n'estoit pas en qualité d'héritiers, ny de successeurs à
tiltre universel, et [qu'il] n'a pas besoing de la possession,
ny de l'exemple, puisque ces termes sont sy constants et
sy infaillibles qu'il n'y a pas lieu de doubter.

Son Eminence [le cardinal Mazarini] pourrait poursuivre sa réception à la Cour en vertu de son contract,
en conséquence des Lettres d'érection, sans qu'il fût
besoing d'aultres tiltres. Il semble néantmoings plus à
propos d'obtenir des Lettres du roy, mais il fault
prendre garde que ce ne soit poinct des Lettres de confirmation, par ce que ce seroit affaiblir un droict certain, mais il fault que ce soit des lettres d'honneur,
pour approuver [les] acquisitions, sans user d'aultres

termes qui puissent faire doubter du premier droict. Il fault estre très circonspects et très délicats à dresser les Lettres, lesquelles méritent bien d'estre examinées, affin qu'il n'y ait rien qui puisse faire mettre cy-après le moindre soubçon que l'on en ait eu besoing pour la conservation des tiltres ; elles sont pourtant nécessaires affin que le tiltre soit autorisé par le roy aussy bien que par le parlement et qu'on n'y puisse cy-après former aucune contestation.

Les premiers tiltres contiennent une dérogation à l'ordonnance de 1560, de 1579 et postérieures auxdites Lettres ; c'est pourquoy, par celles qui seront dressées, on peut desroger à cette dernière ordonnance.

Il n'y a rien à craindre de l'exemple du duché de Fronsac, qui avoit esté adjugé à la Cour des Aydes et qui avoit passé par une preuve indigne, joinct qu'ils (les titres de ce duché) n'estoient pas sy advantageux que ceux de l'érection de Mayenne. Le tiltre de duché a tousjours esté conservé pour Mayenne et toutes les personnes qui l'ont possédé ont esté personnes capables. Le roy et le parlement ont tousjours auctorisé la possession de duché et pairie de Mayenne depuis que l'érection en a esté faicte.

Délibéré à Paris, le treizième jour de mars mil six cens cinquante-cinq.

Signé : De Gaumont, De Massac, Rozée, Martinet et Lhoste ⁽¹⁾.

(1) Les lettres du duché de Fronsac, visées à la fin de la consultation qui précède, sont relatées dans un arrest de vérification de la confirmation de son érection en duché et pairie, en date de Janvier 1634 ; l'enregistrement au parlement en eut lieu le 5 juillet suivant. Une copie s'en trouve dans le manuscrit français de la Bibl. Nat., n° 3949, fol. 192. On y rappelle des lettres patentes de janvier 1608, créant la terre et seigneurie et marquisat de Fronsac en titre de duché et pairie, en faveur du comte de Saint-Paul et du duc de Fronsac, son fils, décédés sans hoirs mâles ; d'où extinction et suppression de ce titre, conformément aux mêmes lettres patentes. Depuis, Fronsac ayant été décrété et adjugé, en juin 1633, au cardinal de Richelieu, le roi

E

Transaction entre le duc Armand-Charles de Mazarin et le marquis de la Chênelaye

Par devant les notaires au Châtelet de Paris, soussignés,

Furent présens :

Très haut et très puissant seigneur, monseigneur Armand-Charles, duc de Mazarin, Mayenne et la Meilleraye, etc.   d'une part ;

Et haut et puissant seigneur, messire Louis de Romilly, chevalier, seigneur marquis de la Chènelaye, Landivy, Mausson, Saint-Mars, Saint-Ellier, etc.   d'autre part ;

Disent, mon dit seigneur de Mazarin et le dit seigneur marquis de la Chenelaye, qu'ils sont en procès au sujet des droits honorifiques et prières nominales de l'église et paroisse de Saint-Mars-sur-les-Futaye, dépendant du dit duché de Mayenne, par eux respectivement prétendus, savoir : par mon dit seigneur de Mazarin, en la dite qualité de duc de Mayenne et seigneur suzerain et dominant de la dite paroisse de Saint-Mars, et, pour ledit sieur marquis de la Chènelaye, en qualité de seigneur haut justicier de ladite paroisse, suivant l'aveu rendu à défunt éminentissime monseigneur le cardinal Mazarin, oncle de mon dit seigneur duc, par feu messire François de Romilly, marquis de la Chènelaye, son père, le sept février seize cent soixante-un, dont il prétendait que mon dit seigneur duc Mazarin avait consenti l'exécution ; auquel procès a été fait diverses poursuites et

---

confirma l'érection de 1608 en duché pairie ou plutôt rétablit ce titre qui se trouvait éteint. On voit les motifs pour lesquels les consultants rappelaient l'exemple du duché pairie de Fronsac, qui ne présentait pas un cas semblable à celui du duché pairie de Mayenne.

procédures, tant aux requêtes du Palais qu'au Parlement, sur les appellations, respectivement interjetées par les dites parties, des sentences des juges de Pontmain et de Landivy, depuis le treize mars mil six cent soixante-dix-neuf jusqu'au dix-huit mai mil six cent quatre-vingt-huit.

Le dit procès a été évoqué au Grand-Conseil où il est présentement pendant, en conséquence de l'évocation générale dudit seigneur duc ;

Et, voulant, les dites parties, régler leurs contestations, terminer et assoupir ledit procès, sont convenus et demeurées d'accord de ce qui ensuit,

C'est à savoir :

Que mon dit seigneur de Mazarin et ledit seigneur marquis de la Chènelaye sont et demeurent maintenus et gardés en la possession et jouissance du droit de prières nomminales de la dite paroisse de Saint-Mars, savoir : le dit seigneur duc, en qualité de duc de Mayenne et de seigneur suzerain de la dite paroisse, et le dit seigneur marquis de la Chènelaye, en qualité de haut justicier et fondateur de la dite paroisse.

Ce faisant,— que monsieur le curé, ses vicaires ou autres prêtres de la dite paroisse, à toutes les grandes messes, prosnes et prières qui se célèbrent et disent en l'église de la dite paroisse, en la manière accoutumée, seront tenus d'y recommander premièrement monseigneur le duc Mazarin, en la dite qualité, et ensuite le dit seigneur marquis de la Chènelaye, aussi en la dite qualité.

Et, à l'égard du banc honorifique qui est dans le chœur de ladite église de Saint Mars, mon dit seigneur duc Mazarin et ledit seigneur marquis de la Chènelaye demeurent d'accord que ledit seigneur et marquis de la Chènelaye en aura la jouissance, en ladite qualité de seigneur fondateur de ladite paroisse, à la charge et condition expresse qu'il sera tenu de céder ledit banc à mon dit seigneur duc, toutes les fois qu'il lui plaira se trouver au service divin et autres prières de ladite paroisse, et à ses successeurs et ayant cause, ducs de Mayenne.

Et, pour ce qui est du droit de ceinture, lisière et armoiries, que mon dit seigneur duc et le dit seigneur marquis de la Chênelaye sont en droit de faire mettre aux vitres et autour de ladite église, (le dit seigneur duc, comme seigneur suzerain, au lieu le plus éminent, et ledit seigneur marquis, comme fondateur, autour de ladite église, suivant l'usage ordinaire), les dites parties conviennent, pour des raisons particulières de piété et vénération qu'ils ont pour la sainteté de ladite église, qu'ils ne mettront ou ne feront mettre, ni l'un ni l'autre, leurs armoiries, ni écusson, et en aucun lieu de ladite église, tant dedans que dehors.

Et, au moyen de ce que dessus, le susdit procès demeure éteint, terminé et assoupi entre mon dit seigneur duc et ledit seigneur marquis de la Chênelaye, sans aucun dépens, dommages et intérêts à prétendre l'un à l'encontre de l'autre, ceux faits jusqu'à ce jour demeurant compensés, car ainsi a été convenu et accordé entre les parties, lesquelles, pour l'exécution des présentes, ont élu leurs domiciles respectifs savoir : mon dit seigneur duc, au palais Mazarin, et ledit seigneur marquis de la Chênelaye, en la maison de M. François Lefebvre, procureur au parlement, sise rue Quenegaud, près Saint-André-des-Arts, auxquels lieux, nonobstant promettant, etc.

Fait et passé audit palais de Mazarin.

L'an mil six cent quatre-vingt-dix, le dix-neuf[e] jour de mai.

Et ont signé la minute, les parties, demeurée à de Bauvais.

Ainsi *signé* : DESFORGES, DE BAUVAIS.

F

Taxe des cabaretiers et patissiers

Mayenne possédait, en 1692, 40 cabaretiers et 6 pàtis-
siers, qui étaient taxés, pour cette année 1692, « à trente
« livres en principal, plus deux sols pour livre, faisant en
« tout la somme de 33^{tt}, deubs à sa Majesté par arrêt de
« son conseil du xxix décembre 1691 et de l'ordonnance
« de monseigneur l'Intendant ».

La taxe était ainsi répartie ;

Paroisse de Notre-Dame

Damien Moigneau, cabaretier, qui avait pour enseigne la *Fleur de lys*, devait payer............	21ˢ	»
Julien Blanchet, cabaretier, sans enseigne.	15	»
Michel Poisson, cabaretier, à l'enseigne du *Cheval Blanc*................................	21	»
Ambroise Lesueur dit Brochard, cabaretier, sans enseigne..............................	21	»
Julien Cochon, cabaretier, avec enseigne...	21	»
Charles Lamboust, cabaretier, sans enseigne	16	»
La veuve Deslandes, cabaretière, sans enseigne......................................	10	»
Guillaume Blod, cabaretier, sans enseigne..	12	»
René Bricq, cabaretier, sans enseigne......	10	»
Julien Chotard, cabaretier, sans enseigne..	16	»
Julien Georget, cabaretier, sans enseigne...	10	»
François Guyard, cabaretier, avec enseigne.	21	»
Guillaume Froger, cabaretier, avec enseigne	21	»
Julien Toutin, cabaretier, avec enseigne...	20	»
Pierre Vidis-Langevin, cabaretier, avec enseigne....................................	»	1^{d}

A reporter.. 11^{tt} 9ˢ 1^{d}

Report...	11^{tt}	9^s	1^d
Jacques Douettée, cabaretier, avec enseigne.		20	»
Daniel Razeau, cabaretier, sans enseigne...		16	»
Etienne Mézeray, cabaretier, sans enseigne.		16	»
Jean Louvel, cabaretier, sans enseigne.....		16	»
Jean Leburson, cabaretier, sans enseigne..		5	»
Ambroise Oger, cabaretier, sans enseigne..		16	»
René Lemier, cabaretier, sans enseigne.....		16	»
La veuve Charles Lebreton, cabaretière, sans enseigne...........................		10	»
François Carré, cabaretier et pâtissier, avec enseigne...........................		21	6^d
La veuve Carré, cabaretière et pâtissière...		2	6^d
Remond Boussery dit La Colle, cabaretier, sans enseigne...........................		16	»
René Pellé, cabaretier, sans enseigne.......		15	»
Richard Burgeot-Bournonville, cabaretier et pâtissier, avec enseigne..................		21	»
François Aubert, cabaretier, sans enseigne.		10	»

Paroisse de Saint-Martin

François Gautier, cabaretier, avec enseigne.		21	»
François Hardy, cabaretier, avec enseigne.		21	»
Pierre Sonnet, cabaretier, avec enseigne....		21	»
La veuve Mesnage, cabaretière............		20	»
La veuve Pineau-Rogardière, avec enseigne		21	»
Jacques Alleaume, cabaretier, avec enseigne		20	»
François Cherbonnier-Boisroux, cabaretier, sans enseigne...........................		16	»
La veuve Jardin, à la Juiverie, avec enseigne		20	»
René Fauvel, cabaretier, sans enseigne.....		10	»
Mathieu Dubois, à la Fontaine, cabaretier, avec enseigne...........................		20	»
Jean Juhier, cabaretier, avec enseigne.....		20	»
A reporter..	32^{tt}	»^{s}	1^d

Report... 32^{tt} »^s 1^d

Les pâtissiers, seuls, payaient :

François Guyard........................... 5 »
Pierre Alix............................... 5 »
François Alix............................. 5 »

Total............. 33^{tt} » 1^d

Ce rôle avait été dressé par une commission composée de six des intéressés, Burgeot-Bournonville, François Guyard, Guillaume Froger, Pierre Sonnet, François Carré et Jacques Douettée, délégués pour faire la répartition « en leur loyauté et conscience, suivant les « facultés et moyens d'un chacun en particulier ».

G

TAXE DU PAIN EN 1724

« Table et tarif pour régler le prix du pain blanc, mollet, de froment et blé-seigle, qui se vend en la ville de Mayenne et faubourg Saint-Martin, à raison de la valeur des grains qui se vendent au marché, en conformité des réglements du Palais et du nouvel essay fait en exécution d'une ordonnance de nous, Jean Le Goué, conseiller du roi, maire alternatif héréditaire, Louis-Henri Giffard de la Porte, le 11 avril 1724, par Sauvage, maître boulanger de la ville d'Ernée, en présence des boulangers de la dite ville et faubourg (de Mayenne).

« Nous avons ordonné que ce règlement de police sera exécuté.

« Ce faisant, avons fait et faisons défense à tous boulangers, hôtes et cabaretiers de faire exposer en vente aucun pain, soit de froment, soit de blé (seigle) qui ne

soit bien boulangé, levé, cuit et assaisonné, sans mé-
lange d'aucuns autres grains.

« Afin que le pain de chaque boulanger, hôte ou ca-
baretier soit connu, chacun d'eux est obligé d'avoir un
marc particulier, d'en déposer le patron au greffe de
cet Hôtel de ville et d'en marquer leur pain.

« Le poids du pain de froment est réglé à 4 onces et
demie, 9 onces et 18 onces.

« Celui de la miche ou pain michard depuis 1 livre
jusqu'à 3 livres, poids de 18 onces.

« Le pain de blé (seigle) est réglé depuis 1 livre jusqu'à 15 livres, poids de 18 onces.

« Sans que lesdits boulangers, hôtes et cabaretiers
puissent diminuer le pain blanc du poids susdit ou
faire de la miche de moins d'une livre, ni le pain de
blé d'une livre, ni que les livres ne soient entièrement
complètes.

« Quand le pain de froment rouge vaudra 4^{tt} le boisseau, on y ajoutera 30 sols, à quoi nous avons réglé les
salaires, impenses et profits des boulangers.

« Le pain blanc ou mollet d'une livre, à 18 onces, vaudra 1 sol 3 deniers; celui de 9 onces, 9 deniers obole;
celui de 4 onces et demie... [à 4^{tt} 10 sols le boisseau jusqu'à 5^{tt}].

« Le pain de 18 onces vaudra 1 sol 5 deniers; celui de
9 onces 8 deniers obolle; celui de 4 onces et demie ...
[à 5^{tt} le boisseau jusqu'à 5^{tt} 10 sols].

« Le pain de 18 onces vaudra 1 sol 7 deniers; celui de 9
onces 9 deniers obolle; celui de 4 onces et demie ...
[à 5^{tt} 10 sols le boisseau jusqu'à 6^{tt}].

« Le pain de 18 onces vaudra 1 sol 9 deniers; celui de
9 onces 10 deniers obolle; celui de 4 onces et demie ...
[à 6^{tt} le boisseau jusqu'à 6^{tt} 10 sols].

Dans les baux des fours banaux de Mayenne, on insé-
rait la clause suivante :

« Les preneurs ne pourront accorder aux boulangers
« publics de Mayenne, ni autres personnes, la permission
« de cuire à leurs fours particuliers du pain pour au-
« cuns des bourgeois et habitants de cette ville et fau-
« bourg, ni qui soit de poids et quantité au-dessus des
« réglements faits lors de l'établissement des fours ban-
« naux et depuis, ni abonner, ni assenser aucuns des
« dits boulangers pour cet effet, sous quelque pré-
« texte que ce puisse être, sinon du consentement
« unanime des autres fourniers de cette ville et dans le
« cas seulement où il arriverait que lesdits fours ne suf-
« firaient pas pour cuire le pain des bourgeois et habi-
« tants de cette ville, à peine de nullité des dites per-
« missions et abonnements, à peine de toutes pertes,
« dépens, dommages et intérêts envers monseigneur le
« duc, madame la duchesse de Mazarin et autres four-
« niers ».

*(Baux des fours bannaux donnés par le fermier général
Antoine-François Sanlaville, du 15 avril 1761).*

II

RÈGLEMENT DU CARDINAL DE MAZARIN CONCERNANT
L'HÔTEL DE VILLE, LA BARRE DUCALE ET LES EAUX ET
FORÈTS DE MAYENNE.

(22 Octobre 1658)

Jules cardinal Mazarini, duc de Mayenne, pair de
France, à tous ceux qui ces présentes lettres verront,
salut.

Le roi, ayant par ses lettres patentes, données à Paris
au mois de mars 1656, vérifiées au Parlement le 29 juillet
ensuivant, créé et établi, en la ville de Mayenne, un

maire, quatre échevins, un procureur syndic des habitants, un receveur des deniers communs, un greffier et quatre archers de ville, aux pouvoirs et clauses y contenues, conservé au surplus les juges civil et criminel, lieutenant et autres officiers du duché et pairie de Mayenne en la connaissance et juridiction de tous les anciens droits à eux appartenant, et d'autant que la juridiction dudit duché et pairie est de très grande étendue et qu'elle a beaucoup de droits et de privilèges tant pour la prévention que pour le ressort, que quantité de personnes de toutes conditions y sont justiciables et qu'on y traite tous les jours des matières importantes, sa majesté y a encore créé et érigé, en titre d'office, quatre conseillers et assesseurs en ladite justice du duché et pairie, pour avoir séance avec lesdits juges civil et criminel et ledit lieutenant, immédiatement après eux et y avoir voix délibérative, tant au civil qu'au criminel. Et ayant toujours été, comme il est encore nécessaire de de veiller à la conservation des eaux, bois et forêts et chasses dans l'étendue dudit duché, feu monsieur le duc de Mayenne y établit un maitre des Eaux et Forêts, mais comme il ne l'avait fait de l'autorité royale, il a été éteint et supprimé, et, au lieu d'icelui, sa majesté a créé pareille charge de maître des Eaux et Forêts par les mêmes lettres, par lesquelles il est expressément porté que de tous lesdits offices nous et nos successeurs, ducs, pourront disposer et en donner les provisions, ainsi que de tous les autres offices dudit duché et pairie de Ma-Mayenne, nous étant aussi donné pouvoir et à nos dits successeurs, ducs de Mayenne, de faire tous règlements publics et particuliers pour la fonction et exercice des anciens officiers de justice dudit duché et pairie de Mayenne et de tous ceux créés par lesdites lettres, soit pour les différends qui pourront naître de l'un desdits corps contre l'autre et pour les prétentions qu'ils pourront

avoir respectivement entre eux, sur le fait desdites charges, droits, honneurs, séances et prérogations en dépendant, et pour le règlement des chasses, — voulant, sa
majesté, que tous lesdits règlements soient autorisés et
exécutés tout ainsi que s'ils étaient faits par sa majesté;

Vu par nous lesdites lettres et, après les avoir fait examiner, ensemble les règlements faits par feus les ducs
de Mayenne, les 13e septembre 1576 et 21e janvier 1598, le
dernier fait en exécution de l'arrêt de la Cour du Parlement du 23e janvier 1597, et même les arrêtés intervenus
entre le juge général civil et ordinaire audit duché, d'une
part, et le lieutenant civil et criminel au même siège,
d'autre part, le 21e juillet 1646 et 4e avril 1651, tous autres
arrêts et règlements,

Et, au moyen des traités et remboursements par nous
faits, n'y ayant plus personne que nous-même intéressé
au règlement des officiers de ladite ville et pairie de
Mayenne,

Après que le tout a été mis en délibération,

Nous, en conséquence du pouvoir à nous donné par
lesdites lettres patentes du roi du mois de mars 1656, de
l'arrêt de vérification desdites lettres et des droits qui
nous appartiennent et peuvent appartenir ;

Et, après avoir fait le tout discuter en notre conseil,

Avons fait le règlement ainsi qu'il suit, c'est à savoir :

1. — Qu'en exécutant lesdites lettres, les maire et
échevins auront la connaissance et juridiction de ce qui
concerne la défense et conservation de la ville de Mayenne et police d'icelle, sans qu'aucun habitant de quelque qualité qu'il soit n'en puisse être exempt, ni demander ou proposer le renvoi par devant d'autres juges pour
raison des cas ci-dessus, ni même en vertu du privilège
de *commitimus*, donnant pouvoir audit maire et échevins
de passer outre, nonobstant tous renvois requis, et que
leurs ordonnances seront exécutées nonobstant opposi-

tion ou appellation quelconque, à la charge de l'appel par devant nos juges ordinaires du duché et pairie, ainsi qu'il est expressément porté par lesdites lettres.

2. — Lesdits maires et échevins pourront aussi connaître et décider de tous deniers communs et patrimoniaux de ladite ville, soit par ordonnance, reddition de comptes en première instance, et s'en feront les baux et adjudications par devant eux, en interdisant la connaissance à tous autres juges. Et, pour les octrois accordés par le roi à ladite ville, les baux et adjudications en seront faits à l'Hôtel de ville, en présence des maires et échevins et procureur, de l'ancien président, d'un élu et du procureur de sa majesté en ladite Election. Et, pour les procès qui pourront naître à raison desdits octrois, seront traités en première instance en ladite Election et par appel à la Cour des Aides, suivant l'arrêt d'icelle intervenu sur lesdites lettres patentes du roi, le 23 août 1656.

3. — Donnons aussi pouvoir auxdits maires et échevins de faire faire l'estimation des terres, maisons, jardins et autres héritages qui se trouveront nécessaires pour faire les murs et remparts, fossés et chemins de ladite ville, pour en faire le paiement suivant l'estimation qui en sera faite par experts dont les parties conviendront par devant nos juges ordinaires du duché pairie, sinon en sera, par lesdits juges, nommés d'office en cas que les propriétaires ne veuillent en convenir à l'amiable.

4. — Conservons au surplus nos juges civil et criminel, lieutenant et autres officiers de notre duché pairie de Mayenne en la connaissance et juridiction de tous les autres droits à eux appartenant et qui leur peuvent appartenir,

Que les audiences de la justice civile seront tenues par le juge ordinaire civil, le lieutenant et par quatre conseillers ou ceux des dessous dits qui s'y trouveront ;

Que le juge ordinaire civil présidera ou, en son absence, récusation ou légitime empêchement, ledit lieutenant, et après lui, le plus ancien conseiller ;

Lesquels juges, lieutenant et conseillers seront tenus de se trouver et tenir lesdites audiences les jours de lundi, jeudi et vendredi de chaque semaine, de Pâques jusqu'à la Saint-Rémy, de 8 heures du matin jusqu'à 11 heures et depuis 2 heures jusqu'à 5 heures de relevée, et de la Saint-Rémy à Pâques depuis 8 heures jusqu'à 11 heures du matin et, de relevée, depuis 2 jusqu'à 4, et encore le mardi, au matin, depuis pareille heure de 8 jusqu'à 11 pour expédier les causes qui seront restées du lundi et qui n'auront pu y être expédiées ;

Que celui qui présidera sera obligé de prendre les avis des assistants et procureur à la pluralité d'iceux. Et, si le lieutenant préside, il sera obligé de quitter la chaise au juge ordinaire civil, lorsqu'il y arrivera. Et sera la même chose pratiquée entre le lieutenant et les conseillers.

Seront tenus, les avocats qui plaideront, de dire le mot de « Messieurs » dans leurs plaidoyers, et sera la minute dressée ou expédition de chacun jugement préparatoire ou définitif signée ou paraphée par celui qui aura présidé.

5. — Aura, ledit juge civil, par préciput, toutes les menues expéditions qui n'ont poinct accoutumé de passer par le greffe, ni d'être signées du greffier, comme les requêtes, mandements, même les actes des audiences, commissions adressées d'ailleurs, à lui ou au siège, les enquêtes sommaires, les jugements desdites enquêtes, sans être obligé d'y appeler les autres officiers, sinon au cas de difficulté, les taxes de dépens qui interviendront en conséquence desdites enquêtes, procès-verbaux de l'exécution des retraits lignagers, féodaux ou conven-

tionnels, les présentations et réceptions de foys et hommage, d'aveux, dénombrements et déclarations. Les réceptions des notaires et sergents, signatures de leurs registres et des jugements d'audience et les serments des métiers. De toutes lesquelles choses ledit juge civil sera seul juge et signera tous les actes, comme aussi aura, à son profit seul, les émoluments qui en proviendront. Et tiendra, ledict juge civil, deux assises mercuriales par chacun an, savoir, l'une après Quasimodo et l'autre après la Saint-Rémy, qui seront tenues par ledit juge civil au plus tard un mois après lesdits jours, pour y faire comparoir les notaires et sergents dudict duché et y représenter leurs registres des actes et exploits qu'ils auront passés et faits et être, les feuillets desdicts registres, paraphés et les blancs qui s'y trouveront, barrés ; et à la fin de ce qui se trouvera écrit, lors de chacune desdictes assises mercuriales, de lui signé et de notre procureur, à peine d'amende arbitraire pour la première fois contre les notaires et sergents, qui ne se seront présentés et qui n'auront point rapporté leur registre, et d'interdiction pour la seconde.

Laquelle signature se fera par le juge, dès le même jour de l'assise, à l'instant que les registres lui seront présentés, sans qu'il puisse les retenir ni en prendre aucune connaissance. Et, en ce faisant, seront lesdits notaires et sergents déchargés des autres comparutions auxquelles ils pouvaient être ci-devant tenus, si ce n'est qu'il y ait inscription de faux formée contre lesdicts registres, auquel cas le faux sera instruit et jugé suivant l'ordonnance. Et, en cas d'absence, refus, recusation ou autre empêchement, ce que dessus appartiendra au lieutenant et, après, le lieutenant, au plus ancien conseiller et aux autres, chacun selon leur réception.

6. — Toutes les autres affaires, comme les instructions de procès civils, incidents de faux, interrogatoires,

rapports, vérifications d'écritures et signatures, inventaires, réceptions d'avis de parents, institutions et destitutions de tutelles et curatelles, émancipations de mineurs, auditions de comptes, baux judiciaires, adjudications par décret, sentences d'ordre et distributions de deniers, tant de meubles qu'immeubles, adjudications de pensions, enquêtes, descentes sur les lieux, montrées, réceptions d'officiers, à la réserve des notaires et sergents, plaintes, informations, décrets, élargissements, taxes de dépens et autres actes, à la réserve de ceux qui sont contenus à l'article ci-devant, — elles seront faites par ledit juge civil et, en son absence, refus, récusation et autre empêchement, par ledit lieutenant, et après lui, par le plus ancien conseiller et par les trois autres selon l'ordre de sa réception. Et les émoluments de tout ce que dessus seront mis en distribution, pour en être pris un tiers par ledit juge civil, le quart des deux autres tiers par le lieutenant et le surplus partagé entre les quatre conseillers également.

7. — Les épices et autres émoluments de procès par écrit appointés en droit ou à mettre, forclusions ou coutumaces, interlocutoires et définitives, seront partagés à la proportion ci-dessus entre lesdits officiers, sinon en cas que ledit juge civil n'ait point été rapporteur, auquel cas il n'aura que le quart au total de ce qui n'aura point été jugé à son rapport ; lequel retranchement appartiendra à celui au rapport duquel les jugements et sentences auront été rendus, sans que les autres puissent participer audit retranchement.

8. — Sera la même chose observée pour les jugements et sentences interlocutoires et définitives ; comme aussi, tout ce qui sera fait en exécution appartiendra à celui qui aura été le rapporteur et même les taxes de dépens et les émoluments qui en proviendront.

9. — Toutes les productions seront enregistrées par le

greffier ou son commis dans un registre relié, dont les
feuillets seront paraphés par le premier des conseillers;
et sera l'enregistrement fait, quoiqu'il n'y ait qu'une des
parties qui ait produit. Et sur ledit enregistrement, seront distribués, de trois semaines en trois semaines, aux
jours de mercredi, deux heures de relevée, en la chambre du conseil, où le greffier ou son commis seront tenus
de porter tous les sacs desdits procès enregistrés, pour
en être la distribution faite par le juge civil, en la présence du lieutenant et des conseillers. Et, en cas d'absence du juge, la distribution sera faite par le lieutenant, ou, en l'absence du lieutenant, par le premier conseiller, selon l'ordre du tableau. S'il y avait douze procès, le juge aura les quatre premiers titres qu'il voudra
choisir, le lieutenant les trois autres suivants à son
choix, le premier conseiller les deux autres suivants et
chacun des autres conseillers un, suivant l'ordre de la
réception, sans que ledit ordre puisse être changé, ni la
distribution retardée, sous prétexte qu'il n'y aurait que
la production de l'une des parties; mais elle pourra être
avancée par ledit juge, en cas qu'il y ait ledit nombre de
procès et que d'aucuns d'iceux le jugement soit pressé,
en gardant toujours les formes ci-dessus.

10. — S'il n'y avait point si grand nombre de procès
pour mettre en distribution, celui sur lequel le nombre
aurait manqué sera rempli en la distribution de ce qui lui
en doit appartenir, réservant toujours le choix au juge
civil et, après lui, au lieutenant et, après le lieutenant, au
premier conseiller, de la qualité du procès, pourvu que
chacun ait le nombre qui lui en doit appartenir.

11. — Celui qui fera la distribution écrira, en même
temps, de sa main, sur le registre, en marge du regis-
trement du procès, le nom du juge auquel ledit procès
sera distribué. Et, encore qu'après la distribution, les
procès ne soient point jugés ou poursuivis, soit que les

parties s'accordent ou autrement, il ne sera suppléé
aucun procès à chacun desdits officiers, pour raison de
ce, pourvu que, lors de ladite distribution, les procès
n'aient point été accordés : auquel cas, celui auquel le
procès accordé aurait été distribué sera rempli d'un
autre procès en la prochaine distribution suivante.

12. — Seront tous les procès jugés en la chambre du
conseil par tous lesdits officiers, tous les mercredis et
samedis de chacune semaine, depuis les 8 heures du
matin jusqu'à 11 heures, et s'il est besoin, depuis 2 heures de relevée jusqu'à 5 heures, et les jugements arrêtés
à la pluralité des voix, les épices taxées par la compagnie
en même temps que le procès aura été jugé, les dictons
« dictums »[1] dressés par les rapporteurs et signés par
tous les juges qui auront assisté, à côté desquels celui
qui aura présidé écrira de sa main la taxe des épices.

13. — Si, pendant que le procès sera entre les mains
du rapporteur, lequel y sera mis aussitôt la distribution
faite, il est besoin de requête ou de quelque instruction,
le tout sera fait par ledit rapporteur seul, lequel en
aura seul les émoluements. Si néanmoins il arrive
quelque contestation, pourquoi il fût nécessaire d'aller
à l'audience, elle y sera réglée par la pluralité des voix,
et seront les procès rapportés incontinent, après qu'ils
auront été mis en état par forclusion ou autrement,
dont nous chargeons les honneurs et consciences de
nos dits officiers.

14. — Le greffier ou son commis sera tenu de se trouver à toutes les audiences civiles et criminelles, avec la
robe sans soutane, s'il ne se trouve gradué, et avec le
bonnet, et là recevoir les jugements et actes qui seront
prononcés et de garder fidèlement et en bon ordre tous
les registres et minutes, tant pour les audiences que

---

[1] Dictum, dispositif d'un jugement.

pour les procès par écrit contenant les informations, procès-verbaux et autres actes, qui ne pourront être mis ailleurs qu'au dépôt public et n'en pourront être tirés, ni divertis sous quelque prétexte que ce puisse être. Et seront, toutes les minutes des jugements d'audience, paraphées par le premier juge ou icelui qui y aura présidé.

15. — Les audiences criminelles seront tenues par le juge criminel tous les mardis et mercredis de chaque semaine et même à autres jours, à l'issue des audiences civiles, selon la nécessité et occurrence des affaires ; auxquelles audiences assisteront, avec séance et voix délibérative, le lieutenant et conseillers. Et sera, la même chose, observée en ladite audience criminelle que ce qui a été ci-devant dit de l'audience civile, tant à l'égard des juges que des avocats.

16. — Le juge criminel fera seul les instructions de tous les procès criminels et en prendra les émoluments à son profit, ce qui sera fait, en cas d'absence, récusation ou légitime empêchement, par le lieutenant et, après le lieutenant, par le plus ancien conseiller et par les autres conseillers, chacun selon l'ordre de leur réception ; et, pour les élargissements, sentences préparatoires et définitives, le jugement en sera fait en la chambre du conseil par le juge criminel, le lieutenant et les quatre conseillers ou ceux qui pourront y assister, et en seront les émoluments, partagés savoir : moitié au juge criminel, la moitié de l'autre moitié au lieutenant et le surplus aux quatre conseillers dont le premier aura double portion de chacune des autres.

17. — Pourra le juge criminel rapporter tous les procès criminels des grands crimes, aussitôt après les instructions desdits procès, conformément à l'ordonnance.

18. — Aussitôt que les procès criminels seront instruits, celui qui en aura fait l'instruction sera tenu de

faire avertir par le greffier tous les juges qui seront en
la ville, afin de se trouver à la chambre criminelle pour
juger les procès qui se trouveront en état.

19. — Et, à l'égard des autres procès criminels dont
l'accusation ne peut aller qu'à une simple réparation ou
intérêts civils, sans aucune peine afflictive sur le titre de
ladite accusation suivant l'ordonnance, et de ceux sur
lesquels il n'y aura eu qu'un ajournement personnel, et
de ceux qui auront commencé par des exploits d'assignations, quoique depuis il y ait eu information, et même
de ceux qui auront été civilisés, la distribution en sera
faite tout ainsi que des procès civils entre le juge, le
lieutenant et les quatre conseillers.

20. — Soit au civil ou au criminel, les épices et émoluments ne seront dûs qu'à ceux qui auront été présents,
et s'en fera, le partage, entr'eux seuls aux proportions ci-
devant déclarées, entre ceux qui auront été présents, si ce
n'est que l'absence soit causée par nos ordres ou pour
nos affaires ou pour les communes de la compagnie et
dont il y ait résolution par écrit, à la pluralité.

21. — Le juge civil pourra, si bon lui semble, assister
et avoir séance et voix délibérative au criminel, et le
juge criminel au civil, soit pour les audiences, soit pour
le rapport des procès par écrit, à la charge que le juge
civil ne pourra présider au criminel, ni le juge criminel
au civil, mais que l'un et l'autre y sera toujours le
second, soit que le juge civil soit présent ou absent au
civil et le juge criminel présent ou absent au criminel ;
comme aussi ne pourra, le juge civil, faire aucune fonction ni avoir aucune distribution, profits, ni émoluments
au criminel et pareillement le criminel au civil.

22. — Le juge civil ou en son absence le juge criminel
et, en l'absence de tous les deux, le lieutenant audit
duché et pairie de Mayenne présidera aux assemblées
générales de la ville auparavant les maires et échevins,

lesquels suivront immédiatement celui qui présidera ès dites assemblées, sans que les autres officiers de quelque juridiction que ce soit, ni autres personnes y puissent avoir séance, ni voix délibérative qu'en qualité d'habitants, ainsi qu'il est porté par lesdites lettres patentes du mois de mars 1656.

23. — Le maître des Eaux et Forêts dudit duché aura connaissance de toutes les instances qui concernent les Eaux et Forêts, ensemble des chasses tant de notre domaine que de tous les eaux, bois et forêts des particuliers, dans l'étendue de notre duché, aux cas où la connaissance est attribuée aux officiers des forêts du roi, ainsi que ceux qui ont été pourvus de semblables charges en ont bien et dûment joui.

24. — Fera ledit maître des Eaux et Forêts, seul, les instructions des procès tant civils que criminels qui seront pendants en ladite maîtrise, tiendra les audiences tous les samedis de chaque semaine, depuis 8 heures jusqu'à 11 heures du matin, où il présidera ; et y pourront assister le lieutenant et les quatre conseillers du duché-pairie, qui auront séance et voix délibérative. Et en sera usé tout ainsi qu'avec le juge civil et juge criminel pour les plaidoyers, prononciations, instructions et incidents, profits et émoluments, comme il a été dit ci-devant.

25. — Seront tenus les juges civil et criminel et le maître des Eaux et Forêts, ou en leur absence le lieutenant et les quatre conseillers, faire la visite des prisonniers qui se trouveront dans nos prisons, recevoir leurs plaintes et y pourvoir selon l'exigence des cas, du moins les veilles des festes de Pasques, la Pentecôte, Toussaint et Noël, et commencer lesdites visites à huit heures du matin, lesquelles seront faites en la présence de nos avocat et procureur.

26. — Notre avocat portera la parole aux audiences et

notre procureur aura la plume pour toutes les conclusions préparatoires et définitives, ne pourra néanmoins
donner ses conclusions définitives qu'au parquet et par
l'avis de notre avocat, s'il y est présent. Et, en cas de différents avis et que l'un et l'autre insistent, ils seront tenus
d'appeler avec eux l'un des anciens avocats du barreau,
selon leur réception, pourvu qu'il n'ait point occupé en
l'affaire dont sera question. Et, pour les émoluments, il
en sera usé ainsi que par le passé.

27. — Après que les sentences auront été arrêtées,
lues et prononcées aux parties, le greffier recevra les
épices, ensemble tous les autres émoluments ci-dessus
qui doivent être partagés en commun avec nos dits officiers, pour en payer de mois en mois à chacun d'eux ce
qui leur en doit appartenir, sans que nos dits officiers
puissent recevoir aucune chose des mains des parties.
Et, pour les peines, salaires et vacations dudit greffier, il
aura un sol pour livre de la recepte qu'il fera et dont la
taxe lui sera faite par le juge qui arrêtera les épices et
vacations de nos dits officiers, lesquels nous exhortons
à prendre les plus médiocres que faire se pourra, eu
égard au travail et au temps qu'ils y auront employé.

28. — Le greffier ordinaire de la justice et pairie aura
toutes les minutes et fera toutes les expéditions de ce
qui concernera ladite justice, et le greffier du domaine
ce qui concerne notre domaine seulement.

29. — Les jugements et sentences civiles et criminelles,
tant d'audience que par écrit, seront intitulées : « *Les
gens tenant le siège de la Barre ducale et pairie de
Mayenne pour nous où notre nom sera inséré* » et, au
pied desdites sentences et jugements, il sera mis :
« *Donné par celui qui aura présidé* ».

30. — Tous les actes qui sont sujets à scel seront scellés du cachet de nos armes, lequel cachet sera mis et
demeurera entre les mains du premier conseiller, pour

être par lui ledit scel apposé, et, en cas d'absence ou de maladie, entre les mains de celui des conseillers qui sera présent, selon l'ordre du tableau.

31. — Que les deux huissiers audienciers de ladite Barre ducale seront tenus de se trouver alternativement en toutes les audiences tant civiles, criminelles, du domaine, que des Eaux et Forêts, avec la robe sans soutane et le bonnet carré, ainsi que notre greffier ; ils auront place auprès de lui pour appeler toutes les causes, faire les publications desdites audiences, recevoir et exécuter les ordres de nos officiers et leurs jugements ; lesquels deux huissiers audienciers feront, privativement à tous les sergents dudit duché, tous les exploits et significations servant à l'instruction du procès dans la salle du palais de notre ville de Mayenne, auront pour l'appel de chaque cause un sol et deux sols pour la publication de chaque enchère, sans que cela préjudicie aux droits de notre greffier ; et, pour les exploits et significations, ils en seront payés ainsi qu'il est accoutumé et qu'il est taxé par nos juges.

Si mandons à nos juges que, ce présent règlement, ils fassent lire, publier et qu'il soit exécuté selon sa forme et teneur, — à notre procureur général de notre duché et pairie de Mayenne de tenir la main, tant pour la publication, lecture et enregistrément, que pour l'exécution d'icelui, et, pour ce, faire toutes réquisitions nécessaires, comme chose qui concerne le bien de la justice et l'avantage de nos sujets, et, s'il y était apporté quelque refus ou contravention, de nous en donner avis pour y être pourvu ainsi qu'il appartiendra.

Donné à Paris, le 22e jour d'octobre 1668.

Signé : Le Card^l MAZARINI.

I

RÈGLEMENT DU DUC ARMAND-CHARLES DE MAZARIN POUR
LA POLICE GÉNÉRALE ET PARTICULIÈRE DE SON DUCHÉ
DE MAYENNE.

(6 Mars 1675)

Le duc de Mazarin, de la Meilleraye et de Mayenne,
pair de France, etc.

Sur le rapport qui nous a été fait des abus qui se
glissent journellement dans la police tant générale que
particulière de notre ville de Mayenne, faute de règlements, et après nous être informé, tant des officiers que
des principaux habitants de ladite ville, des moyens les
plus convenables pour y remédier, nous, suivant le pouvoir à nous donné par les lettres patentes du roi, du
mois de mars 1656, avons fait ce règlement qui ensuit :

« Les assemblées générales de police seront composées
du juge, des quatre échevins, du procureur syndic, du
receveur des deniers communs, de messieurs les curés
de Notre-Dame et de Saint-Martin, de l'avocat et du
procureur ducal, d'un député de la Barre ducale, d'un
député de l'Election, d'un député du Grenier à sel et de
quatre bourgeois de chacun des quatre quartiers de la
ville. Et néanmoins, si aucun de ceux qui y doivent assister se trouvaient absents, l'assemblée ne pourra pour
cela être différée ; et les affaires commencées seront
finies, sans que le retour du premier juge y puisse
apporter obstacle.

« La ville sera à présent divisée en quatre quartiers :
le premier quartier sera celui du Palais, qui comprend
la place du Palais, avec ce qui est au-dessus et le faubourg St-Jacques ; le second quartier sera celui de Notre-Dame, comprendra tout le côté de la ville dans le-

quel est ladite paroisse, depuis le bas de la place jusqu'au pont ; le troisième quartier sera celui du Château et prendra depuis le bas de ladite place jusqu'au pont ; le quatrième quartier sera le faubourg St-Martin.

« Chaque quartier aura un capitaine qui ne pourra être moins âgé que de trente ans, dont la fonction sera d'assembler les bourgeois de son quartier pour la députation aux assemblées générales, de présider à l'élection des députés, qui se fera à la pluralité des voix et de recueillir lesdites voix.

« Lesdits capitaines se mettront pareillement à la tête desdits bourgeois et leur commanderont lorsqu'il faudra prendre les armes pour le service du roi et auront toutes les autres fonctions militaires, le tout sous l'autorisation du juge de la ville.

« Lesdits capitaines seront par nous pris et choisis tous les trois ans, sans pouvoir être continués du nombre de quatre qui nous seront présentés par les bourgeois de chaque quartier.

« Lesdits quartiers s'assembleront, savoir : celui du Palais, dans la grande salle basse d'icelui ; celui de Notre-Dame, sur le parvis de ladite église ; celui du Château dans la place de la Halle ; et celui de Saint-Martin, devant ladite église.

« Lorsque les quartiers seront assemblés, il sera choisi quatre bourgeois de chacun d'iceux, pour assister pendant une année aux assemblées générales, et, si aucun des députés manque d'assister à icelles, il paiera trente sols d'amende aux pauvres, pour chaque fois qu'il y manquera.

« Les capitaines ne pourront être députés.

« A la tête des résultats de l'assemblée, sera fait mention des noms des députés.

« Il y aura six assemblées générales qui seront tenues les mardis des secondes semaines de Janvier, Mars,

Mai, Juillet, Septembre et Novembre ; et, attendu que la nomination des échevins se faisait le premier septembre, qui est le jour de la foire du Gast, et que, par ce moyen, il y aurait peu d'habitants dans la ville, la nomination desdits échevins sera transférée audit jour second mardi de septembre.

« Si ce dit jour de mardi est fête, l'assemblée tiendra le lendemain.

« Les députés seront tenus de se trouver les dits jours à l'Hôtel-de-ville, quand même les officiers négligeraient de les envoyer avertir.

« Le syndic pourra demander et requérir le juge, quand il jugera nécessaire de faire des assemblées générales extraordinaires, sans se dispenser de celles ci-dessus.

« Dans les assemblées, les députés de chaque quartier pourront proposer tout ce qu'ils croiront être pour le bien public, l'exécution de la police, le bon emploi des deniers communs et les autres nécessités.

« Les avis ne seront point donnés tumultuairement, mais chacun opinera à son tour.

« Les assemblées générales se tiendront dans le bas de la salle de l'audience. Il y aura un fauteuil pour celui qui présidera et des sièges pour les autres officiers de la ville, lesquels seront mis près de la muraille ; dans le sens et vis-à-vis d'eux, du côté du lieu où se tiennent les audiences, il sera mis quatre sièges, savoir : deux pour MM. les curés de Notre-Dame et de St-Martin, et deux pour les officiers du fisc ; et, des deux côtés, contre les murailles, il sera mis deux bancs sur lesquels les autres députés prendront séance, sans ordre et selon que chacun se trouvera entré le premier ; — de sorte que la disposition desdits sièges et bancs sera une figure carrée, au milieu de laquelle il y aura une table et un siège pour le greffier.

« Les officiers de la Barre ducale feront les règlements généraux et auront la connaissance des appellations des ordonnances des officiers de ville.

« Le juge, sur la réquisition du procureur ducal, et, en l'absence du juge, le lieutenant général, et, en l'absence de tous les deux, le plus ancien conseiller feront la police pour la qualité et poids du pain et les visites chez les boulangers, toutes les semaines, le tout suivant les cartes qui ont été ci-devant faites et qui sont déposées à l'Hôtel-de-ville : auxquelles police et visites pourra assister un des échevins. Et, faute par lesdits officiers de faire ladite visite pendant quinze jours, elle sera faite, au premier jour de la semaine suivante, par les échevins et syndic.

« Le juge, pareillement avec le procureur ducal, et, en l'absence du juge, le lieutenant général, et, en l'absence de tous les deux, le plus ancien conseiller mettront, deux fois l'année, le prix au vin qui se doit débiter dans ladite ville, savoir : le premier mai et le premier novembre. Et, faute par eux de le faire, ledit prix sera mis par le plus ancien échevin.

« La visite des cabarets et autres lieux, pour voir si pendant le service divin il ne se fait rien contraire aux défenses portées par les ordonnances, sera faite par ledit juge, accompagné par le procureur ducal.

« Aux maire et échevins appartiendront la police pour le pavé, les bois, le nettoyement des boues, la disposition des deniers communs et l'assistance des pauvres, ainsi qu'il sera marqué ci-après.

« Après que les échevins auront été choisis par nous, duc de Mayenne, ils prêteront le serment entre les mains de celui à qui ils seront renvoyés et ensuite installés par le juge en assemblée générale.

« L'assemblée particulière de la ville se fera tous les samedi matin : celui qui y présidera proposera les cho-

ses sur lesquelles on a à délibérer et chacun sera chargé de sa part de l'exécution, dont il rendra compte le
samedi suivant ; et de tout sera fait mention sur le
registre.

« Comme la subsistance des pauvres doit faire une
des principales parties de l'application des maires et
échevins, ils empêcheront, autant qu'ils pourront, la
mendicité, et, à cette fin, ils mettront hors de ladite
ville tous les pauvres étrangers qui s'y seront établis
depuis trois ans et empêcheront qu'il ne s'y en établis-
se à l'avenir : à l'effet de quoi, chacun des quartiers
sera visité, quatre fois l'année, par un des échevins de la
ville, accompagné du capitaine, lesquels feront un rôle
de tous les pauvres qui seront dans ledit quartier, mar-
queront le lieu de leur naissance, depuis quel temps ils
sont établis en la ville, quel art et métier ils professent,
s'ils sont capables de travailler, et pareillement feront
mention du nombre de leurs enfants.

« Et, comme chaque paroisse doit faire subsister ses
pauvres, il sera avisé ce qu'on donnera pour la nourri-
ture de ceux qui sont naturellement à la charge de la
ville de Mayenne et du secours et du supplément qu'on
doit donner à ceux qui ne peuvent tirer de leur travail
la subsistance de leur famille.

« Et, pour fournir à ladite subsistance, il sera fait un
rôle, en chaque quartier, de tous les bourgeois, lesquels
seront invités de se cotiser par mois pour la subsistance
desdits pauvres ; et tout ce qui proviendra de la charité
desdits bourgeois sera mis entre les mains du receveur
du Bureau, pour en faire la disposition sur les ordres
de ceux qui composeront ledit Bureau.

« Le Bureau sera composé de MM. les Curés de Notre-Dame et de Saint-Martin, d'un ecclésiastique de
l'une des deux paroisses alternativement, de quatre
bourgeois de la ville de Mayenne et deux du faubourg

St-Martin, qui seront choisis en l'assemblée générale du mois de Janvier.

« Et seront les Bureaux tenus à l'ordinaire tous les 15 jours chez M. le Curé de Notre-Dame.

« Il y aura six assemblées extraordinaires pour l'administration et direction générale de l'Hôpital et des pauvres, lesquelles seront composées de MM. les Curés de Notre-Dame et de Saint-Martin, du sieur juge, du procureur ducal, de quatre échevins, de six bourgeois qui auront été nommés pour le bureau et du procureur et receveur de l'Hôpital.

« Les assemblées seront tenues dans la salle de l'Hôpital. MM. les Curés y auront la préséance et le sieur juge y présidera et, en son absence, le lieutenant général, et, en l'absence de tous les deux, le plus ancien conseiller.

« Le procureur de l'Hôpital sera obligé de prendre les avis et les ordres de ladite assemblée extraordinaire pour les affaires importantes dudit hôpital et pauvres, comme les acquisitions, aliénations, emplois de déniers, changement de domestiques ou d'autres personnes qui doivent gouverner l'hôpital et même sur les affaires courantes, qui se présenteront dans le temps de ladite assemblée extraordinaire, lesquelles seront indiquées par le juge, ainsi qu'il le trouvera à propos.

« Les comptes se rendront par devant le juge et, en son absence, par devant le lieutenant général, auxquels assistera le procureur ducal pour y faire les réquisitions nécessaires.

« MM. les Curés auront les préséances, même au-dessus des juges y assisteront, pareillement deux échevins et les deux plus anciens du Bureau. Le juge présidera à ladite assemblée, aura la plume et la prononciation, à la pluralité des voix rendra les ordonnances et fera la clôture des comptes.

L'intitulation du compte se fera en ces termes :
« Compte que rend par devant nous, Monsieur le Juge
« de Mayenne, en présence de Messieurs les Curés et
« de M^{es} *(ici les noms)*, procureur et receveur dudit
« Hôpital, des fruits et revenus d'icelui, pendant l'an-
« née...». La clôture se fera en ces termes : « Fait, clos et
« arrêté par nous, juge dudit, en présence du procureur
« de Monseigneur et des sieurs ...».

Les comptes de la fabrique de la paroisse Notre-
Dame seront examinés et réglés ainsi qu'il s'est pratiqué
jusqu'ici. M. le curé de Notre-Dame y aura la préséance
et la présidence pendant l'examen et le juge aura la
prononciation et la clôture, même jugera à la pluralité
des voix, s'il arrive quelque débat et quelque contestation.

Au surplus les règlements portés par les lettres patentes du roi du mois de mars 1656, ceux arrêtés au conseil
de son Eminence du 22 octobre 1658 et tous ceux faits
par nos officiers le 25 septembre 1657 seront exécutés
selon leur forme et teneur.

Fait et arrêté, à Paris, le sixième jour de mars 1675.

Signé : Le duc MAZARIN, A.

Sur l'ampliation de cette pièce se trouvait un sceau
aux armes du cardinal de Mazarin : « d'azur à une hache
consulaire d'argent, entourée d'un faisceau de verges et
une fasce en devise de gueules, chargée de trois étoiles
d'or brochant sur le tout ».

Le règlement qui précède était suivi de l'addition ci-
après, écrite de la main même du duc :

Nous soussigné, duc de Mayenne, en expliquant notre
règlement porté par les présentes lettres, ordonnons qu'il
ne sera nommé par les quartiers, à l'avenir, aucun
député du nombre des avocats qu'un seul, lequel sera
pris alternativement des quatre quartiers, de sorte qu'à

la première députation il sera pris et nommé dans le
premier quartier, nommé le quartier du Palais, et, à la
députation suivante, il sera nommé dans le quartier
Notre-Dame et ensuite, dans celui du Château et, par
après, dans le quartier de Saint-Martin, et ainsi alternativement, à perpétuité; et, s'il n'y avait aucun avocat
domicilié dans le quartier qui sera en ordre de pouvoir
nommer un avocat, il en sera nommé un dans le quartier suivant.

Fait, à Mayenne, le 2e mai 1677.

Signé : Le duc MAZARIN.

J

ADDITION FAITE PAR ARMAND-CHARLES, DUC DE MAZARIN,
A SON RÈGLEMENT DU 6 MARS 1675

(4 Octobre 1675)

Armand Charles, duc de Mazarin, de la Meilleraie,
pair de France, comte de Ferrette, Thann, Belfort,
la Fère et Marle, baron d'Altkirch, grand bailly d'Ha-
guenau, gouverneur et lieutenant général pour le roy
en la Haute et Basse-Alsace, gouverneur particulier de
Brisach, Philipsbourg, le Port-Louis, La Fère et Vincennes, surintendant des poudres et salpêtres de
France ;

Sur ce qui nous a esté représenté que l'exécution du
règlement de police, par nous fait le 6 mars 1675, pourroit causer quelques désordres dans les séances, tant de
messieurs les curéz que des députéz des Corps et nos
officiers fiscaux ;

Nous, en expliquant notre dit règlement, avons ordonné
que la disposition des assemblées demeurera ainsy

4

qu'elle a été establie par notre dit règlement, pour ce qui regarde les maire et eschevins ; et, à l'esgard de messieurs les curés, ils prendront les deux premières places sur les bancs des députéz ; le député de la Barre ducale prendra séance immédiatement après monsieur le curé de Notre-Dame ; celui de l'Election immédiatement après monsieur le curé de Saint-Martin ; celui du Grenier à sel suivra le député de la Barre ducale et tous les autres députéz des quartiers prendront leurs séances sans ordre. Notre avocat ducal et notre procureur ducal demeureront dans les deux chaises, hors d'ordre et sans conséquence, ainsy qu'il est porté par notre dit réglement. Le juge qui présidera à la dite assemblée générale fera la proposition sur laquelle notre avocat ducal et notre procureur ducal bailleront leurs conclusions ; ensuite le président prendra les opinions, commençant par messieurs les curéz, continuant par les députéz des Corps, après lesquels les eschevins donneront leurs avis, et, de suite, les... députéz des quatre quartiers. Le président conclura et prononcera ; après, il signera le premier, messieurs les curéz, et députéz des Corps après eux ; les eschevins, procureur syndic et receveur des deniers communs ensuite, et, après, les députéz des quartiers, ainsy qu'ils se trouveront assis. Au surplus, nous ordonnons que notre dit règlement du 6 mars 1675 soit exécuté selon sa forme et teneur.

En témoing de quoy, nous avons signé la présente, à ycelle faict mettre le cachet de nos armes et contresigner à notre secrétaire ordinaire.

A Vincennes, le quatrième octobre seize cent soixante et quinze.

Signé : Le duc de Mazarin.

Par Monseigneur, *signé :* Prugné.

K

ORDONNANCE D'ARMAND-CHARLES, DUC DE MAZARIN, RELATIVE A SON RÈGLEMENT DU 6 MARS 1675

(22 Septembre 1676)

Le duc de Mazarin, de Mayenne et la Meilleraye, pair de France, etc.

A tous ceux qui ces présentes lettres verront, salut.

Ayant plu au roi, par ses lettres patentes du mois de mars 1656, de donner à feu Monsieur le cardinal Mazarin et à ses successeurs, ducs de Mayenne, la faculté et le pouvoir de faire des règlements entre les officiers de justice et police de notre dit duché de Mayenne, nous aurions le 6ᵉ jour de mars 1675 fait un règlement général de police, dans lequel nous aurions réglé la compétence, juridiction, rang et séance de tous ceux qui ont voix et entrée en la police générale et particulière ; et, d'autant qu'aux fins dudit règlement, il est survenu quelque difficulté pour les rangs et signatures des officiers et autres qui composent et ont entrée aux assemblées de police générale,

Nous avons ordonné et ordonnons que le juge civil et, en son absence, le criminel, et, en l'absence de tous les deux, le lieutenant général présideront aux dites assemblées, qu'ils y prononceront et signeront les premiers les délibérations ;

Qu'après que le juge aura proposé et que notre avocat et procureur auront conclu, le président prendra le suffrage de MM. les curés, des députés de la Barre ducale, de l'Election et du Grenier à sel, ensuite des échevins, procureur syndic, et receveur, et après des députés de chaque quartier ;

Que les délibérations seront signées du président, de MM. les curés, du député de la Barre ducale, de nos avocat et procureur, du député de l'Election, de celui du Grenier à sel, des échevins, du procureur syndic, du receveur de la ville et ensuite par les autres députés des quatre quartiers ;

Que les sièges et bancs demeureront disposés ainsi qu'il est porté par notre dit règlement du 4 octobre 1675, lequel, au surplus, sera exécuté selon sa forme et teneur.

Fait à Vincennes, le 22e jour de septembre 1676.

Signé : Le duc MAZARIN.

Par Monseigneur, *signé :* PRUGNÉ.

L

PÉTITION ADRESSÉE, EN 1715, AU PARLEMENT DE PARIS PAR LES OFFICIERS DE LA BARRE DUCALE, CONCERNANT LA TAXE DES DROITS ET ÉMOLUEMENTS DES MAGISTRATS, GREFFIERS ET AVOCATS-PROCUREURS.

Les officiers de la Barre ducale de Mayenne,

En exécution de l'arrêt du 19 septembre 1715, qui a été publié à leur siège, — ce requérant l'avocat fiscal pour le procureur, — le dernier jour d'octobre suivant,

Prennent la liberté de représenter très humblement à la Cour [du Parlement de Paris], que le duché-pairie de Mayenne est d'une très grande étendue et duquel relèvent vingt-deux hautes justices, savoir :

La baronnie de Sillé-le-Guillaume, qui appartient à Madame la princesse de Conti ;

La baronnie d'Ambrières, qui est à M. le maréchal de Tessé ;

La châtellenie d'Ernée, qui est à M. le duc de Mazarin ;

La haute justice de Pescoux, qui appartient à M. le chevalier de la Motte ;

La haute justice de Maigné, qui appartient à M. de la Rivière ;

La haute justice de Cohardon, qui appartient aux héritiers de M. Tragin ;

Orthes, qui appartient à M. le marquis de Tessé ;

Pré-en-Pail, qui appartient à M. l'archevêque de Bourges ;

Couptrain, Gesvres et la Poôté, qui appartenaient à M. le duc de Gesvres et qui les a délaissés à Messieurs ses créanciers ;

Averton et Courcité, qui appartiennent à M. le Guerchois ;

Lignières, qui appartient à M. de Carouges de Tillières ;

Saint-Ouën, qui appartient à M. le duc de la Trémouille ;

Landivy, à M. le marquis de la Chesneloye ;

La Tannière, qui est à M. de Mazarin ;

Montaudin, qui appartient à M. le marquis de la Hautonnière, gouverneur de Rennes ;

Fougerolles, qui appartient à M. de Baugis ;

L'Otagerie et Champorin, qui appartiennent, à présent, à M. de Froulay, qui les a depuis peu acquises.

Dans toutes lesquelles justices, M. de Mazarin a la prévention, tant en matière civile que criminelle, suivant et aux termes de la Coutume de cette province et des concessions des dites hautes justices, dont les anciens seigneurs de Mayenne ont fait participants quelques-uns de ceux d'entre leurs vassaux qui possédaient des seigneuries d'une étendue convenable, suivant et conformément à la liberté qui leur en était donnée par le soixante et onzième article de la Coutume du Maine, et ce, dès longtemps auparavant l'ordonnance de Charles IX, qui est de l'année 1563.

La justice du duché-pairie de Mayenne, qui est certainement une des plus belles et de la plus grande étendue du royaume, a l'honneur de relever de la Cour et est exercée par un juge général, civil et ordinaire, par un juge criminel, un maître des Eaux et Forêts, un lieutenant civil et criminel, par quatre conseillers, un avocat et un procureur fiscal. Quant au greffe, qui est domanial et qui appartient à M. de Mazarin, il est actuellement affermé 2.050[#].

En conséquence des Edits des mois de mars 1619 et du mois de décembre 1652, et de l'arrêt du Conseil d'Etat du 14 décembre 1655, les commissaires généraux députés par le roi pour la vente et revente des domaines du royaume adjugèrent à M. le Cardinal de Mazarin, sous le nom de Me Louis Bras de Fer, avocat au conseil, toutes les charges et tous les offices royaux dans l'étendue dudit duché et de ses annexes, et à rachat perpétuel, pour la somme de 17.250[#], qui fut payée au trésor royal deux jours après.

Les choses en cet état, M. le Cardinal obtint du roi, en considération des services qu'il avait rendus à la couronne et à l'Etat, des lettres patentes, au mois de mars 1656, qui ont été enregistrées au Parlement le 29 juillet, à la Chambre des Comptes le 4 août, et la Cour des Aides le 23 de la même année.

Par ces lettres, sa Majesté,—après avoir créé un maire et quatre échevins, un procureur syndic, un greffier et quatre archers de ville et un maître des Eaux et Forêts,— créa et érigea, en titre d'office, quatre conseillers assesseurs en la justice du duché-pairie, pour avoir séance avec le juge civil, le juge criminel et le lieutenant, immédiatement après eux, et y avoir voix délibérative tant au civil qu'au criminel, — donna pouvoir audit seigneur Cardinal de Mazarin et à ses successeurs, ducs de

Mayenne, de faire tous règlements publics et particuliers pour la fonction et exercice des anciens officiers de la justice dudit duché et de tous ceux créés par ledit Edit, soit pour les différends qui pourraient naître de l'un desdits Corps contre l'autre et pour les prétentions qu'ils pourraient avoir respectivement entre eux sur le fait desdites charges, droits, honneurs, séances et prérogatives en dépendant et même pour le règlement des chasses, voulant sa Majesté que tous lesdits règlements fussent autorisés et exécutés tout ainsi que s'ils étaient faits par elle-même.

En conséquence de quoi, ledit Cardinal fit un règlement qui réglait et limitait les droits et les fonctions de chaque officier en général et en particulier, et ce fut sur le pied de ce règlement qu'il vendit les dites charges, à des sommes exhorbitantes, aux auteurs de ceux qui sont présentement en place, qui les tiennent la plupart à la paulette.

La charge de juge général civil et ordinaire fut vendue jusqu'à 80.000^{tt}, y compris celle de maire, qui, depuis l'Edit de création des maires, n'a été évaluée par arrêt de la Cour qu'à 2.000^{tt}; en sorte que la charge de premier juge était sur le pied de 78.000^{tt}, à 300^{tt} de droit annuel ou de paulette et 10.000^{tt} de droit de mutation.

Celle de juge général criminel fut vendue 30.000^{tt}, à 150^{tt} de droit annuel et à 1.000 écus pour droit de mutation.

Celle de lieutenant civil et criminel avait été vendue, avec droit d'une survivance, 22.000^{tt}.

Celles des quatre conseillers ont été vendues, savoir : la première 13.000^{tt} et les trois autres chacune 12.000^{tt}, 50^{tt} de paulette et 2.000^{tt} de droit de mutation.

Celle de procureur général fiscal du duché fut vendue

24.000[#], 135[#] de paulette et 3.000[#] de droit de mutation, qui a depuis été modéré à 1.000[#].

Et enfin celle d'avocat à 7.000[#], de paulette 25[#], et 500[#]
de droit de mutation.

Par l'article 6 de ce règlement, on donnait au juge général civil et ordinaire, par préciput, toutes les menues
affaires qui n'ont point accoutumé de passer par le
greffe, ni d'être signées du greffier, — comme les requêtes
et mandements, pour chacun desquels il prenait 5^s,—les
actes des audiences, — les commissions adressées d'ailleurs, à lui ou au siège, — les enquêtes sommaires, — les
jugements desdites enquêtes, sans être obligé d'y appeler
les autres officiers, sinon en cas de difficulté,— les taxes
de dépens qui intervenaient en conséquence desdites
enquêtes,— les procès-verbaux de l'exécution des retraits
lignagers, féodaux et conventionnels, — les presentations
et réceptions de foi et hommage, d'aveux, dénombrements
et déclarations, — les réceptions des notaires et sergents,
— les signatures des jugements d'audience ; — de toutes
lesquelles choses, le juge civil avait à son seul profit les
émoluments qui en provenaient.

De même, le doyen des conseillers est en droit de scé-
ler les grosses des sentences et jugements, — pour raison de quoi, il est en droit et possession de prendre 5^s
pour l'apposition du sceau de la juridiction, qu'il a entre les mains.

Mais, à l'égard de toutes les autres affaires que le premier juge instruit, comme les instructions des procès
civils, incidents de faux, interrogatoires, rapports, vérifications d'écritures et signatures, inventaires, réceptions d'avis de parents, institutions et destitutions de
tutelles et curatelles, émancipations de mineurs, auditions de comptes, baux judiciaires, adjudications par
décrets, sentences d'ordre et distributions de deniers,
adjudications de pensions, enquêtes, descentes sur les

lieux, montrées et réceptions d'officiers, plaintes, informations, décrets, élargissements et autres dénommés dans l'article 4 du dit règlement, — les émoluments qui en provenaient étaient mis en distribution, pour être pris un tiers par le juge civil, le quart des deux autres tiers par le lieutenant, et le surplus partagé également entre les quatre conseillers.

Les arrêts et règlements, qui ont été rendus depuis, ont retranché la plus grande partie desdits droits ; — mais, comme la Cour, par un esprit d'équité qui lui est ordinaire, veut bien, en conservant l'intérêt public, faire attention à ceux des officiers et les entendre auparavant que de leur donner un règlement général, — elle est très humblement suppliée de vouloir bien, par une suite d'un tempérament si juste et qu'on n'avait point encore vu, leur permettre de lui faire réflexion que toutes les grandes et bonnes affaires sont ôtées à ces officiers et portées aux Requêtes de l'Hôtel et du Palais et quelquefois même au Châtelet, par l'adresse des procureurs de la Cour, qui ne manquent jamais d'expédients pour se les attirer.

Une seconde réflexion, que la Cour est très humblement suppliée de faire, est qu'elle accorde souvent des commissions à ceux qui les lui demandent, sous divers prétextes qui n'ont qu'une apparence de raison, et qu'elle adresse ordinairement à des juges royaux, soit pour descendre sur les lieux, dresser des procès-verbaux de la situation, entendre des témoins, et pour d'autres occasions. Cependant les juges du duché-pairie de Mayenne, donnant tout leur temps et leurs soins pour remplir leurs devoirs, doivent les espérer de la justice de la Cour, du rang qu'ils tiennent dans la province et par les titres de création du duché. Ils peuvent les espérer d'autant qu'en France les justices sont patrimoniales et qu'il paraît évident par l'arrêt, de l'exécution duquel il s'agit, que la Cour a pour principal objet de diminuer les frais dans les lieux où cela se peut. Comme il n'y a point de juge dans la province, sinon ceux du Présidial du Mans, éloignés de quinze lieues de la ville de Mayenne et de 24 ou 25 des justices mouvantes dudit duché, la plupart limitrophes des provinces de Bretagne et de Normandie, il se trouve que les commissaires causent dix fois plus de dépense aux parties que ne le feraient les juges de la Barre ducale de Mayenne, si elle (la Cour) avait la bonté de leur adresser ces commissions, qu'ils croient et espèrent mériter, pourvu que la Cour ait la bonté d'y faire quelque attention ; car autrement, si les évocations continuent et s'ils ne sont pas honorés des commissions de la Cour, il ne reste plus à ce siège que les affaires sommaires dont on nous laisse la peine et l'embarras, de sorte que tout l'avantage que nous tirons de la grande étendue de ce ressort est d'avoir beaucoup plus de peine, sans aucune récompense.

Il n'est cependant pas juste que les officiers, qui remplissent leur devoir avec honneur et dont les charges ont été vendues des biens immenses, soient continuellement occupés par des affaires sommaires et embarrassantes, et privés de ces petits droits, qui n'égalent pas, à beaucoup près, la peine qu'on y prend et le temps qui s'y consomme, et qui d'ailleurs ne sont point une charge aux parties, dont on n'est pas obligé de faire les affaires gratuitement.

Dans tous les différents états, on a pour maxime que chaque peine requiert salaire, même dans l'état ecclésiastique, qui est le plus relevé et où l'on est reçu gratuitement. La maxime est que ceux qui servent à l'autel doivent vivre de l'autel ; à plus forte raison, des officiers, qui ne retirent pas à beaucoup près l'intérêt de leurs finances, méritent quelque récompense des peines que leur donnent les affaires sommaires qui les occupent des jours entiers.

Les officiers dudit duché-pairie supplient donc très humblement la Cour de rétablir ces petits droits dans les matières sommaires ou de retrancher, par son autorité ou par ses remontrances à sa Majesté, les droits de *committimus* et les évocations, sur le principe que les justices sont patrimoniales en ce royaume et qu'il ne paraît pas juste que des officiers donnent tout leur temps, qui suffit à peine pour régler les affaires sommaires, et qu'ils soient privés de la connaissance de la plupart de celles qui leur pourraient produire quelque utilité.

Les pétitionnaires énuméraient ensuite les droits perçus par les officiers de la Barre ducale :

Droits qui subsistent et qui appartiennent, par préciput,
au premier juge

La taxe des dépens et jugements, qui interviennent en conséquence des enquêtes sommaires, à raison d'un sou par article.

Les procès-verbaux de l'exécution des retraits lignagers, féodaux ou conventionnels, *pro modo laboris* et eu égard aux vacations qu'ils y emploient, à raison de 4^{tt} par vacation de trois heures.

Les réceptions des notaires et sergents, depuis l'ordonnance de 1667, qui veut que les sergents sachent lire et écrire et qu'ils baillent caution et qu'information soit faite de leurs vie et mœurs, religion catholique, apostolique et romaine. Pour la présentation des provisions, les assignations données à la requête du procureur ducal aux témoins, l'information faite de leurs vie et mœurs et de leur religion, la taxe des témoins, le procès-verbal de réception, la présentation et réception

de caution, l'enregistrement de leurs provisions et la
délivrance d'icelles, y compris le papier et le parchemin,
on prend 18^{tt} qui sont partagées, tiers à tiers, entre le
premier juge, le procureur ducal et le greffier.

La présentation et réception des aveux et dénombrements, la collation des nouveaux aux anciens : on prend
et on est en droit de prendre 4^{tt}10^s pour les médiocres,
et 9^{tt} pour les plus grands, qui se partagent, tiers à tiers
comme dessus, y compris les avertissements donnés
aux vassaux, le transport au trésor, le papier et la délivrance de l'enregistrement.

*Affaires qui se font par le juge civil seul, dans son absence
par le lieutenant, dans l'absence des deux par le premier
conseiller : ce sont celles ci-après, dont les droits tombent
en distribution entre tous les officiers.*

Pour l'affirmation des comptes de tutelle et curatelle
20^s, — au procureur ducal les deux tiers.

Dans les enquêtes à l'ordinaire, faites en conséquence
des règlements en droit et contraires : pour chaque
témoin 10^s.

Pour les états de dépens, par chaque article 12^d.

Pour les actes de curatelle, adjudication de pensions,
émancipations de mineurs, 30^s : au procureur fiscal les
deux tiers. S'il survenait quelques incidents ou contestations, qui occupassent le juge ou le procureur pendant
une vacation de trois heures, on taxerait, sous le bon
plaisir de la cour, 4^{tt} : pour le procureur ducal les deux
tiers.

Pour les descentes sur les lieux et hors la banlieue,
12^{tt} par jour. Si la descente est faite dans la ville ou la
banlieue, par vacation de trois heures, 4^{tt}.

Pour la nomination d'experts et leur prestation et réception de serment, 16^s.

Pour leur rapport de visitation et estimation d'héritage et liquidation de fruits et revenus, 16[s].

Pour un interrogatoire sur faits et articles, 30[s]; si pendant trois heures, une vacation, 4[tt].

Pour les procès-verbaux contenant les dires et déclarations des parties ou le calcul et examen des quittances, 30[s]; si pendant une vacation de trois heures, on taxe 4[tt].

Pour les incidents criminels dans les instances civiles, on prend comme ci-après au siège criminel.

Des appointements à mettre se distribuent avec les autres affaires appointées en droit, et les épices qui sont en commun ne passent point 6[tt].

Les sentences de vérification des saisies réelles, qui sont portées au siège, se doivent faire gratuitement, mais il n'y en a presque point et, s'il y en a, elles sont de très peu de conséquence, sauf les droits de certificateur en titre.

A l'égard des sentences de vérification de saisie, qui sont portées ailleurs, et de la connaissance desquelles on nous dépouille quoique nous soyons les juges naturels, les dits officiers se taxent des épices, par l'avis de la compagnie, eu égard au travail qu'on se donne dans l'examen des procédures, qui demande beaucoup de formalités essentielles, suivant notre usage.

Les droits et épices, pour les articles ci-dessus, sont mis en distribution et se partagent en cette manière : le juge général civil et ordinaire prend le tiers sur le total, le lieutenant le quart du surplus, et le reste, qui est la moitié du total, se partage entre les quatre conseillers, par portion égale.

Nous prenons encore la liberté de représenter à la Cour qu'il y a de la justice de faire distinction des officiers dont les droits tombent en bourse commune d'avec ceux qui perçoivent les épices à leur seul profit, et d'ordonner que les saisies-réelles soient portées devant les juges naturels des lieux où les biens saisis sont situés, n'étant pas juste que des sièges étrangers profitent de nos privilèges et que nous ayons encore la peine d'examiner les longues procédures d'une saisie.

La Cour, qui n'ignore rien de tous les droits de justice, est encore suppliée de rappeler les édits, déclarations et arrêts du conseil qui ont été rendus pour l'établissement des Commissaires aux saisies réelles, par lesquelles il a été ordonné que les saisies seraient portées dans les justices dont les fonds saisis sont mouvants.

Au criminel

Par le même règlement de 1658, article 17, le juge criminel fait seul les instructions de tous les procès criminels et en prend seul les émoluments.

Ces droits comprennent :

La plainte, 15^s, au procureur ducal les deux tiers.

L'audition de chaque témoin de l'information, 10^s.

Le décret, 32^s, au procureur ducal les deux tiers.

30^s pour chaque interrogatoire.

Le règlement en l'accusation 3^{tt}, quelquefois 4^{tt}10^s, au procureur ducal les deux tiers.

Pour chaque récolement 10^s.

Sur l'article des confrontations, la Cour est très humblement suppliée de faire une observation qui est que, pour confronter des témoins à l'accusé, le juge criminel se transporte au Château [de Mayenne], où souvent la confrontation d'un seul témoin consomme toute la vacation de la matinée et une autre après diner ; auquel cas, il serait juste de permettre au juge criminel de se taxer, pour sa vacation de trois heures, 4^{tt}.

L'élargissement provisoire en baillant caution..., au procureur ducal les deux tiers.

Le transport du juge criminel sur les lieux, hors la banlieue, 16^{tt} : au procureur ducal les deux tiers.

Le transport dans la ville, faubourg, quinte et banlieue, par vacation de trois heures, 4^{tt}.

Droits du greffier, tant au civil que criminel,
que du domaine

Chaque rôle de parchemin, de 22 lignes à la page et 15 syllabes à la ligne, 15^{s}.

Chaque rôle de papier, de 12 lignes à la page et 8 syllabes à la ligne, 2^{s}6^{d}.

Le droit de seing à chaque expédition, 5^{s}, et pour les ..., il est de 10^{s} dans les actes de défaut et affirmations et de 20^{s} dans les jugements et sentences.

L'audition de chaque témoin, en matière criminelle, compris la formule, 5^{s}; en matière civile, 3^{s}9^{d}.

Décret de prise de corps ou d'ajournement personnel, 15^{s}.

Signature des actes simples d'affirmation, 2^{s}6^{d}.

Présentation sur l'assignation, 6^{d}; et, quand la partie n'est pas présente, 1^{s}.

Les actes de tutelle, curatelle, 15^{s} ou la moitié de la vacation de M. le juge, sans droit de délivrance, ou bien la grosse comme dessus.

Les actes de réception de caution, outre la grosse, 8^{s}.

Les retraits lignagers, le tiers de la vacation de M. le juge, outre les grosses, quoique la moitié se prenne dans les autres sièges.

Les baux judiciaires se délivrent en papier, 2^{s}6^{d} le rôle.

Le greffier reçoit les vacations et épices des sentences et autres actes pour M^{rs} les juges, et, pour ce, 1^{s} pour livre.

La présentation du compte, 10^{s}.

Les adjudications et décrets d'immeubles se délivrent en parchemin, à raison de 15^{s} le rôle.

Les procès-verbaux de prestation de serment, soit en

art d'écriture, estimation d'héritage, réception des rapports, 8^s, outre les grosses.

Les actes d'offres de foi et hommage et réception d'aveu, (le greffier étant chargé d'une des clés du trésor): pour écrire la minute, faire une expédition pour le trésor et une expédition, qui se délivre en papier à la partie, semblable droit que Messieurs les juge et procuenreur fiscal, *pro modo laboris.*

Le transport aux scellés et descentes sur les héritages, la moitié de la vacation du juge sans droit de grosse des procès-verbaux, ou le droit de grosse, à raison de 2^s 6^d le rôle, au choix du greffier.

Le droit de communication des productions et réceptions d'icelle au greffe et pour le retrait, 2^s 6^d.

Le procès-verbal de légalisation de signature, 5^s.

Les états de dépens par défaut, 6^d par article.

L'exécutoire de dépens, 15^s, non compris le parchemin et scel qui appartient au premier conseiller.

Frais que les avocats, faisant fonctions de procureurs, demandent dans leur état de dépens

Le droit de consultation, 15^s.

Pareil droit sur chaque appellation par écrit, 30^s.

Une requête contenant demande, 20^s.

La présentation sur chaque exploit, 2^s 6^d.

L'acte, 6^s 6^d.

La journée, 2^s [1].

Un défaut faute de comparoir, 6^s 6^d.

La demande sur le profit du défaut, 5^s.

Chaque plaidoirie par défaut, lorsqu'elle est d'instruction, 10^s.

La plaidoirie par défaut sur jugement définitif, 15^s.

---

[1] Droit du procureur pour avoir assisté sa partie devant le juge. Ce droit était perçu par lui quoiqu'il ne fut pas, en réalité, toujours présent.

La plaidoirie d'instruction contradictoire, 15^s.

La plaidoirie où il y a remise, 6^s 6^d.

Les plaidoiries définitives contradictoires, 20^s.

Chaque qualité au rôle, y compris la formule et le droit d'appel, 6^s.

Les autres défenses et repliques plus longues et de plus grande importance, déclaration de dommages et intérêts et autres, 10^s par rôle pour l'avocat.

La grosse, à 20 lignes la page et 15 syllabes la ligne, copie, signification et formule, 5^s par rôle.

Chaque communication de pièce, que l'on est obligé de faire par récépissé sur papier timbré, y compris l'acte de communication, 15^s.

Le conseil ou examen de chaque communication, 15^s.

La réponse que l'on y fait 10^s par rôle pour l'avocat.

La grosse, copie, signification et formule comme dessus, 5^s par rôle.

Chaque signification d'avenir et formule, 6^s.

L'avertissement sur affaire appointée, contredit, salvations, griefs, réponses et autres écritures, à 20 lignes la page et 15 syllabes à la ligne, à l'avocat 10^s par rôle pour la grosse, formule et signification 5^s par rôle.

Chaque inventaire de production, moitié des droits ci-dessus, non compris la formule, pour le produit à l'avocat 5^s.

L'acte y compris le droit du greffier et formule, 6^s.

La journée, 4^d.

Chaque sommation d'écrire, produire ou autre, 6^s.

La signification de l'acte de produit, 5^s.

La prise de communication des sacs d'une instance ou procès par écrit, 3^s.

La prise de communication d'une production nouvelle, 30^s.

La journée sur chaque acte de voyage utile, 2^s.

La copie et signification, 6^s.

La journée pour délivrer chaque appointement, jugement ou sentence définitive, 2^s.

Les copies et significations desdits appointements et jugements, 1^s 6^d par rôle, non compris la formule et le droit de l'huissier.

Le retrait des productions du greffe, 5^s.

La journée 2^s.

Les procès-verbaux faits en l'hôtel de M. le juge, soit de tutelle, curatelle, retraits et autres, la moitié pour chaque avocat de ce que prend M. le Juge.

Les transports sur les lieux aux descentes, apposition et levée de scellés (lorsqu'il y a transport), la moitié de la vacation de M. le juge pour chaque avocat.

Chaque rôle d'un compte dans les formes prescrites par les ordonnances, mêmes droits que les avertissements.

La mise des pièces du compte par ordre : on prend en égard au travail, c'est-à-dire au nombre des pièces, sans que cela excède 6^{tt}.

Le jet et calcul des chapitres du compte, de même, sans que cela excède 3^{tt}.

Les consentements et débats, soutenements et autres écritures, même droit que pour les avertissements.

Criées

La consultation avant d'apposer la saisie, 15^s.

Chaque plaidorie, même droit que dessus.

La consultation sur la demande en interruption, 15^s.

Les autres procédures faites dans le cours, même droit que dessus.

La vacation de l'avocat de l'opposant, 20^s.

La copie et signification de l'acte d'opposition, 6^s.

Le formulaire ou affiche à fin de vente, suivant le travail, à proportion de la grandeur et consistance des terres.

Les causes et moyens d'opposition, contredits, salvations et autres, mêmes droits que ceux-ci devant expliqués.

Criminel

Le droit de consultation, 15^s.

La plainte, la moitié de la vacation de M. le Juge.

La requête afin de décréter, l'information pour parvenir à l'élargissement provisoire, à l'inventaire et autres sujets, 20^s.

La copie, signification et formule, 8^s.

La vacation pour prendre communication des pièces arguées de faux, 20^s.

Les moyens de faux, écritures, plaidoiries et autres, comme ci-devant au civil.

Taxe des dépens

La déclaration des dépens, 1^s par article.

La copie des significations, 6^s par article.

L'assistance de l'avocat du demandeur en taxe, 6^d par article; l'avocat du défendeur, 6^d par article.

Le tiers (avocat), quand il en est besoin, 6^d par article.

Chaque sommation, 6^d.

L'exécutoire, ce qu'il coûte au greffe.

La copie et signification au domicile de l'avocat, 8^s.

M

RÔLE ET RÉPARTITION DU SEL D'IMPÔT DANS LE RESSORT DU GRENIER A SEL DE MAYENNE (1)

(Année 1788)

ALEXAIN : *55 minots.*

Imposés : 606 personnes. — Dispensés comme pauvres : 93 personnes. — Privilégiés et exempts : 19 personnes, savoir :

Me Louis Hubert, curé, (5 personnes).

Mme la duchesse de Beauvilliers, noble, à la Feuillée, (7 p.).

Le sieur Henry Chenon, régisseur du château de Marigny, (4 p.).

Mme de Pontestan, pour son jardinier, à la Marie, (3 p.).

AMBRIÈRES : *101 minots.*

Imposés : 1123 personnes. — Dispensés comme pauvres : 177 personnes. — Privilégiés et exempts : 31 personnes, savoir :

Me Jacques Desnos, curé, (7 p.).

Me Mathieu Chaulet, prêtre, (3 p.).

Me Nicolas Gallery des Granges, écuyer, procureur fiscal, (3 p.).

Me Philippe-François de Clinchamp, écuyer, (3 p.).

Me Louis-René-Jean Gallery de la Tremblaye, écuyer, (3 p.).

Le Sr Louis-Jean-Charles Dugué, contrôleur, (1 p.).

Me Michel Gonnet, secrétaire du Point d'honneur, (4 p.).

Les dames de l'Hôtel-Dieu, (4 p.).

René Drouault, garde, (3 p.).

(1) Les noms et qualités des personnes ont été relevés textuellement.

ARON : *80 minots.*

Imposés : 782 personnes. — Dispensés comme pauvres : 168 personnes. — Privilégiés et exempts : 9 personnes, savoir :

Mᵉ Barbotte, curé, (7 p.).

Les dames sœurs d'école, (2 p.).

BAIS : *91 minots.*

Imposés : 1.076 personnes. — Dispensés comme pauvres : 144 personnes. — Privilégiés et exempts : 10 personnes, savoir :

Mᵉ Le Vavasseur, curé, (8 p.).

Les dames sœurs d'école, (2 p.).

LA BAZOGE-MONTPINÇON : *22 minots.*

Imposés : 304 personnes. — Dispensés comme pauvres : 6 personnes. — Privilégié, Mᵉ Julien Morin, curé.

LA BAZOUGE-DES-ALLEUX : *50 minots.*

Imposés : 577 personnes. — Dispensés comme pauvres : 47 personnes. — Privilégiés : 11 personnes, savoir :

Mᵉ Emmanuel Phélippot, curé, (8 p.).

Mᵉ Claude Thuault, prêtre, (3 p.).

BELGEARD : *32 minots.*

Imposés : 343 personnes. — Dispensés comme pauvres : 83 personnes. — Privilégiés et exempts : 6 personnes, savoir :

Mᵉ Pichon, prieur-curé, (5 p.).

M. Chastenay, pour son domestique, (1 p.).

CHAMPÉON : *82 minots.*

Imposés : 987 personnes. — Dispensés comme pauvres : 49 personnes. — Privilégiés et exempts : 18 personnes, savoir :

M° Siméon Levesque, curé, (8 p.).
M° Michel Guesnerie, prêtre, (2 p.).
M¹¹° de la Grandière, noble, au Fresne, (5 p.).
M™° des Loges, noble, (1 p.).
Les dames sœurs d'école, (2 p.).

CHAMPGENÉTEUX : *92 minots.*

Imposés : 1.052 personnes. — Dispensés comme pauvres : 100 personnes. — Privilégiés et exempts : 13 personnes, savoir :

M. François Aveneau de la Rochelière, prêtre, (7 p.).
M° de la Broise de Raizeux, noble, (4 p.).
Les dames sœurs d'école, (2 p.).

LA CHAPELLE-AU-RIBOUL : *64 minots*

Imposés : 742 personnes. — Dispensés comme pauvres : 75 personnes. — Privilégiés et exempts : 48 personnes, savoir :

M° Pierre Julien Grosse, curé, (6 p.).
M° Grenesche, vicaire, (6 p.).
Les dames sœurs d'école, non compris les pensionnaires et la domestique, (36 p.).

CHATILLON-SUR-COLMONT : *109 minots.*

Imposés : 1.296 personnes. — Dispensés comme pauvres : 175 personnes. — Privilégiés et exempts : 24 personnes, savoir :

M° Adrien Deslandes, ancien curé, (2 p.).
M° Pierre Besnier, curé, (4 p.).
M° François Volclair, prêtre, (1 p.).
M° François Pellier, prêtre, (2 p.).
M° François Le Royer, prêtre, (2 p.).
M° François Valette, maître-d'école, (2 p.).
M° de Maisons, noble, (4 p.).
Les dames sœurs d'école, (2 p.).

Le sieur Le Maurel, régisseur, (3 p.).
René Gérault, garde, (2 p.).

COMMER : 73 *minots.*

Imposés : 773 personnes. — Dispensés comme pauvres : 194 personnes. — Privilégiés et exempts : 13 personnes, savoir :

Me Nicolas Vital, curé, (7 p.).
Me Pierre Launay, prêtre, ancien vicaire, (2 p.).
Les dames sœurs d'école, (2 p.).
Les domestiques de Mme de Gasté, de la Cour de Commer, (2 p.).

CONTEST : 75 *minots.*

Imposés : 782 personnes. — Dispensés comme pauvres : 214 personnes. — Privilégiés et exempts : 12 personnes, savoir :

Me René-François Chabrun, curé, (6 p.).
Me Julien Garnier, prêtre, (1 p.).
Le Sr Pays, régisseur, (3 p.).
Les dames sœurs d'école, (2 p.).

DEUX-EVAILLES : 24 *minots*

Imposés : 276 personnes. — Dispensés comme pauvres : 16 personnes. — Privilégiés et exempts : 6 personnes, savoir :

Me Esnault, curé, (5 p.).
La dame sœur d'école, (1 p.).

GRAZAY : 62 *minots*

Imposés : 754 personnes. — Dispensés comme pauvres : 89 personnes. — Privilégiés et exempts : 7 personnes, savoir :

Me Guillaume Lambert, curé. (4 p.).
Mme de Grazay, pour ses domestiques, (2 p.).
M. Chevreuil, pour son domestique, (1 p.).

HAMBERS : *94 minots*

Imposés : 1.155 personnes. — Dispensés comme pauvres : 113 personnes. — Privilégié Me Balavoine, curé, (5 p.).

HARDANGES : *50 minots*

Imposés : 577 personnes. — Dispensés comme pauvres : 26 personnes. — Privilégiés et exempts : 13 personnes, savoir :

Me Chatellier, curé, (7 p.).
Les dames sœurs d'école, (2 p.).
Jacques Ledin, garde à la Chasseguère,(4 p.).

JUBLAINS : *76 minots*

Imposés : 871 personnes. — Dispensés comme pauvres : 47 personnes. — Privilégiés et exempts : 12 personnes, savoir :

Me Jacques-François Savaré, curé, (6 p.).
Me Giffard, prêtre, principal du Collège, (4 p.).
Les dames sœurs d'école,(2 p.).

MARCILLÉ-LA-VILLE : *71 minots*

Imposés : 720 personnes. — Dispensés comme pauvres : 65 personnes. — Privilégiés et exempts : 18 personnes, savoir :

Me Beaugars, prieur curé, (11 p.).
Me Julien Martin, prêtre, chapelain à Ste-Anne,(2 p.).
M. de Vaujuas, pour ses domestiques, (3 p.).
Les dames sœurs d'école, (2 p.).

MARTIGNÉ : *97 minots*

Imposés : 1212 personnes. — Dispensés comme pauvres : 190 personnes. — Privilégiés et exempts : 29 personnes, savoir :

Me Autin, curé, (7 p.).

Mᵉ René Lebreton, prêtre, (4 p.).

Mᵉ Jean de la Haye, seigneur du Moulin-Geslin, noble, (1 p.).

Le sieur Després, maître de poste, (10 p.).

Les dames sœurs d'école, (2 p.).

Jacques Maheux, régisseur, à la Motte, (3 p.).

Le sieur Brosset, brigadier des employés de la ferme du roi, (2 p.).

MAYENNE (paroisse de Notre-Dame de) : *161 minots*

Imposés : 1.684 personnes. — Dispensés comme pauvres : 1.256 personnes. — Privilégiés et exempts : 436, savoir :

Ecclésiastiques et Religieux

Mᵉ Louis-René Lefebvre de Cheverus, curé, (7 p.).

Mᵉ Pierre Cruchet, (3 p.).

Mᵉ Drillet, principal du collège, (10 p.).

Mᵉ François Riou, (2 p.).

Mᵉ Mahé, (3 p.).

Mᵉ Barbeu du Boullay, (2 p.).

Mᵉ Liger, (2 p.).

Mᵉ des Vauxponts, (1 p.).

Mᵉ Zérelly, (2 p.).

Mᵉ Bernard, (1 p.).

Les dames religieuses du Calvaire, (24 p.).

Les révérends Pères capucins, (11 p.).

L'hôtel Dieu, [dit du Saint-Esprit], (8 p.).

Les dames sœurs d'école, (4 p.).

Nobles

Les dᵉˡˡᵉˢ du Bailleul, (7 p.).

Mᵉ de Saint-Brice, (12 p.).

Mᵐᵉ de Tanquerel, (5 p.),

Mᵐᵉ de Gasté, (5 p.).

Mme de Baglion, (12 p.),
Les d^{lles} de Launay, (2 p.).
Mme de Chappedelaine, (8 p.).
M. de la Blinière, (9 p.).
D^{lle} La Roque, (2 p.).
Mme de Maisons, (5 p.).
M. de Brossard, (9 p.).
D^{lles} de Gasté, (4 p.).
M. du Méry, (7 p.).
Mme du Seuil, (6 p.).
Mme de Vaujuas, (6 p.).
M. de Guibert, (2 p.).
M. de Hercé, (7 p.).
M. de Chasteloger, (9 p.).
M. de Hercé, l'aîné, (6 p.).
Mme du Méry, (4 p.).

OFFICIERS DE L'ELECTION

M. Goyet-Dubignon, lieutenant, (7 p.).
M. de Laubrière, élu, (10 p.).
M. des Aulnois, élu, (4 p.).
M. Le Bourdais, élu, (3 p.).
M. de La Porte, procureur du roi, (7 p.).
M. Taniot de Mouroux, greffier, (5 p.).
Mme veuve Durand (1), (3 p.).

OFFICIERS DU GRENIER A SEL

Me du Taillis, président, (1 p.).
Me Vital, (2 p.).
Me Carré, receveur, (5 p.).
Mme veuve Gaultier (2), (3 p.).
Mme veuve Radou (3), (4 p.).
Me Tanquerel, officier du Grenier à sel d'Ernée, (9 p.).

(1) Pierre Durand avait été président au siège de l'Election.
(2) Mathurin Gaultier était un ancien contrôleur au Grenier à sel.
(3) Radou avait été greffier au Grenier à sel.

EXEMPTS

Mme Le Mesnager de la Dufferie, (9 p.) [1].

M. Le Forestier, (7 p.).

Mme d'Argencé, (4 p.) [2].

M. de Lozé, (6 p.).

M. Le Goué, (7 p.).

M. de Brives, (5 p.).

M. Lepannetier, (3 p.).

M. d'Argencé, receveur des tailles, (10 p.).

Mme des Jouvences, (4 p.) [3].

M. des Provotières, (5 p.).

M. Lemoine de la Besnardière, (4 p.).

(1) Hyacinthe-Françoise-Marie Le Mercerel de Chasteloger, veuve de Marin-René Le Mesnager de la Dufferie, écuyer.

(2) Marie-Thérèse-Françoise-Catherine Anjubault de la Roche, veuve d'Urbain-François-Joseph Lefebvre-d'Argencé, écuyer, auditeur à la Chambre des comptes de Bretagne.

(3) Marie-Anne de Rommaigné était veuve de Claude-Raymond Brochet des Jouvences, ancien receveur des tailles de l'Election de Mayenne. Un de ses enfants, H. Brochet de la Houssaye, d'Ernée, a laissé quelques poésies. Il termine ainsi son épitre à un célibataire :

> . . . .
> C'est alors qu'accablé d'une douleur amère,
> De chagrins et d'ennuis abreuvé constamment,
> Il gémit, effrayé de son isolement....
> Il voudrait, mais en vain, réparer sa folie :
> Usé par la débauche et couvert d'infamie,
> Inspirant le dégoût, à trente ans déjà vieux.
> Qui voudrait recevoir l'hommage de ses vœux ?
> Et, libertin blasé, quel père de famille
> Voudrait lui confier le bonheur de sa fille ;
> Sans amis, sans soutien, infirme, ruiné,
> De toute la nature il meurt abandonné !

Brochet fit paraître, en 1830, quelques-unes de ses œuvres dans l'*Echo poétique des Départements*. En adressant son épitre à M. Bournet, ex-contrôleur des Contributions directes, il écrivait mélancoliquement :

« Cette épitre était destinée à paraître à la tête de quelques mélanges
« poétiques que j'eusse publiés, si ma qualité d'auteur encore peu connu,
« de provincial et surtout d'ennemi des extravagances de la nouvelle Ecole
« ne m'eût empêché d'en trouver le placement ».

M. Sougé de Lussault, (4 p.).

M. Barbeu, (5 p.).

M. Pattier, (5 p.).

M. du Taillis, l'aîné, (5 p.).

M. Gournay, juge royal, (4 p.).

M. Maupetit, procureur du roy, (5 p.).

M. Benoist, ancien directeur, (2 p.).

Mme Poitou, (3 p.).

M. Boisson, (6 p.).

M. Sohier, contrôleur, (6 p.).

M. Testard de la Caillerie, (4 p.).

M. Louis-Pierre Bourdon, procureur de la ferme, (3. p.).

M. Cliquot (?), vérificateur des Vingtièmes, (1 p.).

MARÉCHAUSSÉE

M. Moulay de la Raitrie, lieutenant du Grand Prévôt, (8 p.).

M. des Loges, sous-lieutenant, (4 p.).

M. Meslay, cavalier, (2 p.).

M. Silla, cavalier, (2 p.).

M. Denis Coutrau, (3 p.).

Le sieur Charles Gorret, huissier, (4 p.).

Le sieur Jean-Baptiste Dutertre, huissier, (5 p.).

EMPLOYÉS

François Foret, (4 p.).

Louis Collin, (2 p.).

François Lhuissier, (2 p.).

François Decolle, regrattier, (2 p.).

François Sablé dit Chapelle, regrattier, (3 p.).

René Bellet, (1 p.).

Julien Garnier, (5 p.).

Simon Bardou, (5 p.).

Etienne Angot, (2 p.).

Le sieur Martin, recruteur, (1 p.).

MAYENNE (Paroisse de Saint-Martin de Mayenne) :
111 minots

Imposés : 1.234. — Dispensés comme pauvres : 546. —
Privilégiés et exempts : 56 personnes, savoir :

ECCLÉSIASTIQUES

Mᵉ René-Jean Carré, curé de Saint-Martin, (4 p.).
Mᵉ François-René Morin, prêtre, vicaire, (2 p.).
Mᵉ Charles-François Cochon, prêtre, vicaire, (4 p.).
Mᵉ Michel Toussaint Lair de la Motte, prêtre, vicaire,
(3 p.).

NOBLE

Mᵐᵉ Jeanne Lambleux, veuve de messire Charles de
Lonlay, écuyer, seigneur de la Corbellière, (2 p.).

EXEMPTS

Mᵉ Mathurin Rondau, contrôleur au Grenier à sel, (3 p.).
Le sieur René Richer, Mᵉ de la poste aux chevaux,
(12 p.).
Le sieur Guimond, directeur de la poste aux lettres,
(3 p.).
Le sieur Louis Bri, privilégié du roi, artiste vétéri-
naire, (4 p.).
La veuve Jean Chenevière, regrattière, (2 p.).
L'Hôpital général de la Madeleine, (10 p.).
Marie Lemoine, veuve Bourdet, regrattière, (4 p.).
Jacques Héron, concierge des prisons, (2 p.).
Louis Blanchard, garde-chasse, (1 p.).

MONTOURTIER : *50 minots*

Imposés : 471 personnes. — Dispensés comme pauvres : 153 personnes. — Privilégiés et exempts : 41 personnes, savoir :
Mᵉ Pierre-Joseph Vidis, curé, (6 p.).

M⁰ Joseph Pattier, vicaire, (2 p).

M⁰ Louis Pattier, clerc tonsuré, (2 p.).

M⁰ Julien-Louis Le Nicolais de Clinchamp, écuyer, greffier en chef du Bureau des finances d'Alençon, au château de Bourgon, (17 p.).

Les dames sœurs d'école, (2 p.).

Jean Margerie, garde de la forêt de Bourgon, (2 p.).

Jean Cornu, garde, (4 p.).

Jean Dargance, garde. (6 p.).

MOULAY : *32 minots*

Imposés : 347 personnes. — Dispensés comme pauvres : 23 personnes. — Privilégiés et exempts : 19 personnes, savoir :

M⁰ Cheminant, curé, (4 p.).

M⁰ Etienne Levayer, prêtre, (3 p.).

M⁰ du Seuil, noble, (12 p.).

OISSEAU : *130 minots*

Imposés : 1.494 personnes. — Dispensés comme pauvres : 427 personnes. — Privilégiés et exempts : 41 personne, savoir :

M⁰ Jacques Appert, curé, (15 p.).

M⁰ Fortin, principal du Collège, (3 p.).

M⁰ Julien Hédon, prêtre vicaire. (2 p.).

M⁰ Julien Bigot, prêtre, (2 p.).

M⁰ de la Dufferie, noble, secrétaire du roi « ayant son franc-salé », (8 p.) [1].

M⁰ de Chasteloger, seigneur de la Haie-sur-Colmont, noble, (5 p.).

M⁰ de Lozé, noble, (2 p.).

Les dames sœurs d'école, (3 p.).

François Rouzière, garde, (1 p.).

----

[1] Il était accordé à certains officiers une provision de sel gratis.

PARIGNÉ : *36 minots*

Imposés : 390 personnes. — Dispensés comme pauvres : 20 personnes.— Privilégié, Mᵉ Sireuil, curé, (4 p.).

SAINT-BAUDELLE : *39 minots*

Imposés : 410 personnes. — Dispensés comme pauvre : 130 personnes. — Privilégié, de Beaulieu, curé, (4 p.).

LE PAS : *89 minots*

Imposés : 1.010 personnes. — Dispensés comme pauvres : 279 personnes. — Privilégiés et exempts : 21 personnes, savoir :

Mᵉ Pineau, curé, (5 p.).

Mᵉ de la Blinière, noble, (5 p.).

Mᵉ de la Dufferie, noble, pour le domaine du Hallay, (5 p.)

Les dames d'école, (2 p.).

Le sieur Bouessay, à la Cocherie, (4 p.).

SAINT-FRAIMBAULT-DE-PRIÈRES : *48 minots*

Imposés : 543 personnes. — Dispensés comme pauvres : 58 personnes. — Privilégiés et exempts : 12 personnes, savoir :

Mᵐᵉ d'Ampoigné, noble, (10 p.).

Mˡˡᵉ Billard de Lorière, dame de Coulonges, (2 p.).

SAINT-GEORGES-BUTTAVENT : *89 minots*

Imposés : 953 personnes. — Dispensés comme pauvres : 304 personnes. — Privilégiés et exempts : 27 personnes, savoir :

Mʳ Lemesnager, curé, (6 p.).

Mᵉ Roche, prêtre, à la Chapelle-au-Grain, (2 p.).

Les religieux de Fontaine-Daniel, (14 p.).

Lenormand, commandeur de Quittay, noble, (5 p.).

SAINT-GERMAIN-D'ANXURE : *35 minots*

Imposés : 346 personnes. — Dispensés comme pauvres : 27 personnes. — Privilégiés et exempts : 7 personnes, savoir :

Mᵉ Charles Huvé, curé, (5 p.).

Les domestiques de M. du Taillis, (2 p.).

SAINT-LOUP-DU-GAST : *50 minots*

Imposés : 573 personnes. — Dispensés comme pauvres : 57 personnes. — Privilégié, Guillaume Ponthault, curé, (6 p.).

SAINT-MARS-SUR-COLMONT : *60 minots*

Imposés : 1.440 personnes. — Dispensés comme pauvres : 241 personnes. — Privilégiés et exempts : 16 personnes, savoir :

Mᵉ Jean Garnier, curé, (7 p.).

M. Morice-Simon de Gasté de la Pallu, noble, (5 p.).

François Ronné, garde de M. de Laubrière, (3 p.).

Le domestique de Mᵉ Giffard de la Porte, procureur du roi à Mayenne, (1 p.).

N

RÈGLEMENT DU DROIT DE MOUTURE DES MEUNIERS

Sur la remonstrance faite par le procureur ducal du duché pairie de Mayenne,

Que la pluspart des fermiers des moulins appartenans aux seigneurs dans l'étendue de ce dit duché, abusant du droit auquel il sont fondéz de contraindre les sujets estagers de porter leurs grains moudre ausdits moulins, en ce qu'ils ne rendent pas la quantité de farine qu'ils sont obligéz à leur rendre ; à quoy il est

nécessaire de pourvoir, d'autant plus que le dommage
que le public en reçoit tombe principalement sur les
pauvres et sur les misérables.

Que la Coutume de cette province contient plusieurs
dispositions pour réprimer l'avarice des meusniers et
les empêcher d'augmenter le droit de moute ordinaire
et légitime; qu'elle les oblige à rendre de douze boisseaux rez de bon bled, sec et net, quatorze boisseaux de
farine comble; qu'elle a réglé la largeur et profondeur
du boisseau, pour prévenir les contestations qui pourroient naistre de ce que le boisseau comble seroit moindre ou plus grand, selon qu'il seroit plus ou moins
profond; qu'elle a limité le temps dans lequel les meusniers doivent rendre les farines et a estably les sujets
de bonne renommée les juges de leurs dommages, jusqu'à la valeur de cinq sols, par chacune des trois der-
nières moutes, que les meusniers sont obligéz de leur
payer sur le seul serment des sujets, ausquels elle a
même donné l'exemption de moudre leurs grains aux
moulins de leurs seigneurs jusqu'à ce qu'ils ayent fait
réparer le dommage.

Que ces dispositions sont presque sans exécution, de
ce que les frais de procédures, estans plus grands que
la perte que fait chaque sujet, les empesche d'en demander la réparation; et l'usage a introduit que les meusniers reçoivent les grains et rendent les farines au poids,
de sorte qu'ils rendent autant pesant de farine qu'ils
ont receu de grains, à la réserve du seizième qu'ils retiennent pour leur droit de moute, ainsi qu'il est porté
par un ancien réglement fait à ce siège, le 14 février
1585, sur la police du pain; que ce changement peut
être arrivé, tant de la diversité des espèces de grains,
lesquels ne rendent pas pareille quantité de farine, que
de la différente qualité des grains de mesme espèce,
lesquels en rendent plus ou moins, selon qu'ils sont

plus ou moins bons ; que le poids de la farine étant
toujours égal au poids des grains, ledit procureur croit
qu'on doit suivre un usage aussi ancien, mais que les
plaintes très fréquentes des sujets, de ce que les meusniers augmentent ledit droit de moute et retiennent
beaucoup plus que le seizième, sans vouloir mesme
peser les grains et farines, il est obligé de requérir qu'il
y soit par nous pourveu.

Sur quoy, faisant droit,

Nous avons fait défenses à tous meusniers de retenir
plus grande quantité que ledit seizième des grains pour
leur droit de moute, d'altérer la farine pour la rendre
plus pesante, ny faire aucune malversation dans les
dites moutes, à peine d'être procédé contr'eux crimi-
nellement ; lesquels seront tenus de moudre les grains
dans le rang qu'ils leur seront portéz, en sorte néantmoins que les grains des sujets soient faits moudre
avant ceux des personnes non contraignables aux moulins, sans garder l'ordre du temps à leur égard.

Et avons ordonné qu'il sera suspendu, en chaque moulin, un poids ou balance, lequel sera attaché au plancher
et aux murs d'iceluy, de manière qu'il n'en puisse estre
osté et pour y rester à perpétuelle demeure, et estre
les grains receus et les farines rendues au même poids,
à la déduction dudit seizième.

Et seront, copies des présentes exposées en chaque
moulin en lieu visible, lesquelles seront exécutées dans
un mois, du jour de la publication d'icelles au prône de
chaque paroisse ; après quoy et ledit temps passé, ne
pourront estre lesdits sujets contraints d'aller moudre
ausdits moulins jusqu'à ce qu'il y ait poids ou balances suspendues et attachées, et copies des présentes
exposées en la manière cy-dessus.

Donné, à Mayenne, par devant nous, Jean Viel, sieur
de Torbéchet, juge général civil et ordinaire au duché

pairie de Mayenne, le vingtième décembre mil six cents soixante-quatorze.

Le tout signé en la minute des présentes : Viel, juge; Le Febvre, procureur ducal, et Pilon, greffier.

O

Extrait du compte de la recette et de la dépense du receveur des Tailles de l'Election de Mayenne, en 1765 [1].

RECETTE

Les sommes à recevoir par le receveur des Tailles de l'Election de Mayenne, s'élevaient, en 1765, à 254.793ᵗ 18ˢ10ᵈ.

Il avait, en outre, à toucher :

1° Les fourrages et quartiers d'hiver des troupes............................	53.027ᵗ 2ˢ
2° L'entretien des pépinières des muriers blancs de la Généralité...........	451ᵗ10ˢ
3° Les gratifications accordées aux tueurs de loups de la Généralité.......	329ᵗ13ˢ
4° La fourniture des lits et ustensiles des troupes en quartiers d'hiver.......	1.319ᵗ17ˢ
5° La retenue du dixième sur les charges de l'Election.................	312ᵗ18ˢ
6° La retenue des premier et second vingtièmes et deux sols pour livre du 10° sur les charges de l'Election.....	74ᵗ 6ˢ10ᵈ
7° La retenue des dixième et quinzième d'amortissement sur les charges de l'Election.......................	118ᵗ 5ˢ 1ᵈ
Total.......	55.633ᵗ11ˢ11ᵈ

<hr>

[1] La copie du compte, sur lequel nous avons fait cet extrait, paraît contenir un certain nombre d'erreurs. Les noms propres ont été souvent mal lus.

La répartition des sommes à payer par chaque paroisse avait été faite ainsi qu'il suit :

Alexain	2.316[t]
Ambrières	5.248
Aron	3.572
Bais	7.215
Bazoge-Montpinçon (La)	969
Belgeard	837
Bigottière (La)	3.189
Brécé	5.930
Carelles	2.755
Ceaucé	5.005
Chailland	5.349
Champéon	5.269
Charné-Ernée	10.447
Châtillon-sur-Colmont	5.209
Cigné	3.266
Colombiers	4.602
Commer	4.199
Contest	4.227
Couesmes	3.772
Désertines	4.634
Deux-Evailles	1.351
Dorée (La)	2.078
Evron	10.436
Fougerolles	3.702
Gorron	4.310
Grazay	4.859
Hercé	2.401
Jublains	4.783
Landivy	2.726
Larchamp	5.551
Lesbois	615
Levaré	2.753
Marcillé-la-Ville	4.250
Martigné	4.310
A reporter...	**142.135[t]**

Report...	142.135[livres]
Mayenne (N.-D. de)	6.334
Mayenne (Saint-Martin de)	4.880
Montaudin	3.914
Montenay	3.926
Montourtier	2.602
Moulay	1.850
Neau	2.074
Oisseau	9.236
Parigné	2.179
Pas (Le)	5.399
Pellerine (La)	969
Placé	248
Saint-Aubin-Fosse-Louvain	2.624
Saint-Baudelle	2.422
Saint-Berthevin-la-Tannière	3.331
Saint-Denis-de-Gastines	8.641
Sainte-Gemmes-le-Robert	7.470
Saint-Ellier	3.704
Saint-Fraimbault-de-Prières	3.433
Saint-Fraimbault-sur-Pisse	1.363
Saint-Georges-Buttavent	3.977
Saint-Germain-le-Guillaume	3.229
Saint-Germain-d'Anxurre	1.091
Saint-Hilaire-des-Landes	2.967
Saint-Jean-sur-Erve	3.764
Saint-Mars-sur-Colmont	3.734
Saint-Mars-sur-la-Futaie	3.633
Saint-Pierre-des-Landes	3.087
Soucé	1.695
Torcé	3.649
Vaucé	636
Vautorte	1.786
Vieuvy	1.312[livres] 18[sous] 10[deniers]
Total	253.294[livres] 18[sous] 10[deniers]

Ce total ne concorde pas avec celui des sommes qui

étaient à recevoir, dont nous avons parlé plus haut. Cette différence peut s'expliquer : nous ne voyons pas, en effet, figurer dans le tableau des paroisses qui précède les sommes dues par Mézangers et Saint-Pierre-sur-Erve, qui, d'après M. Léon Maître, faisaient partie de l'Election de Mayenne [1]. D'un autre côté, certaines sommes étaient dues par des particuliers et quelques-unes pouvaient être à la charge spéciale de la ville de Mayenne.

DÉPENSES

Les sommes à payer, en 1765, par le receveur des Tailles, comprenaient :

Premièrement. — Les gages et droits des officiers de l'Election, en exécution de l'Edit de Janvier 1685.

Il était dû pour ces causes à :

M⁰ Pierre-Jean-Baptiste Durand, président de l'Election 226ᵗ

M⁰ Jacques-René Le Fizelier, lieutenant.. 200ᵗ

M⁰ Jean Rivière, élu.................. 276ᵗ

M⁰ François-Jean-Baptiste Tripier de Laubrière, élu.......................... 246ᵗ

M⁰ François-René Le Plat, élu 203ᵗ

M⁰ René-Michel des Aulnois, élu..... 200ᵗ

M⁰ Jacques-Etienne Giffard de la Porte, procureur du roi.......................... 248ᵗ

M⁰ René Chevreul, greffier en chef ... 213ᵗ

Audit M⁰ Giffard de la Porte, pour indemnité de papier et de parchemin timbrés.......................... 15ᵗ

Total..... 1.827ᵗ

[1] Par contre M. Léon Maître ne signale pas la paroisse de **Bais**. (V. *Dictionnaire topographique de la Mayenne*).

Deuxièmement.— Les taxations attribuées aux officiers de l'Election, en exécution de l'Edit de février 1685, rendues fixes et héréditaires, au denier 18, par la Déclaration du 7 avril 1747.

Il était dû à ce titre à :

Françoise - Marguerite Le Cointe, veuve de Jean-Baptiste Durand, président........ .... 146^{tt} 2^s 2^d

Me Jacques-René Le Fizelier, lieutenant................................... 97^{tt} 4^s 5^d

Mme Marie-Madeleine Briand, veuve de Me Joseph des Aulnois, et à René Jarry des Loges, à cause de Marie-Anne des Aulnois, sa femme, et ce, du chef dudit Joseph des Aulnois.................... 139^{tt} 8^s11^d

Mme Elisabeth des Champs, veuve de Me Nicolas Le Forestier, procureur du roi, en son nom et comme tutrice de ses enfants, et à Me Nicolas-François Le Forestier, président, et Elisabeth-Charlotte Le Forestier, et ce, du chef du dit Nicolas Le Forestier......................... 160^{tt}.

Me René Chevreul, greffier........... 103^{tt} 6^s 8^d

Total....   646^{tt} 2^s 2^d

Troisièmement. — Les gages attribués à différents officiers, créés depuis 1688.

Il était dû, de ce chef, à François-Robert Tanquerel, rapporteur du Point d'honneur [1], ci...   30^{tt}

Quatrièmement. — Les gages, augmentations de gages et autres droits héréditaires créés par différents Edits antérieurs à 1717, savoir :

[1] Création d'octobre 1704.

Edit de novembre 1689

Il était dû, du chef de René du Buisson, 18[#], payables
à Pierre Salliés (?), ci.................   18[#]

Déclaration du 6 mai 1692

Il était dû, du chef :
De René Martin, 16ᵉ, payables à Jean-
René Barbeu de la Couperie et à Françoise-Renée Barbeu, veuve de Jean Du-
chemin de Bois-Jousse, ci............   16[#]
De René Tanquerel, 13[#]6ˢ8ᵈ, payables
à François Robert Tanquerel, ci.......   13[#] 6ˢ 8ᵈ

Edit de juillet et aout 1702

Il était dû, du chef de :
Hugues Le Juge, 24[#]16ˢ, payables à
René-Mathurin Gaultier [1], ci.........   24[#]16ˢ
Jacques Rivière, 19[#]16ˢ, payables à
Jean Rivière, ci......................   19[#]16ˢ
Jean Gasté, 10[#]16ˢ, payables à Jacques-
Etienne Giffard de la Porte, à Augustin-
Louis de la Fosse, à Jean-Baptiste-
Etienne Giffard de la Porte, à François-
Urbain Le Bouvier du Hameau et à

A reporter ...   91[#]18ˢ 8ᵈ

---

(1) Hugues Le Juge eut de son mariage avec Françoise des Aulnois deux
enfants, Nicolas le Juge et Geneviève-Françoise Le Juge, qui épousa Mathurin Gaultier, négociant en toiles, à Laval. Ceux-ci eurent pour fils René-Mathurin Gaultier, conseiller à la Barre ducale de Mayenne, marié à Marie
Lefebvre de Cheverus.

De cette dernière union, naquirent François Gaultier, avocat fiscal à la
Barre ducale, époux de P... Vaumorin, fille d'un négociant de Laval, et P..
Gaultier, avocat à Paris, époux de P... Laborde.

Report....   91[#]18^s 8^d

Marie-Henriette Giffard de la Porte, épouse de ce dernier [1], ci............   10[#]16^s

Jean Perrinet, 19[#]16^s, payables à René-Michel des Aulnois, Augustin-Louis Giffard de la Porte et aux époux Le Bouvier-Giffard sus-nommés, ci..........   19[#]16^s

MM. les officiers de la Ville et Election de Mayenne, 54[#], payés à Tripier et à Le Fizelier, ci........................   54[#]

Nicolas de la Motte, 19[#]16^s, payables à Jean-Baptiste Tripier de Laubrière [2]..   19[#]16^s

Nicolas le Forestier, procureur du roi, 21[#]12^s, payables à Jacques-Etienne Giffard de la Porte, y ayant droit par contrat de vente du 8 novembre 1768, ci.   21[#]12^s

René de Boissel, 23[#]8^s, payables à Pierre-Thomas de Montpinçon et à Anne-Claire Deschamps, sa femme, à Marie-Rose Deschamps, veuve de Jacques-

A reporter...   217[#]18^s 8^d

---

(1) René Le Royer, sieur des Paviotières, procureur au Grenier à sel de Mayenne, épousa en 1res noces Marie Divay et en second mariage Perrine Grosse, veuve de Jean Gasté, qui avait eu de ce dernier Marie-Perrine Gasté, épouse de François Tripier de la Grange.

Du mariage Le Royer-Divay, il y eut cinq enfants : 1° Etienne Le Royer des Paviotières ; 2° Anne-Renée Le Royer, épouse de Le Pennetier, sieur de la Fesnerie ; 3° Marie-Anne Le Royer des Rivières, épouse de Jean-Baptiste Tripier de Laubrière ; 4° René Le Royer des Chalonges ; 5° Anne-Marie-Jeanne Le Royer, épouse de Louis-Henri Giffard de la Porte, procureur au Grenier à sel de Mayenne. Ceux-ci eurent pour enfants : Jacques-Etienne G. de la Porte sieur du Bois-Cholet, avocat ; Jean-Baptiste-Etienne G..., avocat ; Marie-Henriette G..., épouse de François-Urbain Le Bouvier du Hameau ; et Louis-Augustin-René G..., qui n'avait qu'un fils Louis-Augustin Giffard de la Fosse.

Du mariage Le Royer-Gasté naquit Anne-Ambroise Le Royer.

(2) Dans la somme de 19[#]16^s étaient comprises « les augmentations de « gages attribuées par Jean-René Tanquerel, le jeune, et Louise-Marie-Ju-« lienne Tripier, sa femme, et Julienne-Anne Tripier, seuls héritiers de « Louis Tripier de la Grange, par un contrat du 9 février 1758 ».

Report.... 21718ˢ 8ᵈ

Bertrand Baglion de la Dufferie, tant en son nom que comme tutrice de ses enfants, uniques héritiers de Charles-François Deschamps, ci.................... 23 8ˢ

René Martin, 1916ˢ, payables à François-René Le Plat................. 1916ˢ

Urbain Dubois, 3012ˢ, payables à Jacques Le Fizelier...................... 3012ˢ

EDIT DE MAI 1707

Il était dû, du chef de François Boisson, 22 5ˢ, payables à Marie-Anne de Romaigné du Breil, veuve de Claude-Raymond Brochet des Jouvences, tant en son nom que comme tutrice de ses enfants............................. 22 5ˢ

EDIT D'OCTOBRE 1710

Il était dû aux officiers de l'Election.. 20

Total..... 53319ˢ 8ᵈ

Cinquièmement. — Les nouveaux gages, au denier vingt, attribués aux offices d'inspecteur et de contrôleur des jurés des Corps et Communautés d'arts et métiers, créés héréditaires par l'édit de février 1645.

Il était dû :

Aux chirurgiens de la ville de Mayenne 8

Aux marchands de draps de la ville de Mayenne, 36, payables à Pierre Chabrun de la Carlière, marchand de draps, ci... 36

Aux perruquiers de la ville, 6, payables à Claude-Armand Lacombe, perruquier, ci............................. 6

Total..... 50

Sixièmement. — Les intérêts, pour le remboursement des offices et droits supprimés, appartenant à diverses personnes et par doublement.

Il était dû, du chef de :

Antoine Le Pannetier, $117^{\#}$ 1^s 1^d, payables à Jean-Baptiste Le Pannetier de la Fesnerie, fils et seul héritier de Michel Le Pannetier de la Fesnerie, à Suzanne-Renée de Cornilleau, veuve de Jean de Gruez et à René Courte de la Bougardière, ci........... $117^{\#}$ 1^s 1^d

David-Daniel Deschamps, $26^{\#}$ 15^s 8^d, payables à Charlotte Chouet, sa veuve, ci................................ $26^{\#}$ 15^s 8^d

Guillaume Georget de la Torlais, $15^{\#}$ 1^s 8^d, payables à René Thieslin du Plessis et à Marie-Françoise Georget de la Torlais, sa femme, ci............. $15^{\#}$ 1^s 8^d

Guy Le Pannetier, $19^{\#}5^s6^d$, payables à Françoise Le Pannetier, veuve de Jacques Nobileau, René-Guy Le Pannetier, Marie Hurel, veuve de Pierre Le Pannetier, Urbain Le Pannetier, Robert Le Pannetier, Jean-Pierre Bourgeois et Agnès-Renée Le Pannetier, sa femme, tous enfants et petits-enfants de François Le Pannetier et de Marie Mulot, épouse de ce dernier, ci.............. $19^{\#}$ 5^s 6^d

Jacques Giffard, $14^{\#}10^s10^d$, payables à Jacques-Etienne Giffard de la Porte, Augustin-Louis Giffard de la Fosse, Jean-Baptiste-Etienne Giffard de la Porte, et à François-Urbain Le Bouvier du Hameau et Marie-Henriette Giffard, son épouse, ci .... $14^{\#}10^s10^d$

Jean Bichon, $19^{\#}5^s6^d$, payables à Ni-

A reporter... $192^{\#}14^s$ 9^d

Report....   192[#]14^s 9^d

colas du Friche des Genetais et Françoise Bichon, sa femme, et à Anne-Renée Bichon, veuve de François-Louis
Pommerel, ci........................ 19[#] 5^s 6^d

Jean Jeudry, 19[#]5^s6^d, payables à Marie Tirouflet, veuve de Jean-René Terrier
de la Clemenencerie, qui était petit-fils
de Jean, ci........................... 19[#] 5^s 6^d

Jean Le Jarriel des Châtelets, 52[#],
payables à Jeanne Ménage, veuve de Julien Le Jarriel, Julien Le Jarriel, René-
Joseph Le Jarriel des Châtelets, Jean
Louis-René Olivier Le Geay de la Fores-
terie et Françoise Le Jarriel, sa femme,
ci.................................... 52[#]

Jean Le Marchand et Thérèse Tripier,
sa femme, 14[#]19^s3^d, payables à..., ci.. 14[#]19^s 3^d

Jean-Baptiste du Bois-Béranger ..... 19[#] 5^s 6^d

Jean-Baptiste Le Marchand.......... 14[#]19^s 3^d

Joseph des Ormes, 19[#] 5^s 6^d, payables
à François-Robert Tanquerel, ci....... 19[#] 5^s 6^d

Julien Tripier de la Grange, 31[#]1^s8^d,
payables à Jean-René Tanquerel et à
Louise-Marie-Julienne Tripier, sa fem-
me, et à Julienne-Anne Tripier, ci..... 31[#] 1^s 8^d

La Communauté des procureurs du
siège royal de Bourgnouvel et de la Barre
ducale de Mayenne, 40[#], payables à Julien de la Lande, doyen des procureurs,
ci.................................... 40[#]

La dite Communauté des procureurs,
269[#]11^s2^d, payables à Julien de la Lande,
ci .... 269[#]11^s 2^d
____
A reporter...   692[#] 8^s 1^d

| | Report.... | 692^t 8^s 1^d |

Les officiers de la Ville et Election de Mayenne, 113^{t}14^s, ci .... 113^{t}14^s

Marie Le Pannetier, veuve de Jean Le Goué, 86^t 8^s, payables à Jean Le Goué, Marie Le Goué, veuve de Nicolas Garnier, Geneviève Le Goué, veuve de Jacques-François Amelon, tous héritiers de ladite Marie Le Pannetier, ci........ 86^t 8^s

Michel Boucher, 33^t 1^s 6^d, payables à Marie-Anne de Romaigné, veuve de Claude-Raymond Brochet des Jouvences, tant en son nom que comme tutrice de Claude-Joseph, François-Robert et Pierre-Raymond Brochet des Jouvences, ses trois enfants, ci..................... 33^t 1^s 6^d

Michel Pilon, 15^{t}12^s 4^d, ci........... 15^{t}12^s 4^d

Nicolas Cailleteau, 13^t 7^{s}11^d, payables à Joseph-Bernard Cailleteau, ci.... 13^t 7^{s}11^d

Nicolas Dangeul, 25^t, payables à Marie-Renée Dangeul, Jean-François-Baptiste Frontin de Bayle et Catherine-Perrine Dangeul, son épouse, seuls héritiers dudit Nicolas Dangeul et de Catherine Trincot, son épouse, leurs père et mère, et de Jean-François-Louis-Thomas Dangeul et Elisabeth-Henriette Dangeul, leurs frère et sœur, ci......... 25^t

Nicolas Rousseau, 19^{t}5^{s}6^d, ci........ 19^t 5^s 6^d

Pierre Trumeau, 22^{t}14^{s}6^d, ci........ 22^{t}14^s 6^d

René Gournay, 33^{t}5^{s}6^d, payables à René-François Gournay, son fils et son héritier, ci........................... 33^t 5^s 6^d

A reporter... 1.054^{t}17^s 4^d

Report.... 1.054[#]17^s 4^d

René Le Fèvre, 60[#]13^s8^d, payables à René-Mathurin Gaultier, ci............ 60[#]13^s 8^d

René Le Royer, 21[#] 8^s 7^d, payables à Jacques-Etienne Giffard de la Porte, Augustin-Louis Giffard de la Fosse, Jean-Baptiste-Etienne Giffard de la Porte, François-Urbain Le Bouvier du Hameau, époux de Marie-Henriette Giffard, François-Jean-Baptiste Tripier de Laubrière, (qui avait pour mère Anne Le Royer), — tous héritiers de Madeleine-Renée Le Royer, leur cousine, ci....... 21[#] 8^s 7^d

René Tanquerel, 34[#] 5^s 6^d, payables à François-Robert Tanquerel.......... 34[#] 5^s 2^d

René-Gilles des Ormes, 48[#], payables à François-Robert Tanquerel, à cause de Jeanne-Françoise des Ormes, sa femme, Jean de Hercé, Michel-César de Hercé, Jeanne-Françoise de Hercé de la Tremblaie, seuls héritiers de René-Gilles des Ormes et de Marie Tiroufflet, veuve de Jean-René Terrier de la Clemenencerie, tant en son nom que comme tutrice de René-Jean Terrier, son fils, représentant Marie Jeudry, veuve de René-Gilles des Ormes, ci...................... 48[#]

Renée Island, veuve en premières noces de Georges Chalmel, épouse en second mariage de Richard Bongars, Michel-Jean et Guillaume Chalmel [1] et

A reporter... 1.219[#] 4^s 9^d

---

[1] Guillaume Chalmel, sieur du Cruchet, notaire, fils de Georges C... et de Renée Island, épousa Catherine Fontaine et en eut trois enfants : Charles-Daniel C. ; Renée-Jeanne C. et Jeanne-Renée-Catherine C. Du mariage de

Report.... 1.219$^{\#}$ 4^s 9^d

Michelle Chalmel, épouse de Joseph Le Brun. (Michelle Chalmel eut de son mariage avec Joseph Lebrun, sieur de la Pavière, cinq enfants : 1° Jeanne Lebrun, épouse de Julien-François Daguier ; 2° Michelle Lebrun, mariée à François-Louis Guyard ; 3° Joseph Lebrun, époux en premières noces de Julienne Garnier et en deuxième mariage de Renée Letard ; 4° Anne Lebrun, mariée à René Grosse, sieur de la Chevrie ; 5° Augustin Lebrun de la Pavière, notaire, époux en premières noces de Marie-Anne Daguier et en deuxième mariage de Michelle Oger), 12$^{\#}$ 8^s 1^d, ci............ 12$^{\#}$ 8^s 1^d

René Le Sueur, veuve de Julien de la Lande, 54$^{\#}$ 9^s 11^d, payables à Julien de la Lande, Renée de la Lande, veuve de Louis Jeudry, Julien Jeudry, Jean Jeudry et René Jeudry, héritiers dudit Louis Jeudry, leur père, François Fougeray et Françoise-Perrine Fougeray, enfants de René Fougeray et de Françoise de la Lande et leurs seuls héritiers........ 54$^{\#}$ 9^{s}11^d

Total .... 1.286$^{\#}$ 2^s 9^d

Septièmement. — Les rentes créées par l'Edit d'Août 1720, appartenant à des Communautés ecclésiastiques.

Il était dû à :

La fabrique de l'église de Chailland, 20$^{\#}$2^s, paya-

<hr>

Charles-Daniel C.., avec Anne Lebrun, Il y eut trois fils : 1° Charles Daniel C..., marié à Renée-Rose-Adelaïde des Aulnois ; 2° Jean-Nicolas-C..., sieur de la Malardière, et Joseph-François Chalmel du Bourg, époux de Lucie-Adélaïde des Aulnois.

bles à Louis Gascoin, procureur, ci.... 20^{tt} 2^{s}

La fabrique de Notre-Dame de Mayenne, 35^{tt} 8^{s}, payables à Jean-François Lottin, procureur, ci................. 35^{tt} 8^{s}

Le collège de Ceaucé, 94^{tt}6^{s}, payables à Noël Grosse, son principal, ci......... 94^{tt} 6^{s}

Aux maîtresses d'école de la ville d'Ernée............................. 31^{tt}14^{s}

Aux religieuses hospitalières d'Ernée, 57^{tt}12^{s}, payables à Françoise Le Jarriel, dite de Saint-Paul, et à Marguerite Tripier, dite de Saint-Placide, dépositaires des religieuses, ci...................... 57^{tt}12^{s}

Aux religieuses de l'Hôtel-Dieu d'Ambrières, 50^{tt}4^{s}, payables à François Fleury de la Gélinaie, procureur et receveur, ci.............................. 50^{tt} 4^{s}

A la Charité des pauvres de la ville d'Ernée, 39^{tt}4^{s}, payables à Françoise Gode-Cherouinais, Jeanne Duchemin, P... du Bois-Berranger, supérieure, ci.................................... 39^{tt} 4^{s}

A l'Hôtel-Dieu de la ville d'Ernée, 130^{tt} 18^{s}, payables à Guillaume Bichain, sieur de la Martinière, procureur et receveur, ci.................................. 130^{tt}18^{s}

Total......... 459^{tt} 8^{s} 0^{d}

Huitièmement. — Les rentes créées par l'édit d'août 1720, appartenant à divers particuliers.

Il était dû à :

André Brunet de la Saudraie, 10^{tt}2^{s}, payables à Jacques-François Thiroux, ci............. 10^{tt} 2^{s}

A reporter... 10^{tt} 2^{s}

Report.... 10[#] 2^s 0^d

Marie Goué, veuve de Pierre du Plessis, ci................................. 76[#] 2^s 6^d

Charles-Daniel Bongars, 14[#]1^s, payables aux héritiers Le Roux, ci.......... 14[#] 1^s

Charles-Daniel des Champs, 43[#]1^s6^d, payables à Pierre-Thomas Montpinçon de Saint-Brice et Anne des Champs, sa femme, Marie-Rose des Champs, veuve de Jacques-Bertrand Baglion de la Dufferie, tant en son nom que comme tutrice de ses enfants, ci................. 43[#] 1^s 6^d

David-Daniel des Champs, 21[#]9^s, payables à François des Champs, ci........ 21[#] 9^s

François Bichon, 56[#]8^s, payables à Nicolas du Friche des Genetais, époux de Françoise Bichon, et à Anne-Renée Bichon, veuve de François-Louis Pommereul, tant en son nom que comme tutrice de ses enfants, ci..................... 56[#] 8^s

François-Pierre Pouyvet, 60[#], payables à Marie Duval, veuve de François-Pierre Pouyvet de la Blinière, comme tutrice de ses enfants, ci.............. 60[#]

Françoise Bignon, veuve des Champs, 67[#]18^s6^d, payables à Pierre-Thomas de Montpinçon de Saint-Brice, mari de Anne-Claire des Champs et à Marie des Champs, veuve de Jacques-Bertrand Baglion de la Dufferie ; les dites dames héritières de Charles - François des Champs, ci..................... 67[#]18^s 6^d

Guillaume Bordereau, 10[#]3^s, payables à Gabriel Bordereau, héritier en partie

A reporter... 349[#] 2^s 6^d

7

Report.... 349^{tt} 2^s 6^d

de Guillaume Bordereau et de Marie Cosson, ses père et mère, ci............ 10^{tt} 3^s

Jacques Picard, 10^{tt}11^{s}6^d, payables à François-René Fleury, mari de Jeanne Galesne, veuve en premières noces de François Gauquelin, ci.............. 10^{tt}11^s 6^d

Jean Jardin, 25^{tt}11^s, payables à Pierre-Charles Ferrare (?), à Joseph Ferrare, seuls héritiers de Marie Jardin, épouse Ferrare, leur mère, à Anne Jardin, veuve Julien Le Chevalier, Jean Pilon, mari de Jeanne Jardin, Catherine Jardin, Julien Billard, mari de Perrine Jardin, Joseph Le Febvre de la Chauverie, épouse de Françoise-Henriette Jardin, — tous héritiers du dit Jean Jardin, leur père, ci...................... 25^{tt}11^s

Jean Jardin, précité, 178^{tt}17^s, pour arrérages arriérés, payables aux héritiers sus-nommés, ci................ 178^{tt}17^s

Joseph-François de Montécler, 284^{tt}7^s, payables à Hyacinthe-Jeanne de Montécler, seule héritière de Hyacinthe-François de Montécler, ci................ ...... 284^{tt} 7^s

Louis Le Frère, 59^{tt}11^s, payables à Jacques-Philippe-Louis Le Frère de Maisons, en son nom et comme procureur de Pierre-René Le Frère de Maisons, ci. 59^{tt}11^s

Louis Lenain de la Valchère, 15^{tt}12^{s}6^d, payables à Philippe Lenain, son fils, tant comme héritier que comme acquéreur de Françoise Lenain, veuve de Nicolas-Sylvestre de Chamaillard, de Jean-Fran-

A reporter... 918^{tt} 3^s 0^d

Report....   918[₶] 2^s 0^d

çois Bidault et Louise Lenain, sa femme, de Marie-Charlotte Lenain et de Louis-Pierre-Philippe Lenain, ci............   15[₶]12^s 6^d

Les Maire et Echevins de la ville de Mayenne, 14[₶]16^s, payables à Pierre-Chabrun de la Carlière, syndic et receveur de l'Hôtel de ville, ci.............   14[₶]16^s

Marie Arnoult, veuve Piron, 48[₶]1^s6^d, payables à Jean-René Tanquerel, à Renée Piron, à Joseph Trochon et à Jeanne Piron, sa femme, et à Marie Piron, ci............................   48[₶] 1^s 6^d

Marie Carré, veuve de Pierre Mesnage, 15[₶]10^s.............................   15[₶]10^s

Marie-Françoise de la Hautonnière, 44[₶]19^s, payables à Eugène-Paul-Charles de Valory, son héritier...............   44[₶]19^s

Marie-Marguerite le Frère, ci.........   59[₶]10^s 6d

Michel Chalmel, 11[₶]1^s6^d, payables à Jean Chalmel, Catherine Fontaine, veuve de Guillaume Chalmel, Charles-Daniel Chalmel, Jeanne-Renée-Catherine Chalmel, ci.................... ....   11[₶] 1^s 6^d

Michel-François Lambleux, 51[₶]14^s, payables à Marguerite - Perrine Juchier (ou Juhier) veuve de Michel Lambleux de la Rouerie, Jacques Lambleux et Louise-Madeleine Lambleux, épouse de ce dernier, Jeanne-Perrine Lambleux, veuve de Charles de Lonlay, Marguerite-Françoise Lambleux, veuve d'André-François Charbonnier, tant en son nom que comme tutrice de ses en-

A reporter...   1.127[₶]14^s 0^d

Report.... 1.127[#]14^s 0^d

fants, Michel-Pierre Lambleux, François Michel Fourreau et Michelle-Renée Lambleux, sa femme, Claude Lair de la Motte et Marie-Louise Fourreau, sa femme, et Pierre-Michel Fourreau, tous héritiers de François Lambleux et de Jeanne Gestière, sa femme [1], ci........   51[#]14^s

René Ernoult, notaire et dépositaire, et à Marthe Chollet, veuve d'Etienne Brault, 10[#]14^s, payables à Marie - Berthe Brault, veuve de Louis Goyet, Jeanne Brault, Jean Laigre et Anne Brault, sa femme, Marthe Brault, veuve de Pierre Drouet, enfants et uniques héritiers de Marthe Chollet, veuve de Pierre Brault, leur mère et belle-mère, ci ....   10[#]14^s

René Ernoult, dépositaire, 53[#]10^s, payables aux héritiers sus-nommés pour les rentes des années 1754, 1755, 1756, 1757 et 1758 qui n'avaient pas été réclamées, ci...........................   53[#]10^s

René Gournay, dépositaire, 13[#]6^s6^d, payables à François Le Clerc, ci.......   13[#] 6^s 6^d

Renée Island, veuve de Georges Chalmel, Joseph Le Blanc, Anne Gouet, Gatien de la Lande et Pierre Le Roy, 20[#]5^s, payables à..., ci... ....   20[#] 5^s

Sébastien Duclos et Pierre Duclos, 37[#]14^s6^d, payables à Pierre Duclos, tant en son nom que comme cessionnaire de

A reporter... 1.277[#] 3^s 6^d

----

[1] V. Contrat de mariage devant Leclair, notaire à Mayenne, du 7 Septembre 1757.

Report.... 1.277[#] 3^s 6^d

ses cohéritiers dans la succesion de Sébastien Duclos .... 37[#] 14^s 6^d

Neuvièmement. — Les gages, au denier vingt, créés par l'édit d'août 1758, attribués aux receveurs et contrôleurs des Octrois.

Du chef de :

Couasnon de la Martinière, pourvu des quatre offices des receveurs et contrôleurs des Octrois anciens mi-triennaux et alternatifs mi-triennaux de la ville de Mayenne 50[#], payables à Jean Couesnon la Martinière, ci...................... 50[#]

René Milleau de Bois-Louveau, pourvu des quatre offices des receveurs et contrôleurs des Octrois de la ville de Mayenne 10[#], payables à N... 10[#]

Dixièmement. — La fourniture des lits et ustensiles aux troupes en quartiers d'hiver dans la généralité de Tours et autres dépenses pour le logement, conformément à l'arrêt du 26 juillet 1763. 1319[#] 17^s

Onzièmement. — Les gages et droits des receveurs des Tailles de l'Election de Mayenne :

François-René Lefebvre d'Argencé, receveur alternatif, 638[#], pour ses gages de l'année 1765, ci................... 638[#]

Du chef de :

Claude-Raymond Brochet des Jouvences, receveur ancien, 639[#], payés à Marie-Anne de Rommaigné du Breil, sa

A reporter... 3.332[#] 15^s 0^d

Report.... 3.332^{tt}15^{s} 0^{d}

veuve, tant en son nom que comme tutrice de ses trois enfants, ci............ 639^{tt}

Du même, 40^{tt}, pour son droit d'exercice, payés à sa veuve sus-nommée.... 40^{tt}

Douzièmement. — Reprise de 10.000^{tt} de taille qui avaient été diminués l'année précédente (1764), ci.............. 10.000^{tt}

Treizièmement. — La façon et écritures du compte, ci..................... 75^{tt}

Quatorzièmement. — Les épices perçus à la Chambre des Comptes, ci..... 660^{tt}17^{s} 6^{d}

Total..... 14.747^{tt}12^{s} 6^{d}

P

VALEUR DES OFFICES DE QUELQUES NOTAIRES ROYAUX, EN 1771

Pour se conformer à l'Edit du roi de Février 1771, enregistré à la Chambre des Comptes, le 21 Juin suivant, les notaires royaux durent déclarer la valeur de leurs charges. Ces évaluations, bien qu'inexactes assurément et réduites avec intention dans une certaine mesure, nous font connaître les faibles ressources que le notariat fournissait alors à ses titulaires.

Estimaient leurs offices, savoir :

A Alexain. — Jean Letourneux de la Maillardière, notaire royal, pour les paroisses d'Alexain et de St-Germain-le-Guillaume, à 800^{tt} en principal, non compris le protocole.

A Ambrières. — Pierre-François Le Poittevin, notaire royal, pour la paroisse d'Ambrières, à 1200^{tt}.

Guillaume Coignard, notaire royal, pour la paroisse d'Ambrières, à 1000^{tt}, en principal.

A Andouillé. — Claude-René Bouillé, notaire royal, pour la paroisse d'Andouillé, à 1500^{tt}.

A Ceaucé (qui était dans l'élection de Mayenne). — Louis-Julien Gahéry de la Saussaie, notaire royal, pour la paroisse de Ceaucé, à 1000^{tt}, prix principal.

A Chailland. — François-Michel Le Tissier du Coudray, notaire royal, pour la paroisse de Chailland, à 1000^{tt} en principal.

A Champéon. — René Plé, notaire royal, pour la paroisse de Champéon, à 1500^{tt}, en principal.

A Charné-Ernée. — Jean-André Gambert, notaire royal, pour la paroisse de Charné-Ernée, à 3000^{tt}, en principal.

Il y avait à Charné-Ernée un second notaire royal.

A Commer. — Jean Le Bret, notaire royal, pour la paroisse de Commer, à 1000^{tt}, en principal.

A Contest. — Julien-François Daguier, notaire royal, pour la paroisse de Contest, à 800^{tt}, en principal.

A Couesmes. — Jean Bougrain, notaire royal, pour la paroisse de Couesmes, à 1000^{tt}, en principal.

A Gorron. — Julien Gobbé, notaire royal, pour la paroisse de Gorron, à 1200^{tt}, en principal.

René-François Fleury, notaire royal, pour la paroisse de Gorron, à 800^{tt}.

A Larchamp. — André-Michel Beauvais, notaire royal, pour la paroisse de Larchamp, à 1000^{tt}.

Il y avait à Larchamp un second notaire royal.

A Levaré. — Jean Rotureau, notaire royal, pour la paroisse de Levaré, à 800^{tt}.

Au Pas. — François-René Crosnier, notaire, pour la paroisse du Pas, à 1000^{tt}.

A Lesbois. — René Grangeré, notaire royal pour la résidence de Lesbois, à 800^{tt}. Grangeré était en même temps sergent royal de la sénéchaussée et siège présidial du Maine, pour la résidence de Gorron. Cet office de sergent valait 700^{tt}.

A Montourtier. — Louis Hervé, notaire royal, pour la résidence de Montourtier, à 1200^{tt}.

A Mézangers. — Aimable-Pierre-Eugène-Eustache de la Cochardière, notaire royal, pour la résidence de la paroisse de Mézang...s, à 1500^{tt}.

A Oisseau. — François Rouzière, notaire royal, pour la résidence de la paroisse d'Oisseau, à 1200^{tt}. — Pierre-Michel Dudouet, notaire royal, pour la résidence de la paroisse d'Oisseau, à 1200^{tt}.

A Placé. — Jean-Baptiste-Simon Legenissel, notaire royal, pour la résidence de Placé, à 1000^{tt}.

A Saint-Denis-de-Gastines. — Jacques-Louis Giffard, notaire royal, pour la résidence de la paroisse de Saint-Denis, à 1200^{tt}. — Julien-Gabriel Monnier, notaire royal, pour la résidence de la paroisse de Saint-Denis, à 1200^{tt}.

A Montaudin. — Joseph Cheux, notaire royal, pour la résidence des paroisses de Montaudin, Saint-Ellier, Saint-Berthevin, Saint-Mars-sur-la-Futaie, Carelles et Larchamp, à 2000^{tt}.

A Saint-Germain-d'Anxure. — Julien Buchet, notaire royal, pour la résidence de Saint-Germain-d'Anxure, à 600^{tt}.

A Saint-Georges-Buttavent. — Jean Faverie-Durocher, notaire royal, pour la résidence de Saint-Georges-Buttavent, à 500^{tt}.

A Vaucé. — Michel Barrabé, notaire royal, pour la résidence de la paroisse de Vaucé, à 600^{tt} (1).

(1) Un notaire du même nom, Gabriel Barrabé, était en résidence au Pas pendant la Révolution. Alexandre-Pierre Barrabé, premier juge de paix de Passais, reçut à cette époque le prix de la Paternité. Il avait environ cent descendants, enfants, petits-enfants et arrière-petits-enfants.

Dans leurs déclarations les notaires royaux se plaignaient amèrement de la concurrence des notaires seigneuriaux. Presque tous disaient :

Qu'ils ne retiraient pas l'intérêt, au denier vingt, du prix de leurs offices.

Que les notaires seigneuriaux étaient protégés à leur détriment par les officiers des seigneurs.

Que les notaires royaux étaient assujettis « au droit de quatre deniers pour livre » tandis que leurs confrères « subalternes », suivant leur expression, en étaient exempts.

En effet, outre les notaires royaux, que nous venons de citer, et cinq à Mayenne, il existait dans beaucoup de paroisses des notaires seigneuriaux qui leur faisaient une grande concurrence. En citant la résidence de quelques-uns de ceux qui habitaient dans le voisinage des notaires royaux désignés plus haut, on jugera de la quantité de ces fonctionnaires.

Il y avait des notaires seigneuriaux à : Alexain, 1 ; Ambrières, 3 ; Andouillé, 1 [1] ; Ceaucé, 1 ; Chailland, 1 ; Champéon, 1 ; Charné-Ernée, 3 ; Commer, 1 ; Couesmes, 2 ; Gorron, 2 ; Larchamp, 1 ; Levaré, 1 ; Montaudin, 1 ; Oisseau, 1 ; au Pas, 1 [2] ; à Saint-Ellier, 1 ; à Saint-Berthevin, 1.

---

[1] Le notaire seigneurial d'Andouillé possédait trois offices : ceux du duché-pairie de Mayenne, du comté de Laval et de la sénéchaussée de Saint-Ouen-des-Toits.

[2] Le notaire seigneurial du Pas était titulaire de trois offices : de la baronnie d'Ambrières, du duché de Mayenne et de la baronnie de Fontaine-Daniel.

Q.

FONDATION DU SERVICE DES SERRURIERS

Du septième jour de février mil sept cent deux, après-midi,

Par devant nous, René Lambert, notaire en la Cour du duché-pairie de Mayenne, à la résidence de ladite ville, y demeurant,

Furent présents en leurs personnes et soumis :

Aubin Patry, François Véjas (Végeais), sieur de la Moricière, René Le Couturier, René Lefebvre, René Loré, Jacques Chantereau, Jacques Bréhard, Joseph Lecouturier et Jean Dumaine, maîtres serruriers, demeurant à Mayenne et faubourg Saint-Martin,

Lesquels ont fondé et fondent, par ces présentes, un service consistant en une grand'messe solennelle qui sera dite et célébrée le jour Saint-Pierre, à l'issue de la messe paroissiale, dans l'église Notre-Dame de Mayenne, d'an en an, le dit jour, à la charge de faire sonner à midi et au soir de la veille Saint-Pierre et le jour aussi, à midi, avec carillon, et que l'organiste jouera les orgues lors de la célébration de ladite grand'messe, et ce, pour la somme de cent cinq sols pour le tout, — tant pour l'honoraire du prêtre qui célébrera que autres officiers, organiste et sonneries et luminaire au maître autel, — que les susdits établis s'obligent de payer solidairement un chacun d'eux, un seul pour le tout et sans division, au dit sieur curé ; – à commencer, le dit service et fondation annuelle et perpétuelle, à la Saint-Pierre prochaine, auquel jour lesdits cent cinq sols seront payés audit sieur curé, par les mains de celui qui présentera et fera oblation à l'église.

Et sera choisi, l'un d'entre eux, pour donner le pain

bénit audit jour ; lequel pain bénit sera fourni aux dépens seul de celui qui sera choisi par les susdits de leur
corps et métier, et, après, par les anciens, de rang en
rang ; et ce qui sera ramassé des apprentis par celui qui
aura le pain bénit, il en fera un mémoire et état, pour
le revenant bon être employé en messes basses, pour le
repos des âmes des défunts de leur Corps, où les susdits
assisteront, si bon leur semble ; pourquoi leur procureur, qui sera celui qui aura le pain bénit, les avertira.

Et est convenu qu'après le décès des susdits établis, s'il
arrive qu'ils n'aient point d'enfants de leur vocation,
ils ne seront point tenus de l'exécution des présentes ;
que s'il arrive un apprenti au dit métier, les susdits ne
pourront point le recevoir en leur maison sans les avertir, les uns les autres, et que les dits apprentis mettront dans la bourse commune chacun soixante sols,
pour être employés à l'exécution de la présente fondation, qui a été acceptée par M⁰ Jean Durand, prêtre
doyen et curé de Mayenne, à ce présent et acceptant.

Et les dessus dits promettent d'assister, tous les ans, un
cierge à la main, à la procession de la Fête-Dieu et oc-
tave, s'il se peut et qu'il n'y ait point de cause pour les
en empêcher, sinon mettront un homme pour eux, —
dont les en avons jugé à leur requête et de leur consentement.

Fait et passé, audit Mayenne, présents Pierre Cosru-La
Croix et Pierre Boussery, praticien, témoins demeurant
audit Mayenne, à ce requis et appelés.

Les susdits ne signent requis, hors les soussignés.

Signé : Jean Dumaine, Chantereau, René Lefebvre,
F. Véjas, René Le Couturier, Bréhard, Aubin Patry,
Durand, Le Couturier, Boussery, Cosru et nous no-
taire.

R

DÉCISION DE LA BARRE DUCALE CONCERNANT LA TACITE RÉCONDUCTION ET LES CONGÉS

Au XVIIIe et même au commencement du XIXe siècle, les terres arables des fermes, closeries et métairies étaient ensemencées la première année en sarrazin, la seconde en seigle ou en blé, et la troisième en avoine ; elles restaient ensuite jusqu'à six ans sans culture « à se « reposer » avant de recevoir un nouvel ensemencement.

La Barre Ducale de Mayenne se posa la question de savoir quelle devait être la durée de la tacite réconduction des baux de ces propriétés. Si la révolution des mêmes sols servait à fixer la durée de la tacite réconduction, celle-ci eût été fort longue. Les magistrats considérèrent qu'elle était inadmissible et prirent la décision suivante, le 25 novembre 1776 :

« Sont entrés à la Chambre du Conseil les gens du fisc (Maupetit, avocat fiscal, et Moullin de Vaucillon, procureur fiscal), lesquels nous ont représenté :

« Qu'en Droit romain la tacite réconduction ne duroit qu'un an pour les héritages de campagne, ainsi qu'on le voit dans *Domat, Titre du louage, session 14, note de l'article 8.*

« Que dans différentes Coutumes, elle a été fixée à un an, dans d'autres à deux, et jusqu'à trois années. Un arrêt du Parlement, rapporté dans le *Journal des Audiences*, à la date du 3 janvier 1625, au *Rôle d'Amiens*, l'a jugée à un an. La jurisprudence actuelle du Parlement, pour les biens en sol de trois ans, l'a fixée à ce terme.

« Que si on recherche les causes de cette diversité de

jurisprudence, on voit dans le *Droit commun de la France*, par Bondejon, dans *Mr Pothier,* dans le *Code Rural,* dans *Denisart,* que c'est la manière de cultiver des différentes provinces qui fait la durée différente de la tacite réconduction; que pour les héritages qui se cultivent tous les ans, la tacite réconduction ne dure qu'une année; que dans les provinces où les terres se cultivent une année et se reposent l'autre, comme une partie de l'Orléanois, elle dure deux ans; que dans celles où les terres se cultivent deux années et se reposent la troisième, pour recommencer ensuite à être ensemencées, comme il est d'usage dans la Picardie, dans la Beauce, dans l'Isle de France, et la plus grande partie du ressort du Parlement de Paris, ce que l'on appelle cultiver par trois sols, la tacite réconduction est de trois ans. Quant aux maisons de Ville, il paroît encore que c'est la durée des échanges des loyers ou des tenues, usités dans chaque Ville qui fixe la durée de la tacite, réconduction. C'est encore l'esprit du Droit romain, au lieu cité dans Domat, *in urbanis, autem prædiis,* etc.

« Qu'en appliquant l'esprit de ces principes aux usages de ce pays, où la culture est différente de la plupart des provinces du royaume, où des terres ensemencées une première année en bled noir, une seconde en seigle ou froment, la troisième en avoine, restent cinq et six années à se reposer avant d'être de nouveau ensemencées, et, si la révolution des mêmes sols devoit faire dans ce pays la durée de la tacite réconduction, il n'est point de propriétaire qui pût à la longue être maître de ses biens : on verroit naître les mêmes abus de la tacite réconduction, que le Gouvernement a été forcé de proscrire dans la Picardie et l'Artois, par arrêt du Conseil du 25 mars 1724.

« Que dans ces circonstances, d'après l'usage le plus général, d'après l'avis de Malicottes, commentateur de la Coutume de notre Province, ils estiment qu'il seroit utile, pour éviter dans ce ressort les fréquentes discussions que ces matières occasionnent, d'ordonner par forme de Règlement, sous le bon plaisir de Nosseigneurs du Parlement, que la tacite réconduction, dans l'étendue du ressort de ce siège, demeurera fixée :

« 1° Pour les biens de campagne, métairies, closeries, bordages, pièces de terres volantes ou prés détachés, à une année qui sera censée courir du terme où la jouissance sera finie, d'après le bail sur lequel la tacite réconduction aura eu lieu, pour finir à pareil terme, en avertissant toutefois, par un acte en forme, six mois avant l'échéance de ce terme.

« 2° Pour les maisons de ville, fixer également à une année la tacite réconduction, qui cessera, en avertissant six mois d'avance, pour les maisons et bâtiments loués au dessus de cent livres, et trois mois pour les maisons, chambres, greniers et bâtiments loués moins de cent livres ; ordonner que la sentence à intervenir sera lue à votre audience, et envoyée dans les sièges du ressort, pour y être également lue, l'audience tenante, et y être exécutée sous le bon plaisir de la Cour.

« Les gens du fisc retirés, tout vu et mûrement considéré, faisant droit sur leurs conclusions,

« Avons fixé la durée de la tacite réconduction, tant pour les métairies, closeries, pièces volantes, maisons de ville et de campagne, à une année seulement, et ce conformément au sentiment de Louis de Malicottes, sur l'article 500 de notre Coutume du Maine.

« En conséquence, disons que les propriétaires, fermiers ou locataires, qui voudront faire signifier la tacite réconduction, seront tenus de faire signifier le congé, six mois avant la fin de l'année pour les métairies, closeries, pièces volantes et maisons de campagnes ;

« Quant aux maisons de ville dont le prix du loyer

excédera la somme de cent livres, disons que les propriétaires ou locataires seront tenus de faire signifier le congé six mois avant la fin de l'année, et pour celles au-dessous de cent livres, trois mois avant la fin de l'année ;

« Et afin que notre présente sentence de règlement soit notoire, disons qu'elle sera lue et publiée cejourd'hui, l'audience tenante, et envoyée, requête du procureur-fiscal de ce siège, dans tous les sièges de notre ressort, pour y être également lue et publiée, l'audience tenante, et exécutée sous le bon plaisir de la Cour; à l'effet de quoi autorisons les gens du fisc à la faire imprimer : Mandant, etc.

« Donné, à la Chambre du Conseil du Palais de la Ville de Mayenne, le 25 novembre 1776. Sont signés : J.-F. Dupont, juge-criminel; Le Febvre de Cheverus, juge civil; Le Febvre de Champorin, lieutenant général ; Gaultier et Le Jarriel, conseillers-assesseurs, sur le registre. ».

Au cours du XIXe siècle, l'assolement devenu en général triennal, la durée de la tacite réconduction a été fixée à trois ans.

Le Tribunal civil de Mayenne, abandonnant pour les fermes, closeries et terres composées l'usage du congé donné six mois avant la fin du bail verbal, a décidé, par jugement du 22 décembre 1881, qu'il devait être d'un an.

Subsistent encore le congé donné : — six mois à l'avance pour toutes les pièces volantes, prés, jardins, etc., et pour les maisons dont la location est supérieure à 100 francs, — trois mois à l'avance pour maisons ou logements avec ou sans jardin dont le loyer n'excède pas 100 francs.

S

Armoiries de la Ville de Mayenne

Louis, par la grâce de Dieu, Roi de France et de Navarre, à tous présens et à venir, salut.

Voulant donner à nos fidèles sujets des villes et communes de Notre Royaume, un témoignage de notre affection et perpétuer le souvenir que nous gardons des services que leurs ancêtres ont rendus aux rois, nos prédécesseurs, services consacrés par les armoiries qui furent anciennement accordées aux dites villes et communes, et dont elles sont l'emblème,

Nous avons, par notre Ordonnance du 26 septembre 1814, autorisé les villes, communes et corporations de notre royaume, à reprendre leurs anciennes armoiries, à la charge de se pourvoir par devant notre Commission du sceau, — nous réservant d'en accorder à celles des villes, communes et corporations qui n'en auraient pas obtenu de nous ou de nos prédécesseurs ; et, par notre ordonnance du 26 décembre suivant, nous avons divisé en trois classes lesdites villes, communes et corporations.

En conséquence, le chevalier de Hercé, maire de la Ville de Mayenne, département de la Mayenne, autorisé à cet effet, par délibération du conseil municipal du 7 juin 1816, s'est retiré par devant notre Garde des Sceaux, Ministre secrétaire d'Etat au département de la justice, lequel a fait vérifier, en sa présence, par notre Commission du sceau, que le conseil municipal de ladite ville de Mayenne a émis le vœu d'obtenir de Notre Grâce des lettres patentes portant confirmation des armoiries suivantes : « de gueules à six écussons d'or « posés trois, deux et un » ; lesquelles armoiries avaient été accordées à la dite ville par les rois, nos illustres prédécesseurs.

Et, sur la présentation qui nous a été faite de l'avis de notre Commission du sceau et des conclusions de notre commissaire faisant près d'elle fonction de ministère public, Nous avons, par ces présentes signées de notre main, autorisé et autorisons la Ville de Mayenne à porter les armoiries ci-dessus énoncées, telles qu'elles sont figurées et coloriées aux présentes.

Mandons à nos féaux conseillers en notre Cour royale d'Angers de publier et enregistrer les présentes : car tel est notre bon plaisir.

Et, afin que ce soit chose ferme et stable à toujours, notre Garde des Sceaux y a fait apposer, par nos ordres, notre Grand Sceau, en présence de notre Commission du sceau.

Donné à Paris, le douzième jour de septembre, de l'an de grâce mil huit cent dix-sept et de notre règne le vingt-troisième.

Signé : LOUIS.

Vu au sceau : le Garde des Sceaux, ministre secrétaire d'Etat au Département de la Justice.

Signé : PASQUIER.

Par le Roi : le Garde des Sceaux, ministre secrétaire du Département de la Justice.

Signé : PASQUIER.

Sur le repli on lit : Chevalier de Belliard, référendaire.
L'ampliation sur parchemin qui précède porte :
Premièrement : Au recto, à l'angle supérieur gauche les armes de la Ville de Mayenne, à l'angle inférieur gauche le grand sceau royal en cire verte ;
Deuxièmement : Au verso les mentions suivantes :
1º Enregistré à la Commission du sceau, registre V,

folio 86 ; le secrétaire général du sceau, Cuvillier ; 2° Les lettres patentes de l'autre part ont été lues et publiées à l'audience de la première chambre civile de la Cour royale séant à Angers, département de Maine-et-Loire, le Jeudi 27 Novembre 1817, et ensuite enregistrées et transcrites sur le registre du greffe de ladite Cour.

Signé : BAZIN, commis-greffier assermenté.

T

DROITS DE PRÉVÔTÉ ET COUTUME A MAYENNE

(1675)

« A tous ceux qui ces présentes verront, les Gens tenant le siège de la Barre ducale et pairie de Mayenne, pour monseigneur le duc de Mayenne, pair de France, salut.

« Comme procèz fut meu et pendant devant nous,

« Entre Michel Cholet, fermier du droict de Prévôté ou Coûtume de cette ville et fauxbourg, et encore du droit d'étalage, demandeur,   d'une part,

« Et Guillaume Levé, marchand cloûtier de cette ville, deffendeur,   d'autre part,

Sur ce que, etc.

« Nous avons déclaré ledit Cholet non recevable en sa demande, etc.

« Et, faisant droict sur les conclusions dudit procureur ducal, avons ordonné :

« Que les anciens règlemens et tarifs desdits droicts, tant de prévôté et coûtume que d'étalage, inscrits dans l'un des Registres du Trésor de ce duché, cotté 1789 par l'inventaire général des titres du Trésor, ont été autrefois tiréz de l'ancien Cartenier, ainsi qu'il paroit par le

procèz verbal et ordonnance des officiers de ce duché
en datte du pénultième jour de décembre 1561 ; que le
règlement étant au 108ᵉ feuillet dudit registre sera
exécuté et qu'aux articles qui règlent lesdits droicts, au
mançais sera entendu le double du denier, en sorte que
quatre mançais feront huict deniers ;

« Que, pour les articles qui donnent droict sur le vendeur et sur l'acheteur, le vendeur payera le tout;

« Que pour l'exécution desdits règlemens et tarifs, ils
seront, à la diligence du procureur ducal, transcrits
dans les tableaux qui seront suspenduz, sçavoir : celuy
du droit d'étalage dans la maison des Halles de cette
Ville et dans le Bureau du Greffe de ce duché, et celuy
du droict de prévôté et coûtume dans tous les lieux où
les billettes sont suspenduez et dans le Bureau dudit
Greffe ;

« Que ledit Cholet ou autres fermiers et soûfermiers
des droicts de marque et allivrages des aulnes, poids,
et mesures de ce duché et châtelenies en dépendantes
et mouventes, visiteront, trois fois l'an, aux foires principales, les poids, balances, aulnes et mesures des marchands et en dresseront leurs procèz verbaux sur leurs
registres, à peine de dix livres d'amende, dès à présent
jugée, pour chacun deffaut d'y satisfaire ;

« Que lesdits fermiers ou soûfermiers prêteront le
serment devant nous ou devant les juges des seigneurs
qui ont droit, par la coutume, d'avoir poids et mesures, de se bien et fidèlement gouverner dans lesdites
visites, et d'allivrer et marquer fidèlement les aulnes,
poids et mesures, après due information de leur bonne
vie et mœurs ;

« Qu'en cas que lesdits fermiers et soûfermiers ne
sçachent lire et écrire, ils présenteront des personnes
de bonne vie et mœurs qui sçauront lire et écrire et
seront expérimentéez sur le fait desdits poids, balances,

aulnes et mesures, lesquelles prêteront le serment (comme dit est) devant nous ou devant les juges des lieux ; lors duquel serment, les étalons desdits poids, balances, aulnes et mesures sur lesquels ils devront ajuster, régler et marquer les dits poids, balances, aulnes et mesures, leur seront mis entre les mains, dont ils restera autant au Trésor de monseigneur et de ses vassaux ayant Justice et droit de prendre patron soy-même par la Coûtume de cette province ;

« Que, pour ajuster et marquer chaque poids à crochet, ils auront cinq sols, pareille somme pour ajuster et marquer chaque balance avec livre, demi-livre et quart de livre, et deux sols pour ajuster et marquer chaque aulne, et, pour marquer chaque demeau qui est la moitié du boisseau, cinq sols six deniers par quartron ; et que, pour les droicts desdites visites, ils auront le tiers des amendes et les confiscations qui seront jugéez contre les delinquans ; leur ayant fait et faisant deffenses de prendre plus grands droicts, à peine de punition corporelle et d'être contre eux procédé extraordinairement ;

« Que ces présentes seront aussi inscrites en chacun desdits tableaux avec ledit règlement, lequel sera exécuté, lu et publié dans l'étendue de ce ressort.

Mandant, etc.

« Donné audit Mayenne, pardevant nous officiers susdits, et prononcé par nous, Jean Viel, sieur de Torbechet, juge général civil et ordinaire audit duché, le 26e jour d'octobre 1675.

« Et sont signéz en la minute : J. Viel, juge raporteur, Le Goué, Lepineau, Terrard, Le Pennetier et des Champs.

« Ensuit ce qui doit être payé pour le Droict de Prévôté de Mayenne, suivant l'ancien Cartenier, mentionné en la sentence cy-dessus, *pour les choses cy-aprés passant par la ville.*

« Pour cheval ou jument, 2 d.

« Pour âne ou mulet, 1 d.

« Pour toute bête à pied fourché, hors la
  chèvre, 1 d.

« Pour la chèvre, 4 mançais.

« Charette de bled, 4 mançais.

« Charette de sel, 4 mançais.

« Charette de vin, 4 mançais.

« Charette de toile, menée ô bœufs, 4 mançais.

« Charette de toile, menée ô chevaux, chacun cheval, 4 mançais.

« Charette de draps, menée ô chevaux,
  chacun cheval, 4 mançais.

« Charette de draps, menée ô bœufs, 4 mançais.

« Pot de beure, en charette ou cheval,
  chacun pot, 1 d.

« Coste de chair salée, en charette ou cheval, chacun, 1 d.

« Cent de suif ou autre gresse, 4 d.

« Cent de cire, 4 d.

« Somme de sel, 4 d.

« Somme de bled, 4 d.

« Somme d'oignons et d'ail, 2 d.

« Somme de noix, 2 d.

« Somme de pain, 2 d.

« Somme de vin, 2 d.

« Fardeau de draps, 4 mançais.

« Pacquets de draps, 4 d.

« Fardeau de laine, 4 mançais.

« Pacquets de laine, 4 d.

« Pacquets de mercerie, 4 d.

« Fardeau de filé, 4 mançais.

« Pacquets de filé, 4 d.

« Fardeau de chanvre,   4 mançais.
« Pacquets de chanvre,   4 d.
« Paye de mulles,   2 d.
« Couette de plume et traversier, chacun
        cornier,   4 mançais.
« Somme de congres,   4 mançais.
« Somme d'huîtres,   4 d.
« Somme de harangs,   4 d.
« Somme d'alouzes,   une alouze.
« Somme de lamproyes,   une lamproye.
« Somme de mulets,   un mulet.
« Somme de saumons, —   la tête et une derne [1].
« Somme de rayes,   4 d.
« Fardeau de tonnail,   4 mançais.
« Pacquets de tonnail,   4 d.
« Somme de seigle,   4 d.
« Somme de fromage, — le premier desdits fromages.
« Fardeau de sacel (sacs),   4 mançais.
« Pacquets de sacel,   4 d.
« Somme de verres,   2 d.
« La douzaine de cordouan,   2 d.
« Cuir à tanner,   1 d.
« Fardeau à cotonnet de soye,   4 mançais.
« Fardeau à col de mercerie,   1 d.
« Fardeau à col de laine,   1 d.
« Fardeau à col de draps,   1 d.
« Fardeau à col de poislée,   1 d.
« Fardeau à col de chanvre,   1 d.
« Fardeau à col de toile,   1 d.
« Fardeau à col de souliers,   1 d.
« Fardeau à col de pelterie,   1 d.
« Fardeau à col de plomb et de métal à
        ouvrer,   4 mançais.

(1) Une derne, c'est-à-dire un morceau.

« Charges de verre, —   un pour l'année.
« Somme d'oyes et poulailles,   2 d.
« Somme d'oyes,   2 d.
« Somme de fer,   2 d.
« Somme d'acier,   4 d.
« Somme de clous,   4 d.
« Somme de pilles de fer,   4 d.
« Somme de pilles d'airain,   4 d.
« Une meule de moulin,   4 mançais.
« Un lit de moulin,   4 mançais.
« Charette de merain à vin,   4 mançais.
« Charges de haches et de clavreurs,   2 d.
« Somme d'écuelles,   2 d.
« Somme de miel,   4 d.
« Somme de figues et raisins,   4 mançais.
« Somme de pois,   2 d.
« Somme de féves s'acquitte pour le cent,
    soit.   4 d.
« Toutes denrées qui passent quatre man-
    çais.   1 d.

« Fin des Droicts de Prévôté pour les choses passant par la Ville, Bourgs et autres lieux relevans du Duché de Mayenne où il y a billettes et où il est dû coûtume.

« Nous, Louis le Page, greffier du Domaine du Duché-Pairie de Mayenne, soussigné, certifie les Extraits cy-dessus véritables, lesquels avons délivréz à Monsieur le Procureur Ducal audit Duché, le XX Avril mil six cens soixante et dix-huit. *Signé :* LE PAGE ».

Un arrêt du conseil du 1er mars 1749 supprima les droits de péage sur les voitures, bêtes de somme, bestiaux, denrées et marchandises passant debout dans la ville de Mayenne, dans celle d'Ernée et dans toute l'étendue du duché de Mayenne. Le duc de la Trémoille, plus heureux, fut maintenu dans le droit de Grande Coutume, par arrêt du Conseil du 4 juillet 1761. Déjà, par sentence du parlement du 7 mars 1626, le seigneur de Laval avait été maintenu en la possession des droits de Coutume et Prévôté sur toutes les marchandises qui étaient amenées à Laval ou transportées, hors de cette ville, par eau et par terre, ainsi qu'il appert d'une pancarte du 18 février 1567, mais il ne possédait aucun droit sur les marchandises qui passaient par la rivière et n'étaient pas déchargées à Laval.

En 1724, le roi chargea une commission de procéder à la vérification des titres des droits de péage, pontonage, travers et autres qui se percevaient sur les ponts, chaussées, ainsi que sur les rivières navigables et ruisseaux qui y affluaient, et, par arrêt du Conseil du 10 mars 1771, contenant règlement sur les péages et bacs dans l'étendue de la Généralité de Tours, il fut ordonné que tous les péages de la Généralité seraient et demeureraient supprimés et que les possesseurs et engagistes des péages supprimés, qui continueraient à les percevoir, seraient punis d'une amende de 1000^{tt} et les fermiers ou receveurs poursuivis extraordinairement comme concussionnaires.

Ajoutons que les possesseurs, confirmés dans les droits de péage, ne le furent qu'à la charge de l'entretien des chaussées, ponts, rivières et abords sur lesquels les droits se percevaient, et encore à la condition de faire inscrire très lisiblement le tarif des droits sur un tableau attaché à un poteau élevé dans les lieux où les droits se percevaient.

U

DROITS DE PLACE ET D'ÉTALAGE A MAYENNE
(1752)

Les péages supprimés par l'arrêt de 1771 ne comprenaient pas les *coutumes, prévotés* et autres droits sur les bestiaux, denrées et marchandises amenés dans les villes, bourgs et villages et destinés à être vendus pour la consommation, ni les droits de foires et marchés.

Le document ci-après nous renseigne sur l'importance de ces droits de place et d'étalage à Mayenne.

« C'est la Coutume qui est deue des choses qui sont vendues et détaillées, au jour de marché, en la ville de Mayenne (et pour servir et être perçue et observée lors des foires et marchés qui se tiendront au bourg de Châtillon en conséquence de lettres patentes du mois d'aoust 1752), sçavoir sus (sur) :

« Les cheveaux, celuy qui vend, quatre deniers, et celuy qui achepte, quatre deniers.

« Chacunne beste à pied fourché, un denier, l'achepteur un denier, un denier le vendeur.

« Asnes et mullets, un denier l'achepteur et le vendeur, qui est demie coutume.

« Chèvres, quatre mançais [1] le vendeur et quatre deniers l'achepteur.

« Etail de draps, quatre deniers.

« Etail de mercerie, portée à beste, deux deniers.

« Etail de mercerie, portée à col, un denier.

« Etail de soulliers, portés au beste, deux deniers.

« Etail de soulliers, portés à col, un denier.

(1) Dans l'original on peut lire « estançais ».

« Etail de fer, deux deniers.

« Etail d'acier, quatre deniers.

« Etail de pain, porté à beste, deux deniers.

« Etail de pain, porté à col, un denier.

« Somme de bled, deux deniers

« Etail de congre, quatre mançais.

« Etail de tout poisson fors congre, quatre deniers.

« Etail de cuir tanné, vert ou sec, deux deniers.

« Cuir à tanner, chacun un denier, le vendeur un denier, et l'achepteur un denier.

« Pièce de toille, deux deniers l'achepteur et deux deniers le vendeur.

« Chanvre, un denier le vendeur, et un denier l'achepteur.

« Fardeau de laine, quatre deniers.

« Cent de suif et autre gresse, quatre deniers le vendeur et l'achepteur quatre deniers.

« Cent de cire, quatre deniers le vendeur et l'achepteur quatre deniers.

« Pot de beure, un denier l'achepteur et le vendeur un denier.

« Etail de chandelles de cire, deux deniers.

« La douzainne de cuirs de veaux, deux deniers le vendeur et deux deniers l'achepteur.

« Peaux d'aigneaux, deux deniers par douzainne par l'achepteur et deux deniers par le vendeur.

« Etail de poisliers, quatre deniers.

« Mignens (enfants) qui portent à col, un denier.

« Qui achepte un poille d'airain ou de fer ou pot, deux deniers.

« Etail de gaines, deux deniers.

« Etail d'oignon ou d'ail, porté à beste, deux deniers.

« Etail de chapelliers, deux deniers.

« Etail de feaux et de hantes (manches), quatre deniers.

« Etail de clou, quatre deniers.

« Charettes et étail de pottiers de terre, quatre mançais.

« Somme de pots de terre, deux deniers.

« Etail de bissacs, 1 (bissac) pour l'année.

« Etail de vans, 1 (van) pour l'année.

« Etail de bousseliers, 1 pour l'année.

« Etail de charues, 1 pour l'année.

« Etail de courais [1], 1 pour l'année.

« Etail de panniers, 1 pour l'année.

« Etail de rateaux, 1 pour l'année.

« Etail de palles (pelles), 1 pour l'année.

« Etail de barils, 1 pour l'année.

« Etail de pics portés à col, un denier.

« Etail de cercles, un lien [2] pour l'année.

« En touttes denrées qui passent, quatre mançais, un
denier le vendeur et un denier l'achepteur.

« *Item.* — Touttes les denrées susdittes se doublent
aux jours de foire.

« Je déclare n'entendre percevoir d'autres droits que
ceux portés en l'état cy-dessus et de l'autre part.

« A Paris, ce 6 novembre 1752.

« Louis Duplessis Chastillon.

« Certifié véritable, en conséquence du procès-verbal
et ordonnance de ce jour dix[e] novembre 1752.

« *Signé :* Raison, Lejeune.

« Con[lé] au Mans le 10 novembre 1752. R. dix neuf sols
trois deniers. *Signé :* Jannay » [3].

(1) Courée ou corée, poumons d'animaux de boucherie.
(2) Un lien c'est-à-dire un faisceau.
(3) V. *Archives de la Sarthe.* Suppl. de la série B,-B 695.

V

Arrêt du Parlement de Paris réglant les taxes des officiers de justice des duchés et pairies de Mazarin, de la Meilleraye et de Mayenne et des prévôtés et justices subalternes qui en dépendaient.

(23 juillet 1676)

« Veu, par la Cour, la requeste à elle présentée par messire Armand-Charles, duc de Mazarini, la Meilleraye et Mayenne, pair de France, contenant que, par arrests des dix juillet et vingt-six aoust 1665, la Cour auroit faict des règlements pour les taxes des juges et les salaires des autres officiers des duchéz et pairies et justices subalternes,

« Et, d'autant que par les dits règlemens il y auroit eu quantité de choses omises, requerroit qu'il pleust à la Cour ordonner que les dits arrests des dix juillet et vingt-six août seroient exécutés par lesdits juges et officiers, en ce qui n'estoit point contraire aux ordonnances qui auroient esté depuis faictes, et, en augmentant aux règlements portéz par lesdits arrests, pourvoir aux autres omissions, sur le mémoire joint à ladite requeste : les dits mémoire et arrests attachéz à ladite requeste, signée Bataillon, procureur.

« Conclusion du procureur général du roi,

« Ouy le rapport de Mre Claude de Sallo, conseiller,

« Tout considéré,

« La Cour a ordonné et ordonne que les arrests des dix juillet et vingt-sixième jour d'aoust 1665 seront exécutéz selon leur forme et teneur, en ce qui n'est point contraire aux ordonnances qui ont esté depuis vérifiéez en icelle (Cour) ; ce faisant :

« Que les audiences des bailliages de Mazarini, la

Meilleraye et Mayenne, prévostéz, justices y ressortissan se tiendront aux jours et heures accoustuméz ;

« Que lesdits juges, advocats, procureurs et greffiers,
seront tenuz se trouver à l'audience en habits décens et
les huissiers la baguette à la main, pour rendre le service nécessaire ;

« Que les dits juges ne prendront aucunes épices, ni
autres salaires pour les ordonnances sur requestes, ni
pour les jugemens, règlemens et expéditions faictes en
audience sur les peines de l'Ordonnance ;

« Qu'ils ne pourront recevoir les épices par leurs
mains, ni les faire consigner avant le jugement des procèz, et ne décerneront, en leurs noms ni de leurs greffiers, aucuns exécutoires pour le payement desdites
épices, qui seront mises èz mains du greffier ;

« Pourront néanmoins les exécutoires estre délivréz
aux partyes intéresséez au procèz, qui les auront débourséz, ainsi qu'il est accoustumé ;

« Que la communication des sentences, qui auront
esté mises au greffe, ne pourra estre refusée aux partyes
ou à leurs procureurs, encore que les épices n'ayent
esté payéez, à peine de trente livres d'amende contre le
greffier ;

'« Que lesdits juges ne pourront exercer aucun acte de
jurisdiction en leur maison, à l'exception toutefois des
actes de tutelle, curatelle, assembléez de parens, présentation et affirmation de compte, procèz-verbal de
partage, estimations d'héritages, enquestes et autres
cas sommaires, informations, liquidations de fruicts,
interrogatoires en matière civile, réceptions de caution,
prestation de serment, réception de maistres et juréz,
advis de parens, collations de pièces, comparaisons de
seings et écritures et vérifications d'icelles.

« Que, lorsqu'il y aura père ou mère de survivans ou
que les mineurs auront un tuteur ou curateur, lesdits

juges ne pourront apposer le scellé, s'ils n'en sont requis. Et, quand il n'y aura ny l'un ny l'autre ou que les présomptifs héritiers seront absens, les scelléz seront apposéz par lesdits juges, à la diligence et sur le réquisitoire du procureur fiscal, sur les biens des mineurs et sans néanmoins qu'ils puissent assister à la levée desdits scelléz, après qu'ils auront été reconnuz à la première vacation, ny aux inventaires, soubs prétexte de minorité ou absence de l'une des partyes; et seront tenuz, ceux qui provoqueront la levée desdits scelléz, d'accorder un délai compétent pour élire un tuteur aux mineurs et avoir procuration de l'absent, pour, par les dits tuteurs et absens, se trouver à la confection de l'inventaire, auquel il sera procédé par les dits juges, en cas qu'ils en soient requis et non autrement, aux mêmes frais que d'un notaire et sans qu'auxdits cas ils puissent prendre aucune vacation comme juges pour leurs assistances aux dits scelléz.

« Ne pourront aussi lesdits juges, faire descente sur les lieux dans les matières où il n'échet qu'un simple rapport d'experts, s'ils n'en sont requis par escrit par l'une ou par l'autre des partyes, sur les peines portées par l'Ordonnance. Et sera la partie requérante, tenue consigner les frais ordinaires.

« Que les officiers seront tenuz d'escrire au pied des expéditions, en toutes sortes d'actes, ce qu'ils auront reçu pour épices, salaires et vacations, et les greffiers mettre lesdites taxes sur les grosses et autres expéditions qu'ils délivreront, le tout à peine de concussion.

« Que les advocats et procureurs fiscaux ne pourront recevoir aucuns droicts, ny vacations pour leur rapport à l'audience des requestes, informations et conclusions par eux verbalement donnéez, ny pour leurs conclusions par escrit, dans les affaires ou ledit duc (de Mazarin), seul, aura intérest.

Taxes des Pairies

« Que lesdits juges des pairies ne prendront pour leurs vacations des actes de tutelle, curatelle et avis de parens plus grande somme que celle de trente solz ; — le procureur fiscal, s'il y assiste, les deux tiers ; — le procureur de la partye, moytié du juge ; — et le greffier, dix solz pour la grosse et expéditions desdits actes, sans pouvoir recevoir aucune chose pour ses vacations.

« Que lesdits juges ne recevront, pour leurs vacations aux appositions, recognoissance et levée de scelléz, plus de vingt solz par heure et de quarante solz pour la vacation entière de la matinée et quarante solz pour la vacation entière de l'après-dinée ; — le procureur fiscal, les deux tiers ; — les procureurs des partyes, la moytié ; — le greffier, la grosse à raison de deux solz six deniers par rôle, sans vacation.

« Que pour les rapports de visitation, estimation d'héritages, liquidation de fruicts et réception de cautions, lesdits juges ne pourront prendre plus grande somme que celle de seize solz et le procureur, la moytié, — et, pour le serment des maistres aux Arts et Mestiers èz lieux où il y aura maistrises, pareille somme de seize solz et au procureur fiscal, les deux tiers.

« Que lesdits juges prendront :

« Pour le procèz-verbal de chasque plainte quinze solz; sera néanmoins permis aux partyes de former leurs plaintes par requeste, auquel cas ne pourra le juge prendre aucun droict ;

« Pour le procès-verbal de l'estat auquel seront trouvéez les personnes blesséez ou le corps mort, vingt solz, — au procureur fiscal, les deux tiers, — au greffier, la moytié, outre la grosse à raison de deux solz six deniers par rôle ;

« Pour l'audition de chasque tesmoin en matière criminelle, sept solz six deniers, — au greffier la moytié, outre la grosse à raison de deux solz six deniers par rôle.

« Que lesdits juges auront :

« Pour chasque décret d'adjournement personnel ou de prise de corps, quinze solz, le procureur fiscal, dix solz, et le greffier pour l'expédition dudit décret, dix solz ;

« Pour chacun interrogatoire, au juge, quinze solz, au greffier la moytié, outre sa grosse à raison de $2^s 6^d$ par rôle ;

« Pour les conclusions afin de récolement et confrontation et autres préparations au procureur, dix solz ; et, lesdits juges auront pour la sentence de récolement et confrontation et les autres qui regarderont l'instruction seulement, quinze solz ;

« Pour chacun tesmoin récolé, sept solz six deniers et pareille somme pour chacun tesmoin confronté ; et où les récolemens et confrontations se feront en mesme temps, la taxe pour chacun tesmoin recolé et confronté conjointement n'excédera pas lesdits sept solz six deniers ; pareille somme sur le récolement, les interrogatoires et pour la confrontation des accuséz les uns aux autres. Sera taxé à chacun tesmoin sur le lieu cinq solz, et, s'il se transporte, à proportion de leur condition, suyvant la distance des lieux et sur le pied des taxes cy-après à l'article des voyages ;

« Pour l'interrogatoire sur faicts et articles en matière civile, le juge aura quinze solz et le greffier la grosse à raison de deux solz six deniers, sans vacation ;

« Pour l'audition de chasque tesmoin èz-enquestes, prendront lesdits juges, sept solz six deniers et le greffier, pour chasque rôle de grosse, deux solz six deniers, sans vacation ;

« Que les juges auront, pour la présentation et affirmation d'un compte, vingt solz et les procureurs des partyes chacun dix solz ;

« Que lesdits juges, en toutes sentences rendues en l'audience ou sur procèz par escrit, seront tenus de liquider les dépens sans aucune déclaration, ny prendre aucun droit pour raison de ce ;

« Que les appointements à mettre seront distribuéz en la manière accoutumée, et les épices des instances sur lesdits appointemens à mettre, ne pourront excéder six livres, lorsqu'il y aura conseil, sans rien innover dans les lieux où l'usage seroit qu'ils pourroient estre juges sans prendre conseil èz affaires les plus légères, auquel cas le juge ne prendra que trois livres ;

« Que lesdits juges auront, pour la réception de chasque adveu et dénombrement contenant deux rôles, trente solz, et, pour l'excédent, à proportion qui ne pourra passer trois livres, — le procureur fiscal les deux tiers et le greffier la moytié du juge ;

« Que le greffier sera tenu d'écrire en papier et non en parchemin les baux judiciaires des revenus, ceux au rabais des réparations des biens saisis réellement ou autres, soit qu'ils appartiennent à majeurs ou mineurs, ensemble toutes les expéditions et autres qui ne sont qu'à l'instruction et tous autres dont les partyes ne requerront l'expédition qu'en papier, à la réserve des sentences données sur procèz par escrit, sentences d'audiences définitives, licitations et adjudications par décret, qu'il pourra délivrer en parchemin, pour la première fois seulement. Et sera tenu mettre aux sentences, qui seront expédiéez en parchemin, vingt-deux lignes à chasque page à quinze sillabes à la ligne, sans user de termes superflus et inutiles, et, aux actes et jugemens, qui seront mis en papier, douze lignes à chasque page et huict sillabes à la ligne Et aura le greffier quinze

solz pour chacun rôle en parchemin et deux solz six
deniers pour chacun rôle en papier.

« Pour retrancher les discours et langages superflus
et inutiles dont se servent ordinairement lesdits greffiers ou commis, à la foule (à l'exploitation) des partyes
et au scandale du public... [1].

« Dans les sentences définitives ou interlocutions sur
procèz par escrit, ne seront employéz que les qualités
des partyes, les conclusions de leurs demandes, la
clause précise et succincte du contrat sur laquelle
elle sera fondée, les dates des ordonnances sur requestes, appointemens de règlemens, les productions des
partyes, leurs contredits si aucuns ont été fournis ou
actes de sommation de produire ou contredire, sans qu'il
y puissent employer les autres pièces qui auront été
produictes par lesdites partyes. Et, lorsqu'il y aura eu
sentence interlocutoire, dans laquelle l'énonciation des
pièces tel que dessus aura esté faicte, il ne sera faict aucune répétition d'icelle dans le *veu* de la sentence définitive qui sera donnée en suite dudit interlocutoire,
mais seront seulement énoncéez la sentence interlocutoire et la qualité et date des procédures faictes en exécution d'icelles.

« Dans le *veu* des sentences données sur appellations,
ne seront énoncéez aucunes des pièces de l'instance prin-
cipale, mais seulement la sentence dont est appel et date
d'icelle, le procèz sur lequel elle est intervenue, — en
gros, sans spécifier les pièces d'iceluy par le menu, —
la date de l'appointement de conclusion ou règlement
et les griefs et réponses des partyes ou actes de sommation d'en fournir.

---

[1] Dans la copie où nous prenons ce texte, on a laissé, à cet endroit, une
page blanche, destinée à être remplie au besoin, contenant sans doute les
réflexions désobligeantes de la Cour, que devait renfermer l'original sur
l'âproté des greffiers.

« Comme pareillement, dans le *veu* des sentences sur deffaults et congéz, ne seront employéz que les qualités des partyes, la date de l'exploit d'assignation et les deffaults de congéz du jugement desquels il sera question, en sorte que les définitives ne pourront contenir plus de trois rôles, et les autres, qui ne le seront pas, que deux rôles, suyvant qu'il se pratique èz requestes du palais, de l'Hôtel dudit lieu, et autres jurisdictions.

« Seront tenuz les greffiers ou leurs commis, sur toutes les expéditions, tant première que seconde, qu'autre qu'ils délivreront des sentences donnéez sur instances ou procèz appointés, d'escrire les épices taxées sur icelles et par qui elles auront esté payéez, ou, en cas qu'il n'y en ait eu, d'en faire mention en bas ou à la fin desdites expéditions, à peine de cent livres d'amende, dont sera délivré exécutoire sur le veu de la sentence, sans autre forme ni figure de procèz, pour la première fois, et d'indiction pour la seconde.

« Les greffiers ou commis de l'audience expédieront les sentences qui y seront rendues, sur les qualités et conclusions des demandes qui leur seront fournies par les procureurs des partyes ou l'un d'eux ; et, s'il y a eu quelques offres faictes, en feront mention ; et pourront, dans les sentences définitives seulement, employer ce qu'ils auront recueilly sur leur plumitif du playdoyer des advocats ou procureurs, sans obliger les partyes de leur fournir par escrit leur plaidoyer.

« Seront, les sentences données ensuite du délibéré sur le registre, délivréez comme les sentences d'audience sans y mettre aucun *veu* de pièces, mais, après l'ordonnance du juge qu'il en sera délibéré, sera adjouté « *Et depuis, après en avoir délibéré* » et ensuite escrit ce qui aura esté ordonné.

« Faict deffences aux dits juges de prendre aucune chose pour le rapport qu'ils auront faict des pièces pour le jugement du délibéré sur le registre, à peine de concussion et de restitution du quadruple.

« Ez sentences de certifications de criées, ne seront employéz, par le menu, les héritages et choses saisies, ny les tenans et aboutissans d'iceux, et contiendront seulement qu'en vertu du contrat ou autre pouvoir, qui sera daté, à la requeste du créancier qui sera nommé, faute de payement de la somme désignée par l'exploit de saisie, les fonds, héritages ou choses comprises en icelle ont été saisies réellement et commissaire y estably, les jours que les criées auront esté faictes, les noms des huissiers qui les auront faictes et en quelles paroisses, que le rapport en a esté faict par le rapporteur des criées, en présence de cinq advocats et cinq procureurs du siège, qui seront nomméz, et que, par leur advis, les dites criées s'étans trouvéez bien faictes, le juge les a certifiéez, sans mettre autres discours en la dite sentence. Ensuite de quoy, sera, par le greffier de la Justice en laquelle le décret se poursuivra, délivré commissions pour appeler le saisi pour bailler moyens de nullité et les opposans leurs causes d'oppositions.

« Comme aussi, dans les sentences de congé d'adjuger, seront seulement inséréez les qualités des partyes et les dates de la sentence de certification de la commission pour assigner la partye saisie, pour bailler moyens de nullité, de l'appointement de règlement, productions et contredits des partyes, si elles ont produit et contredit, et de l'acte de sommation de ce faire ; et, si elles sont par défault, sera seulement faict mention des dates des deffaults et de la demande sur le profit d'iceux ; en sorte que la sentence par deffault ne pourra excéder le nombre de trois rôles, ainsi qu'il a esté cy devant dit.

« Les greffiers ou leurs commis seront tenuz de publier à l'audience la première enchère, appelée en aucuns sièges du ressort « placard des choses saisies », qui aura esté faicte par les procureurs des poursuyvans, et mettre au bas leur certificat de ladite publication, pour lequel ils ne prendront que dix solz ; et ne sera par eux faict aucune expédition de ladite enchère ou placard.

« Ne seront expédiéez aucunes sentences pour les remises qui seront faictes pour l'adjudication, mais sera, l'acte de la remise, dressé par le greffier sommairement et par luy délivré au procureur poursuivant, pour lequel ne sera pris, par ledit greffier, que sept solz six deniers, pour tous droits.

« Dans les sentences d'adjudication par décret, seront seulement inséréz la saisie réelle, à la requeste de qui et sur qui elle a esté faicte, l'élection de domicile, l'establissement de commissaire, la somme pour laquelle elle a esté faicte, les dates des procès-verbaux des criées, les paroisses où elles ont esté faictes, les tesmoins qui y auront esté présens, les oppositions, si aucunes y ont esté forméez, soit à fin de charger ou de distraire les choses saisies par le menu.

« La sentence de congé d'adjuger, soit qu'elle soit intervenue par deffault ou contradictoirement, l'enchère ou placard des choses enchéries, y comprises dans la saisie, ne seront point répéléez, mais seulement, s'il y a quelque diminution, distraction ou charge, en sera faict mention et des sentences qui les auront ordonnéez, ensemble des publications qui auront esté faictes dudit placard ou enchère et des jours des remises, mesme des enchères qui auront esté lors faictes d'icelles. Et, s'il survient quelque contestation, opposition, sentence ou arrest, qui retarde ou confirme le décret, en sera aussy faict mention, comme pareillement des enchères qui auront été faictes lors de l'adjudication, — le tout succinctement. Et, dans le décret, sera faict mention de ce qui sera adjugé par le menu, tenans et aboutissans, mais, s'il y a plusieurs choses saisies, adjugéez sous différens prix à plusieurs adjudicataires, si chacun d'eux désire avoir une expédition séparée dudit décret, ne sera faict mention dans le décret délivré à chacun adjudicataire que des choses qui leur auront esté adjugéez, tant à l'endroit où la saisie sera référée que par l'adjudication; et ne prendra, ledit greffier qui expédiera ledit décret, pour chacun rôle d'iceluy, que comme pour les sentences.

« Pour les déclarations de l'adjudication au profit d'un autre, ne sera pris par le greffier ou son commis, savoir : pour celle des fruicts adjugéz, plus grande somme que celle de vingt solz, et pour les adjudications par décret des fonds au dessoubz de dix mil livres, vingt solz, et pour les autres au-dessus, à quelques sommes qu'elles se montent, trente solz, — à peine de concussion.

« A l'égard des expéditions des décrets volontaires pour purger les hypothèques, en sera usé de la mesme manière que pour les décrets forcéz, et n'y sera le contract d'acquisition mentionné, mais seulement daté et que l'héritage est saisi et décreté sur la partye saisie, comme l'ayant acquis de son vendeur. Et ne prendra, ledit greffier, pour l'expédition desdits décrets volontaires, plus grande somme que comme pour une sentence, à proportion des rôles, dont il mettra son receu.

« Dans le *veu* des sentences d'ordre et distribution du prix, ne seront employéz autres choses que les noms des poursuivans et opposans, dates des règlemens intervenus en l'instance, les causes d'oppositions, productions et contredits des dits poursuivans et opposans, qui en auront fourny, ou les actes de sommation de ce faire par ceux qui n'y auront satisfait, sans faire mention ny référer par le menu les contrats et pièces produites et moyens contenuz par lesdits inventaires et productions en contredits.

« Ne sera donnée qu'une sentence d'ordre définitive,
par laquelle seront, les créanciers, colloquéz tant pour
leur principal que pour leurs arrérages et intérests qui
seront liquidéz par la même sentence, laquelle, en cas
d'appel, sera exécutée nonobstant opposition ou appellation quelconque et sans préjudice d'icelle, en baillant
par lesdits créanciers utilement colloquéz, à l'égard desquels il y aura appel, bonne et suffisante caution de
rapporter ce qu'ils auront touché en cas que par l'évè-
nement du dit appel il soit ainsy ordonné.

« Fait deffences à tout juge subalterne de bailler deux
ou plusieurs sentences d'ordre, soit de provision ou autres, ni de faire aucun procèz-verbal séparé de liquidation des arrérages et intérests des sommes portéez par
la sentence d'ordre qu'ils auront rendue, à peine de
concussion et répétition du double de tous les frais et
de ladite liquidation, quoy que leur vacation n'en fit
que la moindre partye, et de tous les dépens, dommages et intérests des partyes intéresséez.

« Et, pour faciliter l'instruction et abréviation de l'instance d'ordre, aussytost que le congé d'adjuger sera
donné, le procureur du poursuivant prendra l'appointement à produire, par lesdits poursuivans, opposans et partyes saisies, dans trois jours, bailler contredits et salvations trois jours ensuyvans. Et pourra,
ledit poursuyvant, trois jours après la signification
dudit appointement, produire èz mains du greffier,
qui sera tenu de porter incontinent ladite production
du juge pour estre icelle distribuée incessament, selon l'usage du siège, sans attendre qu'il y ait autres
instances à distribuer. Et s'il survient quelques oppositions afin de conserver, depuis ledit congé d'adjuger jusquez au sceau du décret, seront icelles forméez
avant l'adjudication réglée à produire et contredire, le
tout dans les trois jours, et les autres, qui auront esté

forméez depuis l'adjudication, dans le jour ; lesquels délais tant de produire que de contredire commenceront à courir du jour de l'acte de produit, que le poursuivant aura faict signifier à la partye saisie et aux opposans, lesquels estans expiréz, ceux qui n'auront produit, ni contredit en demeureront forclos, de plein droit, sans qu'il soit nécessaire d'autres sommations, ni signification.

« Sera, l'instance d'ordre, communiquée par les mains du rapporteur au procureur du poursuivant, pour contredire, pendant quinzaine, les productions des créanciers opposans et partyes saisies, qui auront produit ; comme aussi, sera communiquée au procureur plus ancien desdits créanciers.

« Si le poursuivant est en demeure ou négligence de poursuyvre, sans discontinuation, l'instruction et jugement de l'instance d'ordre, sera donné jugement sur la requête de celuy des opposans qui le requerrera, portant que, dans huitaine, il fera toutes ses diligences, sans discontinuation, de faire instruire et juger ladite instance d'ordre, sinon, permis audit opposant de faire la poursuite ; auquel cas, sera, ledit opposant, remboursé des frais par luy faicts par ledit jugement, et le poursuivant, qui aura été négligent de poursuivre et contre lequel ledit jugement aura esté donné, remboursé sur le prix qui proviendra de l'adjudication par décret et ceux qu'il aura faicts jusquez au jour dudit jugement, sans qu'il puisse prétendre remboursement d'aucuns frais faicts depuis iceluy. Et sera, ladite instance d'ordre, ainsi instruite par contredits, incessament jugée après les délais portéz par les règlements expiréz.

« Et afin que le jugement de ladite instance ne soit retardé par le deffault de consigner par les adjudicataires le prix de leurs adjudications et de faire par eux lever et sceller leur décret, les adjudicataires seront

tenuz de consigner le prix de leurs adjudications huictaine après qu'elles auront été faictes, autrement et à
faute de ce faire, seront tenuz de payer l'intérest dudit
prix, à compter du jour de la dite huictaine expirée
jusquez au jour de la consignation réelle et actuelle par
eux faicte.

« Et ne pourra, le greffier qui expédiera le décret, le
délivrer qu'il n'ait été scellé et, à cette fin, fera diligence
de le porter au scelleur, qui le gardera vingt-quatre
heures avant que de le sceller, pour recevoir pendant
ce temps les oppositions qui surviendront ; après lequel,
le décret sera retiré du scelleur et délivré à l'adjudicataire par le greffier qui l'aura expédié, qui fera mention
sur son registre du sceau et délivrance dudit décret,
du jour qu'il l'aura mis au sceau, du temps qu'il y sera
demeuré et qu'il lui avoit esté délivré, dont il baillera
certificat au procureur du poursuivant s'il en est requis ;
pour lequel il ne pourra prendre plus de dix sous pour
les pairies et de huict sous pour les justices subalternes
en dépendant, sur peine de concussion.

« Ne pourront, ceux qui sont commis pour recevoir
les consignations, se rendre directement ou indirecte-
ment adjudicataires des biens vendus aux sièges de leur
recepte, par vente publique en justice pour debtes ou
par licitation, ny les acquérir des adjudicataires, sinon
trois ans après les dites ventes, à peine de nullité d'icelles
et de perte du prix qui tournera au profit des partyes
saisies. Pourront néanmoins acquérir par contrats et
sur iceux faire décrets volontaires ou faire liciter les
immeubles, dans lesquels ils auront quelque droict de
propriété.

« Seront expédiées par le greffier deux grosses de la sentence d'ordre, qui seront délivréez l'une au poursuivant
et l'autre au receveur des consignations ; pour lesquelles
leur sera taxé sur le prix comme pour celles des autres

sentences, sans prétendre plus grandes sommes pour quelques causes et soubz quelque prétexte que ce soit ; et sera tenu, ledit commis à la recepte des consignations, payer aux créanciers utilement colloquéz les sommes à eux adjugéez, sans qu'il soit nécessaire, par chacun des créanciers qui voudront toucher, de rapporter audit commis un bref ou extrait particulier de sa collocation, ny que les greffiers les puissent contraindre de lever le bref ou extrait ; et, faute de payer, par ledit commis à la recepte des consignations, aux dits créanciers utilement colloquéz les sommes à eux adjugéez trois jours au plus tard après qu'elles lui auront esté demandéez, il en poyra l'intérest à compter depuis la demande jusquez à l'actuel payment, en cas qu'il n'y ait point d'opposition ou autre empeschement procédant du faict desdits créanciers à la délivrance des dites sommes à eux adjugéez. Si les commissaires establiz aux saisies réelles sont opposans aux décrets pour le reliquat du compte de leur commission, ils seront tenuz, dans un mois après l'adjudication par décret, de présenter, faire examiner et clore le compte de leur commission, sinon passer outre au jugement de l'ordre et à la distribution des deniers au profit des autres créanciers opposans, sans s'arrêter à l'opposition des commissaires establiz aux saisies réelles; et nonobstant sera, par la sentence d'ordre, ordonné que, tant sur le prix de l'adjudication que reliquat du compte dudit commissaire, qui se trouvera en ses mains du prix des baux judiciaires dont à cette fin, il sera tenu et par corps rendre compte huictaine après la signification de ladite sentence d'ordre. Les dits créanciers seront payéz selon l'ordre porté par icelle.

« Ne sera mis, dans les sentences de séparation obtenuez par les femmes contre leur mari, que les qualités des partyes et les conclusions de la demande, soit pour la séparation des biens ou restitution de dot, la date du contrat de mariage, règlement sur la demande, productions des partyes, si aucune y a, ou acte de produit de celui qui aura satisfait, et rien davantage.

« Tous baux judiciaires seront expédiéz après trois remises et publications et si, par quelques traverses ou autre raison, il y en avait davantage, n'en sera énoncé dans lesdits baux plus grand nombre que de trois ; desquelles remises ne seront expédiéez aucunes sentences, mais seront déclaréez par acte et signification, qui seront faictes à la diligence du commissaire ou de la partye qui aura poursuivi le bail.

« Quand les greffiers mettront quelques personnes hors des prisons, ne sera pris par eux, tant pour la sentence d'élargissement, acte de caution et réception d'icelle, ensemble pour la charge mise sur le registre de la geôle que vingt solz pour les pairies, seize solz pour les provostéz et justices subalternes y ressortissans ; lesquelles taxes diminueront du quart si l'élargissement est pur et simple et qu'il n'y ait point de caution baillée, ni sentence de réception d'icelle, sans que les greffiers puissent prendre davantage à peine de concussion.

« Aux lieux où l'usage est que les significations des ordonnances des juges soient faictes aux procureurs des partyes, non par les huissiers, mais par les greffiers, ne sera pris par les dits greffiers, pour les dites significations, plus grand droict que celuy qui seroit pris par l'huissier ou sergeant pour les significations des dites sentences et ordonnances.

« Toutes les productions des partyes passeront par le greffe et seront mises èz-mains du greffier qui sera tenu de les enregistrer sur un registre, sur lequel le juge s'en chargera et mettra sa signature à costé de l'enregistrement du sac, qui sera rayé lorsqu'il le remettra au greffe. Et en demeurera le greffier, chargé, s'il n'appert que quelque officier en soit chargé sur le registre, par sa signature qu'il y aura apposée.

« Les procèz criminels ne seront pas communiquéz soit à l'accusé ou partye civile, ains seulement les interrogatoires ; et, après le jugement, ne seront renduez aux partyes les informations et autres procédures secrètes qui demeureront èz-mains du greffier, lequel baillera, s'il en est requis et non autrement, extrait des taxes faictes pour raison des informations, recollemens et confrontations et autres procédures criminelles et pièces secrètes ; pour lequel extrait il n'y aura aucune vacation, mais seulement la grosse, à la mesme raison que des autres grosses de procèz.

« Les procureurs seront tenuz de faire la fonction de leurs charges en personnes et, en cas d'absence, maladiè, ou autres légitimes empeschemens, par leurs substituts et non par leurs clercs, qui ne pourront signer aucunes expéditions pour leur maître à peine de faux. Ne pourront, les dits procureurs, procéder à l'advenir par remontrance, ni plaidoyer, par devant les dits juges, en leurs maisons, mais par requestes, qui seront présentéez, sur lesquelles lesdits juges mettront leur ordonnance, soit pour faire assigner les partyes ou les renvoyer à l'audience ou pour ordonner des défenses provisoires, selon que la matière le requerra, sans que les dits juges puissent entendre les dites partyes sur les dites réquisitions et contestations, les régler sur icelles, ni faire aucun acte de juridiction en leurs maisons, ni ailleurs qu'au lieu ordinaire et accoutumé, sinon aux seuls cas particuliers ci-dessus expriméz.

« Au greffier pour chacun acte de reprise, soubmission de caution, affirmations et autres actes semblables, 2ˢ 6ᵈ.

« Pour la copie et signification, 2ˢ et à domicile, 3ˢ 6ᵈ.

« Pour chacun extrait des gros fruicts au greffier, 2ˢ 6ᵈ.

« En cas de transport du juge du lieu de sa demeure
pour les affaires civiles, il aura par jour, pour sa vacation, 6^{ff}, le procureur fiscal les 2/3 ou sa grosse, à raison
de 2^s 6^d pour rôle, sans qu'il puisse avoir ensemble taxe
et grosse.

« Pour le procèz-verbal du juge, qui tiendra les faicts
pour reconnuz et confesséz, faute d'avoir comparu
à l'assignation, 15^s.

« Pour le procèz-verbal de reconnaissance d'une escriture privée, pour reconnues faute d'avoir comparu à
l'assignation, 15^s.

« Pour le procèz-verbal contenant les comparutions
des partyes, en cas de contestation de l'escriture privée,
pour voir procéder à la vérification et représentation
des pièces de comparaison, ensemble la nomination
d'expert, 15^s par chaque vacation différente employée
audit procèz-verbal.

« Pour les procureurs des partyes, moytié du juge et
pour les experts, qui travailleront à la vérification,
pareille taxe que celle cy-après pour inscriptions et
faux et vérification en matière criminelle.

« Pour le greffier, sa grosse, sans vacation, à raison
de 2^s 6^d par chacun rôle.

« Si le juge se transporte au domicile du défendeur,
en cas de maladie ou empeschement légitime, sur le
mesme lieu, 20^s, si, hors le lieu, suivant la distance, au
prorata, comme dessus, — au greffier les 2/3 de la taxe
du juge ou sa grosse, à raison de 2^s 6^d pour rôle, comme
dessus.

« Pour le procèz-verbal de descente sur les lieux, au
lieu de la juridiction, quand le juge en sera requis non
autrement, 20^s, au greffier, sa grosse sans vacation.

« Qu'il ne sera pris droict de conseil que sur la première plainte en matière criminelle et sur la première

demande en matière civile et première demande incidente du deffendeur, le tout à raison de 15ˢ.

« Que les advocats et procureurs auront :

« Pour la présentation de chasque cause, 2ˢ 6ᵈ ; pour l'enregistrement desquelles causes, le greffier ne prendra aucune chose.

« Pour chacun deffault, à faute de comparoir, 2ˢ 6ᵈ.

« Pour la demande au procureur, 5ˢ.

« Pour la journée du procureur, sur chacun appointement, 2ˢ.

« Pour la sommation de fournir des deffenses, lorsqu'il y aura procureur, copie et signification, 2ˢ 6ᵈ.

« Pour les deffenses et répliques qui seront fournies contre la demande, copie et signification au procureur de partye adverse, sur le lieu où se rend la justice, 7ˢ 6ᵈ, et à domicile, 10ˢ.

« Appartiendra :

« Aux procureurs, pour leurs plaidoyers, lorsque les sentences seront contradictoires, 5ˢ, et lorsqu'elles seront par deffault ou d'instruction, 2ˢ ;

« Et aux advocats, pour leurs plaidoyers d'instructions contradictoires, 15ˢ, et par deffault 7ˢ 6ᵈ, et pour les plaidoyers sur lesquels interviendront sentences définitives contradictoires, 20ˢ, et par deffault, 15ˢ.

« Que les procureurs ne pourront prendre : pour les requestes préparatoires que 5ˢ, et pour les autres de quelque qualité qu'elles soient, 15ˢ ;

« Pour les grosses des inventaires qu'ils dresseront, qui contiendront quinze lignes par page et huict syllabes à la ligne, 5ˢ pour rôle ;

« Pour la réception de chaque production au greffier, 2ˢ 6ᵈ ;

« Pour le retrait d'icelle après le jugement, 2ˢ 6ᵈ ;

« Pour chaque acte pour venir plaider et tous les autres actes de sommations de produire et contredire et autres semblables, copies et significations, 20^d, et à domicile, 4^s 2^d ;

« Pour chacun rôle d'un compte en grand papier au procureur, 5^s, à la charge de mettre 22 lignes par page et 15 syllabes pour ligne et, en cas de contravention, sera la radiation faicte des rôles suivant l'Ordonnance ;

« Pour la copie et signification, la moytié, pour l'appointement de fournir par les oyans leur consentement ou débats dans la huictaine, les soutenemens par le rendant huictaine après escrire et produire dans une autre huictaine, 2^s 6^d et pour la copie et signification, 2^s ;

« Pour le procureur, qui mettra les pièces par ordre pour dresser le compte, 10^s.

« Sera aussi taxé, pour une déclaration de dommages et intérêts, 5^s par rôle, mettant 15 lignes à la page et 8 syllabes à la ligne, pour la copie et signification, 10^d pour rôle.

« Pour celle des contractz et autres pièces qui seront communiqués, 6^d pour chacun rôle de la grosse.

« Pour chaque rôle des escritures des advocats, dans lesquelles il y aura au moins 20 lignes à chaque page et 5 mots à chaque ligne, 10^s.

« Seront tenus les advocats de mettre au pied de leurs escritures le receu de leurs salaires, sur les peines de l'Ordonnance.

« Pour la grosse, 2^s à leurs clercs.

« Pour les vacations et comparutions des procèz-verbaux où ils assisteront, moytié de ce qui sera taxé au juge.

« Au procureur, pour prendre communication du procès par les mains du juge sans déplacer, pour fournir de contredits, griefs ou réponses, 10^s.

« Pour semblable vacation d'une production nouvelle, 5^s.

« Pour la requeste, portant réquisition pour procéder
à une visitation ou descente, 5ˢ.

« Pour chacun expert sur le lieu, 10ˢ; s'ils se transportent à une, deux et trois lieues, 30ˢ; et, au-delà, au prorata, en augmentant 10ˢ par lieue et pour la journée
entière 3ᵗ.

« Sera payé aux huissiers ou sergeans, pour chaque
exploit d'adjournement faict dans sa ville, 5ˢ.

« Pour ceux faicts hors de la ville, pour chaque lieue,
y compris l'exploit et le retour, 15ˢ.

« Et sera augmenté à proportion de 5ˢ par lieue, en
sorte néanmoins que cela n'excède 3ᵗ, 10ˢ par jour.

« Pour chaque exploit de commandement, saisie et
arrest, 8ˢ.

« Pour les exécutions de meubles et transport d'iceux
dans la ville, 15ˢ.

Hors la ville, pour chaque lieue, y compris l'exploit
et le retour, 25ˢ, et sera augmenté à proportion par lieue,
comme dessus.

« S'il y a un bureau public estably sur les lieux pour
déposer les meubles exécutéz et qu'ils y soient transportéz, faute de gardiens suffisans et capables d'en répondre, le commis dudit bureau ne pourra prendre,
pour chacune recommandation, opposition ou empeschement qui seront faictes audit bureau à la délivrance
des choses saisies, que 2ˢ, et, pour chaque extrait qui
en sera délivré, 2ˢ, non compris le papier timbré.

« Au sergeant, pour une journée entière hors la ville,
en cas qu'il n'y ait que quatre ou cinq lieues et qu'il
puisse retourner, 45ˢ, sans qu'il puisse prétendre autre
chose, soubz prétexte de vivres ou autrement, de la partye contre laquelle il exploitera.

« Pour vente de meubles pendant une matinée ou
après-dînée de quatre heures, le procèz-verbal compris,

24^s, et sera la diminution faicte, à proportion, en cas que la vacation ne dure quatre heures.

« Pour chasque rôle de grosse à 22 lignes des actes subjects d'estre grosséz, 2^s.

« Pour un simple exploit de commandement, pour parvenir à la saisie réelle, 10^s.

« Pour l'exploit de demande en retrait lignager, retrait féodal, et pour l'exploit en saisie réelle d'une maison ou semblable héritage, 15^s.

« Hors la ville, pareille taxe qui sera augmentée de 8^s par lieue, y compris le retour.

« Pour l'exploit de signification de première criée, sur le lieu, 5^s.

« Pour l'apposition et attache de deux copies de l'affiche avec les panonceaux et significations, 15^s.

« Et s'il y a plusieurs parroisses, sera augmenté à proportion.

« Par chasque criée sur le lieu, soit qu'elle contienne déclaration d'héritage ou non, 20^s.

« Si c'est hors la ville, la taxe sera augmentée de 8^s par lieue, comme dessus.

« Pour chacun rôle de la grosse du procèz-verbal de criée, qui contiendra 22 lignes, 2^s 6^d.

« Pour les quintes et surabondantes criées, qui se font quand il est survenu quelque changement à la saisie ou à cause de la longue discontinuation des procédures, sera taxé ainsi que d'une criée, comme dessus.

« Pour l'exploit d'assignation à la partie saisie, pour bailler moyens de nullité, parlant à sa personne sur le lieu, 7^s 6^d.

« Pour le procèz-verbal de perquisition de la personne du dit saisi, 7^s 6^d.

« Pour le procèz-verbal d'apposition de l'affiche contenant assignation au saisi, attendu son absence, à la porte de l'église, publication qu'il fera à l'issue de la messe, au-devant de la porte de la dite église, 15^s.

« Pour les recors dans les exploits où les sergeans doivent avoir témoins par la disposition de la Coustume, outre le contrôle dans la ville et sur le lieu, 2^s.

« S'ils sortent de la ville, sera taxé pour la première lieue, 5^s, et pour la seconde, 10^s; et sera augmenté de 5^s par lieue.

« Pour la réception d'une opposition, à la charge d'en donner copie par le sergeant, 5^s.

« Aux sergeans de service, pour chasque publication qu'ils feront à l'audience des licitations, de baux judiciaires, baux à rabais ou adjudications, 5^s.

Pour le procèz-verbal de mise en possession d'un sequestre èz choses séquestréez sur le lieu, 10^s.

« S'il y a transport, au prorata, comme dessus.

« Pour une vacation de quatre heures pendant une matinée ou après-dinée, à compulser des titres, 35^s.

« Et sera la diminution faicte, à proportion, en cas que la vacation ne dure quatre heures.

« Pour chaque signification faicte au siège, 1^s, et à domicile 2^s 3^d.

« Pour une assignation donnée en la ville à des témoins, experts et parens, pour assemblée, 2^s 6^d.

« Pour l'exploit d'adjournement personnel y compris la copie du décret et dudit exploit, 7^s 6^d.

« Pour celui d'emprisonnement dans la ville, 15^s, et à chaque recors, 5^s.

« Si l'emprisonnement est faict hors la ville, sera payé pareille taxe et augmenté au sergeant 8^s par lieue et à chaque recors 4^s.

« Pour le droict de consultation, avant que de s'inscrire en faux, 15^s.

« Pour la requeste afin d'estre reçeu à faire son inscription en faux, copie et signification, 5^s, et à domicile, 6^s 6^d.

« Pour l'acte de sommation de déclarer si on entend se servir de la pièce, 2^s 6^d, et à domicile, 3^{s}10^d.

« Pour l'acte de response y servant, pareille somme.

« Pour l'acte d'inscription en faux, journée, copie et signification, 10^s, et à domicile, 12^s.

« Pour le deffault qui sera pris et faute de faire la déclaration si on entend se servir de la pièce dans le délai réglé, suivant la distance du domicile de la partye, 2^s 6^d.

« Pour le procèz-verbal de l'estat de la pièce, qui en contiendra la représentation à la partye civile, pour la faire parapher au juge, 15^s ; au procureur qui y assistera, 7^s 6^d ; pour la vacation du greffier, outre sa grosse, 7^s 6^d.

« Pour le deffault faute de faire apporter la pièce et pour le congé faute de bailler moyens de faux, chacun, 2^s 6^d.

« Pour les moyens de faux, 10^s par rôle.

« Pour le procèz-verbal de réception de serment des experts et pour convenir de pièces de comparaisons, au juge, 20^s; pour le procureur, la moytié ; au greffier, pareille somme, outre sa grosse.

« Pour les experts qui seront entendus sur lesdits moyens de faux, 10^s; si les experts sont entenduz comme témoins, recolléz et confrontéz, tant pour l'inscription de faux que pour la vérification des pièces en matière criminelle, pareille taxe que pour leur rapport pour chacun acte.

« Et, pour le surplus de l'inscription de faux, pareille taxe que celle cy-dessus réglée pour les procèz criminels.

« Au juge, pour le procèz-verbal de prononciation du jugement qui reçoit l'accusé en ses faicts justificatifs et la nomination des témoins qui doit estre faicte sur le champ par l'accusé, 15^s; au greffier, outre sa grosse, la moytié du juge... (1)

« Pour l'audition de chaque témoin en enqueste des faicts justificatifs, au juge, 7^s 6^d; au greffier, moytié outre sa grosse.

« A un médecin dans la ville, 30^s, et au chirurgien, 20^s, pour leur rapport. S'ils se transportent : d'une liéue, au médecin, 40^s, et au chirurgien, 30^s, et de deux ou trois lieues, au prorata ; en sorte néanmoins que cela n'excède pour le médecin, 60^s et pour le chirurgien, 40^s.

« A l'interprète d'un estranger, pour chaque interrogatoire, recollement et confrontation, les 2/3 du juge.

« Pour le curateur aux sourds et muets naturellement et au cadavre, la moytié du juge.

« Pour la procuration pour exoines, 2^s ; pour le rapport du médecin, 30^s ; pour le procèz-verbal de réception de serment et d'attestation du médecin sur la vérité du rapport, 15^s. Pour l'acte de communication, tant de la procuration du rapport et procèz-verbal, copie et signification de l'exoine et acte de sommation de venir plaider, sera taxé comme dessus, 6^d pour rôle.

« Les geolliers ne pourront prendre de chaque prisonnier pour un lict, en fournissant des draps blancs de trois semaines en trois semaines pendant l'esté et tous les mois pendant l'hyver, que 12^d couchant seul, et 18^d quand ils seront deux dans un lict, pour les deux ; et à ceux qui coucheront sur la paille, 4^d, en fournissant de paille fraîche quand il en sera besoin et au móins une fois le mois.

« Les dits geolliers auront 4^s pour l'entrée et autant pour la sortie de chaque prisonnier.

« Par chaque extrait qu'ils délivreront des escroux,

_____

(1) Dans notre manuscrit il existe deux pages blanches à cet endroit.

recommandations et descharges, quand ils en seront requis, 5ˢ, sans néanmoins pouvoir augmenter èz lieux où l'usage est de donner moins.

« Sera employé, dans les despens qui seront adjugéz aux accuséz renvoyéz absoubz, pour la dépense faicte dans la prison, mesme quand il y a deffence de sortir du lieu de la juridiction ou que la partie est à la poursuite de l'audience, à cause du décret, 10ˢ par jour pour les marchands, laboureurs et autres, qui sont de la qualité d'aller à cheval, et aux gens de pied, 5ˢ.

« Pour l'aliment que le créancier doit au prisonnier détenu pour debte civile, 12ᵈ.

« Et autant au prisonnier pour crime qui, après le jugement, ne sera détenu que pour l'intérest civil.

« Pour la consultation avant que saisie réellement, 15ˢ.

« Pour l'enregistrement au greffe de la saisie réelle, sera taxé au greffier, pour les saisies non excédantes cinq articles, 5ˢ, et pour dix articles, 7ˢ 6ᵈ, et depuis dix, quelque nombre qu'il y ayt, 10ˢ.

« Au procureur, pour dresser l'affiche d'une maison, rente, ou office et héritage, qui n'excèderont les cinq articles, 5ˢ, et le reste, au prorata.

« Et pour les deux copies pour afficher au lieu saisi et à la porte de l'église paroissiale de la situation de la chose saisie, pour chacune copie, 20ᵈ.

« Les héritages saisis estant situéz en différentes parroisses où les criées se doivent faire, en ce cas sera augmenté en taxe une copie de l'affiche et une apposition à chacune des églises parroissiales et taxé comme dessus.

« Pour le procureur qui dressera l'affiche de la quinte criée, si elle est ordonnée, 5ˢ.

« Si le saisissant est demeurant hors le lieu de la demeure du sergeant, sera taxé voyage d'homme de cheval ; s'il y a affirmation, en la forme et aux termes de l'Ordonnance, pour charger le sergeant des pièces et faire faire la saisie réelle, à raison de 3^{tt} 15^s par jour.

« Pour la certification des criées à chacun des advocats et procureurs du siège qui donneront leur advis judiciairement, 2^s 6^d.

« Pour le procureur qui en fera le réquisitoire, 2^s 6^d.

« Sera taxé voyage d'homme de cheval comme dessus pour retirer et faire certifier les dites criées.

« Pour la requeste pour bailler moyens de nullité et faire assigner la partye saisie pour l'interposition du décret, et les opposans pour procéder sur leurs oppositions et pour la copie, 7^s 6^d.

« Pour l'affiche à publier au prosne, contenant assignation au saisi, attendu son absence, et pour deux copies, l'une pour bailler au curé et l'autre pour afficher à la porte de l'église, 20^s.

« Au curé, pour la publication et en délivrer certificat, 5^s.

« Pour la consultation sur la dite demande en interposition du décret, 15^s.

« Voyage d'homme de cheval, si le saisissant est demeurant hors du lieu, comme dessus.

« Pour les copies, qui seront fournies au saisi, des tiltres, procèz-verbaux de saisies et criées, et de la sentence de certification, le défault faute de bailler moyens de nullité, les publications des baux judiciaires, grosses d'iceux, moyens de nullité, responses, actes pour venir plaider, plaidoyries, congés d'adjuger, copies et significations, actes d'oppositions, dénonciations, défault contre l'opposant a fin de charge ou de distraire faute de fournir les moyens d'opposition et pièces justificatives, règlement sur l'ordre, inventaire, voyage pour faire juger, sentence d'ordre, copie et signification, seront taxéz ainsy que les procédures des autres instances expriméez et comprises au présent règlement des dites justices et pairies.

« Pour le procureur qui dressera l'enchère de la quarantaine, comme à celle de l'affiche cy-dessus.

« Au greffier, pour son droit de l'adjudication par décret et recevoir la déclaration du procureur adjudicataire, 2^s 6^d.

« A l'huissier, 2^s.

« Pour la vacation du procureur du poursuivant, au jour de la dite adjudication, 10^s.

« L'adjudicataire est tenu des frais ordinaires des criées, lesquelles consistent en l'exploit du commandement, la saisie réelle, l'establissement de commissaire, la signification d'icelle à la partye saisie, l'enregistrement au commissaire général, l'affiche, l'apposition aux panonceaux, la signification et de première criée, voyage d'homme à cheval pour charger un sergeant, plus les criées et procèz-verbal d'icelles, la consultation sur lesdites criées, la certification desdites criées, les frais d'icelles, voyage d'homme à cheval pour retirer ledit procèz-verbal des criées et sentences de certification, l'enregistrement de la saisie réelle au greffe, moytié de la requeste ou commission pour faire appeler le saisi pour bailler moyens de nullité et les opposans pour fournir les causes d'opposition, l'exploit d'assignation donné au saisi, moytié du voyage pour apporter l'exploit de consultation sur ladite demande, présentation, la sentence de congé d'adjuger, journée, copie et signification, les enchères, adjudication sauf quinzaine, publications, copies, significations et appositions d'icelles, voyages pour faire lesdites publications et appositions à la campagne, et trois remises, ensemble les journées et vacations du procureur du poursuivant, la façon, signature, scel du décret; et ne sera taxé aucun voyage

pour l'adjudication et seulement pour le vin, trois
livres.

« Les frais extraordinaires se prennent sur le prix et
consistent en la consultation pour faire les criées,
moytié de la requeste de la commission, moytié du
voyage et de l'assignation au saisi pour bailler moyens
de nullité et aux opposans leurs causes d'oppositions,
les exploits d'assignations données auxdits opposans,
quinte et surabondantes criées et ce qui sera faict pour
y parvenir, droict de conseil sur les oppositions et les
procédures qui seront faictes sur icelles, à fin de charges,
annuler, distraire et servitudes, ensemble sur les appellations des saisies, criées, sentences de certification de
congé d'adjuger, évocations au conseil, procédures sur
les demandes en subrogation et faire parvenir au bail
judiciaire, et faire rendre compte au commissaire, celle
des instances, soit en reprise ou constitution de nouveau
procureur contre les tuteurs ou curateurs des mineurs
et aux biens vacans ou déguerpis, les remises au dessus
de trois voyages d'homme à cheval pour faire faire
l'adjudication par décret et toutes les procédures et
frais de l'instance d'ordre et incident d'icelles, fors les
causes des oppositions et inventaires de production du
poursuyvant, qui n'entreront que pour moytié, l'autre
moytié confuse aux dits poursuyvans, comme regardant
son intérest particulier, voyage d'homme à cheval pour
produire sur l'ordre pour le tout, les contredits et salvations, révision, clerc d'advocat, deux copies desdits
contredits aux procureurs du saisi et plus ancien des
opposans et un extrait à chacun des autres procureurs
pour ce qui les concerne, le voyage pour faire juger
l'ordre, selon la qualité, et deux jours de séjour et toutes
autres procédures pour parvenir au jugement de l'ordre,
mesme les dépens qui pourroient estre adjugéz au poursuivant criées, pendant le cours de la poursuite des

criées contre la partye saisie ou autre, en subrogeant
les opposans en son lieu, les épices et frais de la sentence d'ordre et exécution d'icelle, le tout suyvant les
taxes ci dessus. N'entreront néanmoins en taxe les procédures qui se trouveront faictes contre les opposans
à fin de conserver, pour bailler moyens d'opposition et
pièces justificantes.

« Les dépens des frais extraordinaires des criées seront
taxés avec le procureur du saisi et du poursuyvant et
plus ancien procureur des opposans seulement ; et, si les
parties saisies ont plusieurs procureurs, ne leur sera
taxé qu'une seule assistance.

« Pour le procureur qui dressera l'affiche, contenant
la consistance des maisons ou héritages qui seront venduz judiciairement par licitation, copies et significations,
sera taxé comme dessus aux affiches des criées.

« Pour les oppositions et publications, au sergeant,
idem.

« Pour la sentence, au greffier, *idem* que pour l'adjudication par décret.

« Pour l'estat du bien à partager, dressé sur l'inventaire et titres de la succession, qui contiendra cinq articles, 5^s, et pour l'excédant, au prorata, comme dessus.

« Pour l'ordonnance pour assigner la partye, pour
procéder audit partage, accorder ou contester ledit estat,
y compris la copie et signification, au lieu du siège,
2^s, et à domicile, 3^s, et s'il y a plusieurs procureurs, au
prorata.

« Pour les vacations du juge, experts, procureurs et
greffiers, comme ci-dessus sur les scelléz, descentes,
visitations, prisées et estimations, et pour la grosse du
procèz-verbal au greffier, ainsi que des adjudications
par décret.

« Et, en l'égard des voyages des partyes, seront taxés
en la forme qui s'ensuit :

« Pour constituer procureur, sur la première assignation en matière civile et pour faire décretter les informations en matière criminelle, sera taxé, pour un homme de cheval, si la partye est de qualité d'aller à cheval, comme advocats, procureurs, notaires, greffiers, sergeans, marchands, laboureurs et autres qualités au dessus, à raison de 3ᵗ 15ˢ par jour, à 10ᵗ pour chacun jour pour venir et retourner et un jour de séjour, suyvant le règlement du 26 août 1665; et, lorsqu'il n'y aura que cinq lieues du domicile de la partye au lieu de la juridiction, ne sera taxé que demi jour, et, depuis six lieues jusqu'à dix, un jour, en affirmant par acte reçeu au greffe desdites juridictions deument signifié au procureur de la partye adverse suyvant l'article 14 du titre 31 de l'ordonnance du mois d'avril 1667 ; faute de laquelle affirmation, sera taxé pour le vin du messager seulement, lorsqu'il n'y aura pas dix lieues 10ˢ, quand il y aura dix lieues, 20ˢ, et qu'il y aura plus de dix lieues, 30ˢ.

« Sera taxée pareille somme pour produire que pour apporter l'exploit.

« Et, lorsque la cause aura été appointée en droict, sera taxé voyage pour faire juger et deux jours de séjour, selon la qualité de la partye, scavoir :

« Pour un abbé, 7ᵗ 10ˢ par jour ;

« Pour les doyens, provosts, archidiacres des églises cathédrales et les prieurs, 6ᵗ.

« Pour les chanoines et les curés, 5ᵗ.

« Pour les prêtres, 3ᵗ 15ˢ.

« Pour les chevaliers des deux ordres du roy, 15ᵗ.

« Pour les marquis et comtes, 10ᵗ.

« Les barons, 9ᵗ.

« Les chevaliers simples, d'ancienne extraction, 8ᵗ.

« L'escuyer, 7ᵗ 10ˢ.

« Les capitaines de gens de pied, 7ᵗ 10ˢ.

« Les enseignes et capitaines appointés et lieutenants,
6^{tt} 5^{s}.

« Les lieutenans généraux et présidens d'un siège présidial et baillage ressortissant neument en la Cour, 7^{tt}
10^{s}.

« Les lieutenans particuliers et criminels, conseillers,
advocats et procureurs du roy, 6^{tt}.

« Les procureurs de cours souveraines, 5^{tt}.

« Les provosts des maréchaux, 7^{tt} 10^{s}.

« Les lieutenans, 6^{tt}.

« Les greffiers, 3^{tt}15^{s}.

« Les lieutenans aux sièges particuliers et assesseurs,
6^{tt}.

« Les advocats et procureurs du roy èz-sièges, aussi 6^{tt}.

« Le greffier, l'advocat et le procureur aux mêmes
sièges, 3^{tt}15^{s}.

« Pour tous les marchands, orfèvres, horlogers, tanneurs et meusniers, s'ils sont propriétaires, laboureurs,
apothicaires, barbiers, cordonniers, maréchaux, tailleurs, menuisiers, serruriers, maistres charpentiers,
maçons, couvreurs des villes capitales des provinces et
autres villes où il y aura jurande, 3^{tt} 15^{s}.

« Ceux des villes où il n'y aura jurande, portefaix,
vignerons et autres artisans de quelque lieu que ce soit,
30^{s} par jour, comme de pied.

« Les curateurs aux causes et biens vacans, collecteurs et artisans, qui viendront pour des Communautéz, 3^{tt} 15^{s}, comme pour homme de cheval.

« Si la cause est jugée à l'audience sans être appointée, ne sera point taxé de voyage, mais seulement le
vin du messager, suyvant la distance des lieux, en sorte
néanmoins qu'il n'excède la somme de 6^{tt}.

« Et, à l'égard de la femme d'un laboureur et autre de
qualité d'aller à cheval, sera taxé 3^{tt} 15^{s} pour elle et
30^{s} pour un homme de pied avec elle ; et pour la femme

d'un artisan, 3$^{\#}$ par jour, tant pour elle que pour un homme de pied pour l'accompagner.

« Sera taxé, pour chacun acte d'affirmation, au greffier, 2^s 6^d, et pour la copie et signification au lieu de la justice, 20^d, qui est en tout 4^s 2^d, et à domicile, 3^s 9^d, qui sera en ce cas 5^s 5^d.

« S'il n'y a pas de greffe d'affirmation estably, les actes d'affirmation se feront au greffe ordinaire.

« Sera taxé voyage d'homme à cheval à l'accusateur en matière criminelle, pour faire décretter ou sur l'adjournement personnel, ainsy que cy-dessus, un voyage à l'accusé selon sa qualité pour estre interrogé, un aux partyes civiles et aux accuséz, aussy selon leur qualité, pour le recollement et confrontation, et un autre voyage auxdites partyes, selon leur qualité, pour faire juger en affirmant, comme dit est.

« Que les juges des Eaux et Forests dudit duc (de Mazarin) ne prendront plus grands droicts, pour les procèz-verbaux des ventes des bois dans le lieu de leur establyssement, que ceux qui sont cy-dessus régléz pour les vacations des scelléz; et, en cas de transport, auront les dits juges, 7$^{\#}$10^s pour chasque jour, vacations et voyages. Et seront au surplus les taxes régléez pour les autres procédures ainsi que celles cy-dessus pour les juges ordinaires.

« Quant aux notaires et tabellions, auront pour une procuration, pour agir, plaider ou négocier ou pour acte de ratification, 2^s 6^d.

« Pour acte d'indemnité, contract de vente, compromis, transactions, contracts de mariage, don mutuel, donation entre-vifs ou à cause de mort, testament, contract de constitution, baux à ferme et autres actes de conséquence, sera payé 10^s pour la minute, outre la grosse.

« Seront les contracts grosséz par le tabellion, lorsque

les partyes le requerront, avant que de les mettre à exécution.

« Pour chaque vacation, qui sera de trois heures 30^s, soit qu'elle soit faite du matin ou de relevée.

« Pour la grosse des inventaires, en petit papier, 3^s 9^d, et, en grand papier, 5^s, chaque rôle, en mettant à chaque page de petit papier, quinze lignes et huict sillabes à chaque ligne, et en grand papier vingt lignes à la page et douze sillabes à la ligne ; pour les grosses en parchemin, grand et petit, le double de ladite taxe.

« Pour une quittance simple, 2^s.

« Pour un brevet d'obligation simple, 2^s 6^d.

« Pour un simple transport, 2^s 6^d.

« Pour le scel des contracts et jugements, 2^s 6^d.

« Et seront tenuz, lesdits notaires, tant des dites pairies que provostéz et justices subalternes y ressortissans, de se charger, par inventaire, des minutes de ceux auxquels ils succèderont. Et, à l'égard des anciennes minutes, il en sera faict inventaire par le juge, sans frais ; et, si aucunes des dites anciennes minutes se trouvent estre entre les mains d'autres que les notaires, elles seront remises èz mains de l'un d'eux, pour en estre par luy délivré les expéditions nécessaires, dont il tiendra compte pour moytié des émolumens aux héritiers ou ayans cause de celuy d'où viennent les dites anciennes minutes.

« Les procèz, informations, pièces déposéez aux greffes desdits sièges, tant des dites pairies que justices subalternes, comme pareillement les sentences, actes, liasses et registres desdits greffiers ou de leurs clercs ou commis, après les décèz ou bail expiré, demeureront aux greffes de chacun desdits sièges, pour y avoir recours, sans pouvoir estre transportéz ailleurs, desquels au dit cas, il sera fait inventaire par le juge, à la diligence du procureur fiscal, et copie dudit inventaire baillé, tant à celuy qui entrera en l'exercice dudit greffier, qu'à celuy qui l'aura délaissé ou à ses héritiers, demeurant la minute du dit inventaire au greffe, pour estre le profit des expéditions faictes au temps de l'ancien greffier, partagé entre luy et ses héritiers et le nouveau greffier, pendant dix ans seulement après le bail à terme expiré ; et tous actes qui auront esté passéz par les officiers desdits baillages et justices subalternes seront par eux remis incessamment auxdits greffes à peine de respondre, par les dits officiers en leurs noms, des dépens, dommages et intérests des partyes.

Taxes des justices subalternes.

« Et pour le regard des taxes des officiers desdites provostéz et justices subalternes dépendantes desdits baillages de Mazarini, la Meilleraye et Mayenne, les juges desdites provostéz et justices subalternes ne prendront, pour leurs vacations et actes de tutelles et curatelles et avis de parens, plus grande somme que celle de 20^s ; pour le procureur, s'il y assiste, les deux tiers ; le greffier, 10^s pour la grosse et expédition desdits actes, sans pouvoir recevoir aucune chose.

« Que lesdits juges ne recevront, pour leurs vacations aux appositions, recognoissance et levée de scelléz, plus de 15^s par heure et 30^s pour la vacation de la matinée entière et 30^s pour la vacation entière de l'après-dinée ; le procureur fiscal les deux tiers, et le procureur la moytié et le greffier sa grosse, à raison de 2^s pour rôle.

« Que pour les rapports de visitation, estimation d'héritages et liquidation des fruicts et réception de caution, les dits juges ne pourront prendre plus grande somme que celle de 12^s, pareille somme de 12^s pour la réception du serment des maistres aux arts et mestiers, et au procureur fiscal les deux tiers, les procureurs des partyes la moytié du juge.

« Prendront lesdits juges, pour l'audition de chaque témoin en matière civile, 5^s, et quand il y aura transport du lieu de leur demeure, 4^{tt} par jour, compris la dépense.

« Que lesdits juges prendront, pour le procèz-verbal de chaque plainte, 10^s, et les greffiers, 5^s.

« Sera néanmoins permis aux partyes de former leur plainte par requeste, auquel cas ne pourra le juge prendre aucun droict.

« Pour le procèz-verbal de l'estat auquel seront trouvéez les personnes blesséez ou le corps mort, 15^s, au procureur fiscal les deux tiers, au greffier la moytié, outre sa grosse, à raison de 2^s pour rôle.

« Pour l'audition de chaque témoin en matière criminelle, 7^s 6^d, au greffier, la moytié outre sa grosse, à raison de 2^s pour rôle comme dessus.

« Que lesdits juges auront pour chacun décret d'adjournement personnel ou de prise de corps, 15^s ; le procureur fiscal, 10^s, le greffier pour l'expédition dudit décret, 6^s.

« Pour chacun interrogatoire, au juge, 15^s, au greffier, 7^s 6^d, outre sa grosse, comme dessus.

« Le procureur fiscal aura, pour ses conclusions a fin de recollement et confrontation et autres préparatoires, 8^s.

« Et les dits juges pour la sentence de recollement et confrontation et les autres qui regarderont l'instruction, seulement 12^s.

« Pour chacun témoin recollé, 7^s 6^d, et pareille somme pour chacun témoin confronté.

« Et où les recollements et confrontations se feront en même temps, la taxe pour chacun témoin recollé et confronté conjointement n'excédera lesdits 7^s 6^d.

« Pareille somme sur le recollement des interrogatoires et pour la confrontation des accuséz les uns aux
autres.

« Pour le salaire de chacun témoin sur le lieu, 5^s, et
s'ils se transportent, à proportion de leur condition,
suyvant la distance des lieux, sur le pied des taxes cy-
dessus.

« Pour l'interrogatoire sur faicts en matière civile, le
juge aura 12^s, le greffier sa grosse à raison de 2^s par
rôle, sans vacation.

« Prendront les dits juges pour l'audition de chaque
témoin, 5^s, et le greffier sa grosse, à raison de 2^s par
rôle comme dessus, sans vacation.

« Que les juges auront pour la présentation et affirmation d'un compte, 15^s, et les procureurs des partyes,
chacun 7^s 6^d.

« Seront tenuz, les dits juges, en toutes sentences rendues en l'audience ou sur procèz par escrit, de liquider
les dépens sans aucune déclaration, ny prendre aucun
droict pour raison de ce.

« Auront, les dits juges, pour la réception de chaque
aveu et dénombrement, contenant deux rôles, 20^s, et
pour l'excédant, à proportion qui ne pourra passer 40^s;
pour le procureur fiscal les deux tiers et le greffier la
moytié du juge.

« Les espices ordinaires, pour les jugemens sur pièces
mises, seront de 3^{tt} et au plus de 6^{tt}, lorsqu'il y aura
conseil.

« Au greffier pour chacun acte de reprise, submission
de cautions, affirmations et autres semblables, 2^s.

« Pour la copie de signification, 20^d, et à domicile, 3^s.

« Pour chacun extrait de gros fruicts, 2^s 6^d.

« En cas du transport du juge du lieu de sa demeure,
pour les affaires civiles, il aura par jour, pour sa vacation, 4^{tt}, le procureur fiscal les deux tiers; les procu-

reurs auront chacun la moytié du juge et le greffier les deux tiers du juge ou sa grosse, à raison de 2^s par rôle, sans qu'il puisse avoir ensemble taxe et grosse.

« Pour le procèz-verbal du juge qui tiendra les faicts pour recognuz et confesséz, faute d'avoir comparu à l'assignation, 10^s.

« Pour le procèz-verbal de recognaïssance d'une escriture privée ou qui tiendra l'escriture privée pour recognue, faute d'avoir comparu à l'assignation, 10^s.

« En cas de dénégation de l'escriture privée, pour le procèz-verbal contenant les comparutions des pièces de comparaison, ensemble la nomination des experts, 10^s pour chaque vacation différente employée au dit procèz-verbal ; pour les procureurs des partyes la moytié du juge et pour les experts, qui travailleront à la vérification, pareille taxe que celles cy-après, pour inscription de faux et vérifications en matière criminelle.

« Pour le greffier, à raison de 2^s, sans vacation.

« Si le juge se transporte au domicile du deffendeur, en cas de maladie ou empeschement légitime, sur le mesme lieu, 15^s ; si hors le lieu, au prorata, suyvant la distance, comme dessus ; pour le greffier, sa grosse, sans vacation.

« Pour le procèz-verbal de descente sur les lieux au lieu de la juridiction, quand le juge en sera requis et non autrement, 15^s ; au greffier, sa grosse.

« Qu'il ne sera pris aucun droict de conseil que sur la première plainte en matière criminelle et sur la première demande en matière civile, le tout à raison de 10^s.

« Pour le deffault, à faute de comparoir, 2^s.

« Pour la demande, 2^s.

« Pour deffences et repliques, quand il y aura procureur, copie et signification, $2^s 6^d$.

« Pour la journée sur chacun appointement, 20^s.

« Que les advocats et procureurs auront, pour la présentation de chaque cause, 20^d; pour l'enregistrement desquelles causes le greffier ne prendra aucune chose.

« Appartiendra aux procureurs pour leurs plaidoyers, lorsque les sentences seront contradictoires, 2^s 6^d, et lorsqu'elles seront par deffault ou d'instruction, 20^d.

« Aux advocats, pour les plaidoyries d'instruction contradictoires, 5^s, et par deffault, 2^s 6^d.

« Et pour les plaidoiries des affaires au fond, 7^s 6^d.

« Les procureurs prendront pour les requestes préparatoires, 2^s 6^d, et pour toutes les autres de quelque qualité qu'elles soient, 8^s.

« Pour les grosses des escritures et inventaires qu'ils dresseront et qui contiendront quinze lignes par page et huict sillabes à la ligne, 2^s 6^d.

« Pour la réception de chaque production au greffier, 2^s.

« Pour le retrait d'icelle après le jugement, 2^s.

« Pour le procureur qui mettra par ordre les pièces pour dresser un compte, 8^s.

« Pour chacun rôle du compte en grand papier, à raison de vingt-deux lignes pour page et quinze sillabes à la ligne, 5^s, et, en cas de contravention, sera la radiation faite des rôles suyvant l'Ordonnance.

« Pour la copie et signification, moytié.

« Pour l'appointement en matière de compte, qui se prend au greffe, 2^s.

« Pour la copie et signification, 2^s.

« Pour les deffences et répliques, qui seront fournies contre la demande, copie et signification au procureur de partye adverse, dans le lieu où se rend la justice, 5^s, et, si elles sont signifiéez à domicile, 7^s 6^d.

« Pour les requestes d'intervention et requeste contenant demande incidente et employ suyvant l'Ordonnance, 5^s.

« Pour chasque acte de venir plaider et tous actes de

sommation de produire et contredire et autres actes semblables, copie de signification, 16^d, et à domicile, 3^s 6^d.

« Sera aussi taxé pour une déclaration de dommages et intérests, 2^s 6^d par rôle, mettant quinze lignes à la page et huict sillabes à la ligne.

« Pour copie et signification, 8^d pour rôle.

« Pour celle des contracts et autres pièces qui seront communiquéez, pour chacun rôle de la grosse, 4^d.

« Pour chacun rôle des escritures d'advocats dans lesquels il y aura au moins vingt lignes à chaque page et cinq mots à la ligne, 8^s.

« Pour la grosse, 20^d à leurs clercs.

« Pour le salaire du procureur qui prendra communication du procéz par les mains du juge sans déplacer, pour fournir des contredits, griefs ou responses, 8^s.

« Pour semblable communication d'une production nouvelle, 4^s.

« Pour requeste portant réquisition pour procéder à une visitation ou descente ordonnée, 4^s.

« Pour chacun expert sur le lieu, 10^s ; s'ils se transportent à une, deux ou trois lieues, 30^s, et au-delà, au prorata, en augmentant 10^s par lieue, et pour la journée entière, 3^{tt}.

« Pour les vacations et comparutions des procèz-verbaux où ils assisteront, moytié de ce qui sera taxé au juge.

Pour chacun interrogatoire en matière civile, au juge 15^s.

« Sera payé aux huissiers et sergeans, pour chasque exploit d'adjournement faict dans la ville ou sur le lieu, 4^s ; pour ceux faicts hors le lieu, pour chaque lieue y compris l'exploit et le retour, 14^s ; et sera augmenté à proportion de 7^s 6^d par lieue, en sorte néanmoins que cela n'excédera 3^{tt} par jour.

« Pour chaque exploit de commandement, saisie-arrêt, 7ˢ 6ᵈ.

« Pour les exécutions de meubles et transports d'iceux dans la ville ou sur le lieu, 12ˢ. Hors la ville et hors le lieu, pour chaque lieue y compris l'exploit et le retour, 20ˢ ; et sera augmenté à proportion par lieue, comme dessus.

« Au sergeant pour une journée entière hors la ville, ou bien, en cas qu'il n'y ait que quatre ou cinq lieues, et qu'il puisse retourner, 40ˢ, sans qu'il puisse prendre autre chose sous prétexte de vivres ou autrement de la partye contre laquelle il exploitera.

« Pour vente de meubles pendant une matinée ou après-dînée de quatre heures, le procèz-verbal compris, 20ˢ ; et sera la diminution faicte à proportion, en cas que la vacation ne dure quatre heures.

« Pour chaque rôle de grosse à vingt-deux lignes des actes subjects à estre grosséz, 20ᵈ.

« Pour un simple commandement pour parvenir à la saisie réelle, 8ˢ.

« Pour l'exploit de demande en retrait lignager, retrait féodal et pour l'exploit de saisie réelle d'une maison ou semblables héritages, dans la ville ou sur le lieu, 14ˢ ; hors la ville ou hors le lieu, pareille taxe qui sera augmentée de 7ˢ 6ᵈ par lieue y compris le retour.

« S'il y a plusieurs héritages spécifiéz, le sergeant aura pour chaque rôle de vingt-deux lignes, 2ˢ.

« Pour l'apposition et attache et deux copies d'affiches avec panonceaux et significations, 12ˢ, et s'il y a plusieurs parroisses, sera augmenté à proportion.

« Pour chaque criée, soit qu'elle contienne déclaration d'héritage ou non, 16ˢ. Si c'est hors la ville la taxe sera augmentée de 7ˢ 6ᵈ par lieue, comme dessus.

« Pour chacun rôle de la grosse du procèz-verbal des criées qui contiendra vingt-deux lignes, 2ˢ.

« Pour la quinte et surabondante criée, qui se faict quand il est survenu quelque changement à la saisie ou à cause de la longue discontinuation de procédure, sera taxé comme dessus.

« Pour l'exploit d'assignation à la partye saisie pour bailler moyens de nullité, parlant à la personne dudit saisi, 6^s.

« Pour le procèz-verbal de l'apposition de l'affiche contenant assignation au saisi, attendu son absence, à la porte de l'église et publication au-devant d'icelle porte, 12^s.

« Pour les recors dans les exploits où les sergeans doibvent avoir témoins par la disposition de la Coustume, outre contrôle, s'ils sortent de la ville, sera taxé pour la première lieue, 5^s, et pour la seconde, 10^s, et sera augmenté de 5^s par lieue.

« Pour la réception d'une opposition à la charge d'en donner copie par le sergeant, 5^s.

« Aux sergeans de service, pour chasque publication qu'ils feront à l'audience de baux judiciaires, baux à rabais, licitations ou adjudications, 4^s.

« Pour une vacation de 4 heures pendant une matinée ou après-dînée à compulser les titres, 30^s ; et sera la diminution faicte, à proportion, en cas que la vacation ne dure quatre heures.

« Pour chasque signification faicte au siège, 10^d, et à domicile, 2^s.

« Pour une assignation donnée dans la ville à des témoins, experts et parens, pour assemblée, 2^s.

« Pour l'exploit d'adjournement personnel y compris la copie du décret et du dit exploit, 6^s 8^d.

« Pour celuy d'emprisonnement dans la ville, 14^s.

« Et à chaque recors, 4^s.

« Si l'emprisonnement est faict dans la ville, sera

payée pareille taxe et augmentée au sergeant de 7ˢ 6ᵈ par lieue, et aux recors de 4ˢ.

« Pour le procèz-verbal d'évasion lorsqu'il se faict à la requeste d'une partye, au juge, 10ˢ ; au procureur fiscal, les deux tiers du juge ; au procureur, la moytié, et au greffier la moytié, outre la grosse.

« Pour deux assignations, à son de trompe et tambour, 30ˢ.

« Pour chacun des deux deffaults, 4ˢ.

« Pour la demande, 4ˢ.

« Pour l'assignation par une proclamation à la porte de l'auditoire, à faute de se représenter par l'accusé, et le procèz-verbal d'affiche, 15ˢ.

« Pour le deffault, 2ˢ.

« Au sergeant qui faict l'information sur le lieu, pour chacun témoin, 4ˢ.

« Pour le procèz-verbal de mise en possession d'un sequestre èz choses séquestréez sur le lieu, 8 ˢ.

« S'il se transporte, au prorata de la distance, comme dessus.

« Pour le droit de consultation avant que de former le faux, 10ˢ.

« Pour la requeste afin d'être reçeu à s'inscrire en faux, copie et signification, 4ˢ, et à domicile, 6ˣ.

« Pour l'acte de sommation de déclarer si on entend se servir de la pièce, 2ˢ, et à domicile, 3ˢ 3ᵈ.

« Pour l'acte servant de response, pareille somme.

« Pour l'acte d'inscription en faux, journée, copie et signification, 8ˢ, et à domicile, 10ˢ.

« Pour le deffault qui sera pris faute de faire déclaration si on entend se servir de la pièce dans le délay réglé, suyvant la distance du domicile de la partye, 2ˢ.

« Pour le procèz-verbal de l'estat de la pièce, qui en contiendra la représentation à la partye civile, pour la parapher, au juge, 12ˢ, au procureur qui y assistera, 6ˢ.

« Pour la vacation du greffier, outre sa grosse, 6^s·

« Pour le deffault de faire apporter la pièce et pour le congé faute de bailler moyens de faux, chacun, 2^s·

« Pour les moyens de faux, 8^s, par rôle.

« Pour le procèz-verbal de réception de serment des experts et pour convenir des pièces de comparaison, au juge, 16^s; au procureur la moytié; au greffier pareille somme, outre sa grosse.

« Pour les experts qui seront entenduz sur les dits moyens de faux, à chacun, 10^s.

« Si les experts sont entenduz comme témoins recoléz et confrontéz, tant pour l'inscription de faux que pour la vérification des pièces en matière criminelle, pareille taxe que pour leur rapport pour chacun acte; et pour le surplus de l'inscription de faux, pareille taxe que celle cy-dessus réglée pour les procèz criminels.

« Au juge, pour le procèz-verbal de prononciation du jugement qui reçoit l'accusé en ses faicts justificatifs, et la nomination des témoins qui doibt estre faicte sur le champ par l'accusé, 12^s; au greffier, outre sa grosse, moytié du juge.

« Pour l'audition de chasque témoin èz enquestes de faicts justificatifs, au juge 7^s 6^d, au greffier, moytié, outre sa grosse.

« A un médecin dans la ville, 30^s, et au chirurgien, 20^s, pour leurs rapports.

« S'ils se transportent d'une lieue : au médecin, 10^s, et au chirurgien, 30^s, et de deux ou trois lieues, au prorata, en sorte néanmoins que cela n'excède pour le médecin 3^{tt} et pour le chirurgien 40^s.

« A l'interprète d'un étranger pour chasque interrogatoire, recollement et confrontation, les deux tiers du juge.

« Pour le curateur aux sourds et muets naturellement, et aux cadavres, la moytié du juge.

« Pour la procuration pour exoiner, 2^s.

« Pour le rapport du médecin, 30^s.

« Pour le procéz-verbal de réception de serment et attestation du médecin sur la vérité du serment, au juge, 12^s.

« Pour l'acte de communication, tant de la procuration du rapport, que procèz-verbal de l'exoine et acte de sommation de venir plaider, sera taxé comme dessus, à raison de 4^d pour rôle.

« Les geolliers ne pourront prendre pour chasque prisonnier, pour son lict, en fournissant de draps blancs de trois semaines en trois semaines pendant l'esté, et tous les mois pendant l'hyver, que 12^d, couchant seul, et 18^d quand ils seront deux dans un lict, pour les deux, et à ceux qui ne coucheront que sur la paille, 4^d, en fournissant de la paille fraische quand il en sera besoin et au moins une fois le mois.

« Auront 3^s pour l'entrée et autant pour la sortie de chasque prisonnier.

« Ne prendront aussy, pour chasque extrait qu'ils délivreront des escroux, recommandations et descharges, quand ils en seront requis, que 3^s, sans néanmoins pouvoir augmenter èz lieux où l'usage est de donner moins.

« Sera employé, dans les dépens qui seront adjugéz aux accuséz renvoyéz absous, pour la dépense faicte dans la prison, mesme quand il y a deffences de sortir du lieu de sa juridiction, ou que la partye est à la poursuite de l'audience, à cause du décret, 10^s par jour, pour les marchands, laboureurs et autres qui sont de la qualité d'aller à cheval, et aux gens de pied, 5^s.

« Pour l'aliment que le créancier doibt au prisonnier détenu pour debte civile, 12^d, et autant au prisonnier pour crime, qui, après le jugement, ne sera détenu que pour l'intérest civil.

« Pour la consultation avant que saisie réellement, 10^s.

« Pour l'enregistrement au greffe de la saisie réelle, sera payé au greffier pour les saisies non excédentes cinq articles, 4^s ; pour dix articles, 6^s et, depuis dix, quelque nombre qu'il y ait, 7^s 6^d.

« Au procureur pour dresser l'affiche d'une maison, rente ou office et héritages, qui n'excéderont les dits cinq articles, 4^s, et le reste, au prorata.

« Et pour les deux copies pour afficher au lieu saisi et à la porte de l'église parroissiale de la situation de la chose saisie, pour chacune copie, 16^d.

« Les héritages saisis estans situéz en différentes parroisses où les criées se doibvent faire, en ce cas sera augmenté en taxe une copie de l'affiche et une apposition à chacune des églises parroissiales et taxé comme dessus.

« Pour le procureur qui dressera l'affiche de la quinte criée, si elle est ordonnée, 4^s.

« Si le saisissant est demeurant hors le lieu de la demeure du sergeant, sera taxé voyage d'homme de cheval, s'il y a affirmation en la forme et aux termes de l'Ordonnance, pour charger le sergeant des pièces et faire la saisie réelle, à raison de 3^{tt} 15^s, par jour.

« Pour la certification des criées à chacun des advocats et procureurs du siège qui donneront leur advis judiciairement, 2^s ; pour le procureur qui en fera le réquisitoire, 2^s.

« Sera taxé pour voyage d'homme à cheval comme dessus, pour faire retirer et certifier les criées.

« Pour la requeste pour bailler moyens de nullité et faire assigner la partie saisie, pour l'interposition du décret, et les opposans, pour procéder sur leurs oppositions, et pour la copie, 5^s.

« Pour l'affiche et publication au prosne, contenant assignation au saisi, attendu son absence, et pour deux copies, l'une pour bailler au curé et l'autre pour afficher à la porte de l'église, 8ˢ.

« Au curé, pour la publication et délivrer certificat, 5ˢ.

« Pour la consultation sur ladite demande en interposition du décret, 10ˢ.

« Voyage d'homme à cheval, si le saisissant est demeurant hors le lieu, comme dessus.

« Pour les copies qui seront fournies au saisi, des titres, procèz-verbaux de saisies et criées et de la sentence de certification, le deffault faute de bailler moyens de nullité et publications de baux judiciaires, grosses d'iceux, moyens de nullité, responses, actes pour venir plaider, plaidoiries, congés d'adjuger, copies et significations, actes d'opposition, dénonciation, deffault contre l'opposant afin de charge et de distraire faute de fournir les moyens d'opposition et pièces justificatives, réglemens sur l'ordre, copies et significations, seront taxéz ainsi que les procédures des autres instances expriméez et comprises au présent réglement des dites justices subalternes.

« Pour le procureur qui dressera l'enchère de la quarantaine, comme à celle de l'affiche cy-dessus.

« Au greffier pour son droict de l'adjudication par décret et recevoir la déclaration du procureur adjudicataire, 20ᵈ, à l'huissier, 20ᵈ.

« Pour la vacation du procureur du poursuivant au jour de l'adjudication, 8ˢ.

« Les frais ordinaires de criées dont l'adjudication est tenue et les frais ordinaires desdites criées, qui se prennent sur le prix, sont compris et distinguéz cy-dessus aux taxes des pairies, comme pareillement les voyages des partyes qui plaident, selon leur condition.

« Pour le procureur, qui dressera l'affiche contenant la consistance des maisons ou héritages qui seront venduz judiciairement par licitation, copie et signification, sera taxé comme dessus aux affiches des criées.

« Pour les appositions et publications, au sergeant, *idem*.

« Pour la sentence, au greffier, *idem* que pour l'adjudication par décret.

« Pour l'estat du bien à partager, dressé sur l'inventaire et titres de la succession, qui contiendra cinq articles, 4^s, et pour l'excédant, au prorata, comme dessus.

« Pour l'ordonnance pour assigner la partye pour procéder au partage, accorder ou contester ledit estat, au procureur y compris la copie et signification au lieu du siège, 20^d, et à domicile, 2^s 6^d et, s'il y a plusieurs procureurs, au prorata.

« Pour les vacations du juge. experts, procureurs et greffiers, comme cy-dessus sur les scelléz, descentes, visitations, prisées et estimations, et pour la grosse du procèz-verbal au greffier, ainsi que des adjudications par décret.

« Les juges des Eaux et Forests du dit duc ne prendront plus grands droicts, pour les procèz-verbaux des ventes des bois dans le lieu de leur établissement, que ceux qui sont cy-dessus régléz pour vacations de scelléz ; et en cas de transport, auront les dits juges, 100^s pour chacun jour, vacations et voyages ; et seront au surplus les taxes réglées pour les autres procédures ainsy que celles cy-dessus faictes pour les juges ordinaires.

« Quant aux notaires et tabellions, auront pour agir, plaider et négocier, ou pour acte de ratification, 2^s.

« Pour acte d'indemnité, contracts de vente, compromis, transactions, contracts de mariages, don mutuel, donation entre-vifs ou à cause de mort, testament, contracts de constitution, baux à ferme et autres actes de conséquence, sera payé, 8ˢ pour la minute, outre la grosse.

« Seront les contracts grossoyéz par le tabellion, lorsque les partyes le requerront, avant que de les mettre à exécution.

« Pour chasque vacation qui sera de trois heures, 30ˢ, soit qu'elle soit faicte le matin ou de relevée.

« Pour la grosse des inventaires en petit papier, 3ˢ 9ᵈ, et en grand papier, 5ˢ, chaque rôle, en mettant à chasque page, en petit papier quinze lignes et huict syllabes à chasque ligne, et en grand papier vingt lignes à la page et douze syllabes à la ligne.

« Pour les grosses en parchemin, grand et petit, le double de la dite taxe.

« Pour une quittance simple, 2ˢ.

« Pour un brevet d'obligation simple, 2ˢ 6ᵈ.

« Pour le scel des contracts et jugemens, 2ˢ 6ᵈ.

« Sans comprendre aux dites taxes, tant pour les dits baillages et pairies que justices subalternes, le prix du papier et parchemin timbré.

« A tout ce que dessus... en cas que, par l'usage de tous les dits sièges, les taxes ne soient moindres que celles mentionnées au présent réglement.

« Et sera, le présent arrest, leu et publié aux baillages des dits duchés de Mazarini, La Meilleraye et Mayenne, et aux sièges des dites provostéz et justices y ressortissans, l'audience tenant, et enregistré aux greffes desdits baillages et justices ; enjoint aux procureurs fiscaux de tenir la main à son exécution.

« Faict en parlement, le vingt-troisième jour de juillet mil six cent soixante-seize.

Signé : JACQUES.

W

LETTRES PATENTES OCTROYANT, SOUS FORME DE PROVISIONS, VINGT OFFICES MUNICIPAUX AU CORPS DE LA VILLE ET COMMUNAUTÉ DE MAYENNE.

(24 Juillet 1750)

Louis, par la grâce de Dieu, roy de France et de Navarre, à tous ceux qui ces présentes verront, salut.

Nous avons, par notre Edit du mois de novembre 1733, créé et rétabli, en titre, les offices municipaux des villes et communautés de notre royaume et, par arrêt de notre conseil du 7 mars 1747, nous avons ordonné que ce qui restait à vendre des dits offices serait remis au Corps des villes et communautés de la généralité de Tours et qu'il serait expédié, sur les quittances des finances des dits offices, des lettres de notre grand sceau, à une seule et même patente, au nom du sujet que chacune des villes et communautés aurait nommé à cet effet, sans que ledit sujet pût prendre de titre, ni faire les fonctions d'aucun des dits offices.

En exécution de cet arrêt, les maire et échevins de la ville et communauté de Mayenne nous ont, par leur délibération du sept février de la présente année, mil sept cent cinquante, nommé et présenté la personne de Joseph Guimond des Riveries et nous ont très humblement fait supplier de leur accorder, au nom du dit Guimond des Riveries, les lettres patentes de réunion au Corps de leur communauté des vingt offices restant à vendre de la création du mois de novembre mil sept cent trente-trois dans la dite ville de Mayenne, dont la finance a été payée, suivant et conformément à la quittance du sieur Bertin, trésorier de nos revenus casuels.

Pour ces causes, en agréant et confirmant la dite nomination, nous avons au dit Guimond des Riveries donné et octroyé, donnons et octroyons, par ces présentes :

Les deux offices de nos conseillers-maire et anciens alternatifs mitriennaux ;

Les deux de lieutenants de maire anciens alternatifs mitriennaux ;

Les quatre d'échevins, savoir , deux anciens et alternatifs mitriennaux ;

Les six d'assesseurs, savoir : trois anciens et trois alternatifs mitriennaux ;

Les deux de secrétaires-greffiers, anciens et alternatifs mitriennaux ;

Les deux de contrôleur des greffiers anciens et alternatifs mitriennaux ;

Et les deux d'avocat et de procureur pour nous de la ville et communauté de Mayenne.

Lesquels offices, nous avons réunis et réunissons, par ces présentes, au Corps de la dite communauté, pour en être les fonctions faites par les sujets dont elle aurait fait l'élection et en jouir par eux, aux honneurs, pouvoirs, autorité, fonctions, privilèges, rangs, séances, exemptions, avec droits attribués à leurs offices par les édits à leur création, déclarations, arrêts et réglements, rendus en conséquence, sans que ledit Guimond des Riveries puisse prendre le titre ni faire les fonctions d'aucuns des dits offices.

« Cy-donnons en mandement au baillif du Mans ou son lieutenant au baillage et siège Présidial du dit lieu et autres nos officiers qu'il appartiendra, que, ces présentes, ils aient à faire registrer et, de leur contenu, jouir et user pleinement et paisiblement les maire et échevins et autres officiers municipaux de la ville et communauté de Mayenne, conformément aux édits et arrêts de notre conseil cy-dessus énoncé, ensemble des honneurs, pouvoirs, autorité, fonctions, privilèges, rangs, séances, exemptions et droits sus-dits et y appartenant, et les fasse obéir et entendre de tous ainsi qu'il appartiendra, èz-choses concernant les dits offices ; — car tel est Notre plaisir ;

En témoin de quoy, nous avons fait mettre notre scel à ces présentes.

Donné, à Versailles, le vingt-quatrième jour de juillet, l'an de grâce mil sept cent cinquante et, de notre règne, le trente-cinquième ;

Par le Roy, *signé :* Bonneau avec grille et paraphe.

Les présentes lettres patentes et quittances cy-jointes ont été registrées sur le registre de la remembrance du domaine du roy en la sénéchaussée du Maine du siège présidial du Mans, en conséquence d'ordonnance de Monsieur le lieutenant particulier en la dite sénéchaussée et siège présidial, par nous greffier soussigné, le quatorze août mil sept cent cinquante. *Signé :* Fay.

Au dos est écrit ; Enregistrées au Contrôle le vingt-quatre juillet mil sept cent cinquante. *Signé :* Samson, avec paraphe.

<h1 style="text-align:center">X</h1>

VISITES DOMICILIAIRES

(17 Septembre 1792)

Aujourd'hui, 17 Septembre 1792, l'an quatrième de la Liberté et de l'Egalité, le premier.

Nous, maire et officiers municipaux et notables, assemblés en Conseil Général, avons dressé le présent procès-verbal de recensement général des armes et munitions de guerre trouvées chez les citoyens de cette ville par les vingt-quatre commissaires nommés par le Conseil

Général pour cette opération, comme il est constaté par le procès-verbal du onze du courant, et, par lesquels procès-verbaux, signés et certifiés par les dits commissaires, il résulte :

1^{ent}. — Que M. Coulon et M. Viel, commissaires, ont trouvé :

Chez M. Hédou, père, près l'Hôpital (du Saint-Esprit), une bayonnette point déclarée.

Chez Etienne Pérot, boulanger, un fusil de munition, tandis que par sa déclaration il devait s'en trouver deux.

Chez M. Goyet-Launay, deux fusils de chasse point déclarés.

Chez M. Richer, un fusil de chasse au lieu de deux portés sur sa déclaration.

Chez M. Benoiste, négociant, près la Juiverie, deux pistolets, portés dans sa déclaration, non représentés.

Chez M. Levêque, chirurgien, deux pistolets, portés dans sa déclaration, non représentés.

Chez M. Benoiste, négociant, à Bel-Air, un fusil de chasse, tandis que, par sa déclaration, il est porté un fusil de munition.

Le surplus des visites s'est trouvé conforme aux déclarations.

2^{ent}. — Que dans la section des visites domiciliaires, faites par René Cherbonnel et Jean-Baptiste Dutertre, commissaires, on a trouvé :

Chez M. Laigneau, 27 balles de plomb de calibre, un mauvais pistolet dont la batterie est détachée, dix morceaux de plomb de calibre pesant quatre à cinq livres, une vieille épée sans fourreau, dont la poignée est garnie de fils d'argent, le tout dit appartenir à ses neveux et nièces, point déclarés.

Chez Le Ray, marchand, une épée, non déclarée.

Chez Renouard, marchand, un fusil de munition au lieu d'un fusil de chasse qu'il avait déclaré.

Chez Carré, chapellier, un fusil d'officier et un sabre et une bayonnette, non déclarés.

Chez M. Leméant, un fusil à deux coups et un sabre, point déclarés.

Chez Bardou, deux fusils bourgeois, dits appartenir à M. Carré et à M. Pouteau de Brives.

Le surplus des visites de cette section s'est trouvé conforme aux déclarations.

3ᵉⁿᵗ. — Que dans la section des visites faites par M. Dominique Pottier, commissaire, on a trouvé :

Chez la veuve Girard, à la Mauhitière, un fusil de munition avec sa bayonnette, non déclarés.

Chez le sieur Romagné, fils, un mauvais fusil de chasse à deux coups, deux pistolets, trois cartouches, un quarteron de balles ou environ et une bayonnette, le tout conforme à sa déclaration, à l'exception d'un pistolet.

Chez M. des Provostières, un fusil simple sans batterie, un pistolet, un fusil de munition remis à Bardou, garde national, le douze du courant, et un autre pistolet, resté chez lui.

Chez la veuve Gaudinière, un fusil de chasse, déclaré et déposé.

Chez Alexis Pailleux, un fusil de chasse et deux pistolets excédant sa déclaration.

Chez le sieur Vincent Marçais, deux pistolets de poche, un fusil de munition remis à Jacques Landais, garde national, deux pistolets, le tout déclaré et déposé.

Chez M. des Aulnois, un fusil de chasse, déclaré et déposé.

Chez Foucault, domestique de M. de Hercé, un fusil de chasse ; même maison, deux fusils déclarés et déposés.

Chez M. de Hercé, puîné, un fusil appartenant à Caillette, domestique, le tout déclaré et déposé.

Chez M. Montpinçon, deux fusils de chasse, quatre pistolets dont deux grands et deux moyens ; un desquels grands est sans batterie, le tout déclaré et déposé.

Chez le sieur André Durand, un fusil de munition, remis à un volontaire.

Chez Julien Le Cointre, un fusil de munition, resté chez lui.

Chez Pingault, couvreur, un fusil de munition, resté chez lui.

Ces trois particuliers ont déclaré leurs armes.

Le surplus des visites s'est trouvé conforme aux déclarations.

4ᵉⁿᵗ. — Que dans la section des visites domiciliaires faites par MM. Morice et Sauquet (Jacques-Julien), commissaire, on a trouvé :

Chez le sieur Jacquet, fabricant, un fusil de munition qu'il a dit destiner au sieur René Brou, volontaire ; le surplus conforme est resté entre ses mains.

Chez le sieur Pasquier, un fusil de munition, remis à la municipalité.

Chez le sieur Jean Marseul, un fusil de chasse, déposé.

Chez le sieur Joseph-Thomas Benoiste, un fusil de munition, remis au sieur Girard, volontaire.

Chez le sieur René Goupil, un fusil de munition, remis au sieur Epiard, son beau-frère, volontaire ; le surplus de sa déclaration reste entre ses mains.

Chez le sieur Locret, un fusil de chasse, déclaré et resté chez lui.

Chez le sieur Benoiste-Desvalettes, trois fusils de munition, remis aux sieurs Pouteau, Durand et Gaultier, volontaires.

Chez le sieur Coulon-Desrochers, un fusil de munition, remis à la municipalité.

Chez René Le Maréchal, un fusil de munition à petit
calibre, déclaré et resté chez lui.

Chez le sieur Lottin, un fusil de munition qu'il a dit
destiner à Louis Barreau, volontaire ; le surplus, conforme à sa déclaration, lui est resté entre ses mains.

Le surplus des visites, conforme aux déclarations,
après vérification.

5ent. — Que dans la section où MM. Rojon et Gougis
(Antoine), commissaires, ont fait leur visite, on a
trouvé :

Chez M. Cheverus, un fusil de munition et une
bayonnette, déposés.

Chez M. Le Moine, un fusil à deux coups, un à un
coup, deux grands pistolets d'arçon, le tout conforme
à sa déclaration, déposés.

Chez M. Le Ray, père, un fusil de chasse, déclaré et
déposé.

Chez M. Sougé, un bâton à lance, non déclaré, déposé.

Chez la veuve Bordelet, un fusil de munition, dit appartenir à M. Vital des Eblées, déposé.

Chez Mme Baglion, un fusil à deux coups, un fusil à
un coup garni en argent, une canne à épée, deux pistolets d'arçon, le tout déclaré et déposé. On lui a laissé,
en outre, un autre fusil pour la garde de son jardin.

Chez M. Brossard, un fusil à deux coups, non déclaré,
déposé.

Chez M. Le Pannetier, deux pistolets et un couteau de
chasse, déclarés, qu'il a dit donner à la Patrie.

Le surplus des déclarations s'est trouvé conforme aux
visites.

6ent. — Que dans la section où MM. .... et Lair, com-

missaires, ont fait la visite, on a trouvé ce qui suit,
savoir :

Chez Mlles Canton, un pistolet d'arçon, non déclaré,
déposé.

Chez M. Godard, deux couteaux de chasse, déclarés
et déposés.

Chez M. Cherbonnier-Vannerie, un fusil de munition,
appartenant à la ville et déposé.

Chez M. Pouteau-Brives, quatre épées dont une à
poignée d'argent, non déclarées et déposées.

Chez le sieur Goret, une petite bayonnette, non déclarée, déposée.

Chez M. Quinton, un fusil de munition appartenant
à la ville, déposé.

Chez M. Millière, fils, un fusil de munition, appartenant à la ville, déposé.

Chez M. Sauquet, un fusil à petit calibre avec bayonnette, déposé ; il avait été déclaré.

Le surplus des visites a été trouvé conforme aux déclarations.

7^{ent}. — Que dans la section où MM. Quinton et Fleury,
commissaires, ont fait la visite, on a trouvé ce qui
suit, savoir :

Chez M. Davoine, un fusil de munition, appartenant
à la ville, déclaré et déposé.

Chez M. Perrin, un fusil de munition, déclaré et
déposé entre les mains d'un volontaire, ainsi qu'un
sabre, aussi déclaré ; ledit sieur a déclaré quatre pistolets simples, qu'il n'a pas représentés lors de la visite.

Chez le sieur Jean Moitre, fils, un fusil de munition,
soupçonné appartenir à la ville, non déposé.

Chez Mme veuve Turbet, un fusil à deux coups, un
sabre, un fusil de munition, soupçonné appartenir à la
ville, lequel n'est pas déclaré.

Chez le sieur Julien Chabrun, marchand, près la Messagerie, un fusil de munition, déclaré et déposé.

Chez Georges Adam, un fusil de chasse, non déclaré, non déposé.

Chez la veuve Desjardins, hôtesse, quatre fusils de munition, dont elle en a fourni et déposé deux à la Maison commune.

Chez M. Le Febvre, officier municipal, un fusil de munition, déclaré et déposé.

Chez M. Henry Renault du Bourg, absent, il n'a point été fait de visite ; sa déclaration porte un fusil de munition, deux pistolets et un sabre.

Chez M. Cherbonnel, notaire, un fusil appartenant au sieur Paillard, déclaré et déposé.

Chez le sieur Edon, sellier, un fusil de munition, déclaré et déposé.

Le surplus des visites a été trouvé conforme aux déclarations.

8ᵉⁿᵗ. — Que dans la section où MM. Ponthault et Edon, commissaires, ont fait leur visite, on a trouvé les armes qui suivent, savoir :

Chez le sieur Urbain Maltête, un fusil de munition, appartenant au sieur Lecottier, dont il a armé son fils, volontaire.

Chez le sieur François Le Bourdais, marchand, quarante-six livres de poudre à canon, dix sacs de plomb pesant douze livres et demie chacun, non déclarés et déposés.

Chez le sieur Lecottier, un bâton avec sabre, un fusil de chasse, sans chien ni baguette, déclarés et déposés.

Chez M. Chapedelaine, deux fusils dont un fort long, un sabre et un mauvais ceinturon, une canne à épée, deux mauvaises épées, deux pistolets anglais, deux pistolets d'arçon, le tout déclaré et déposé.

Chez M. Gougis, deux fusils de munition, déposés à la municipalité pour armer un volontaire.

Chez M. Coignard, un fusil de munition, déclaré et déposé.

Chez M. Guimond, le jeune, un fusil de munition, déposé à la municipalité.

Chez M. Duvivier, aîné, un fusil de munition, déposé, un sabre qu'il dit avoir donné au sieur Daguier, une épée déposée.

Chez M. Brochet, un fusil de munition, déclaré, déposé.

Chez M. P... Dubois, fils du sieur Pierre Dubois, négociant, un fusil de munition, déclaré, non déposé.

Chez dame Tanquerel, un fusil à deux coups, déclaré et déposé.

Chez M. Sougé-Lussault, des armes conformes à sa déclaration, restées chez lui.

Chez Julien Allard, vingt-cinq livres de poudre, trois livres deux onces de balles, quatre sacs de plomb, plus quatorze livres de plomb en deux sacs et cent cinquante pierres de fusils ou pistolets, non déclarés, le tout déposé.

Chez demoiselle Vegeais-Moricière, six livres treize onces de poudre et trente-huit livres de plomb, en quatre sacs, non déclarés et déposés.

Chez M. Chevallier, marchand apothicaire, un fusil de munition, déclaré et déposé.

Chez Jacques Buchault, lainier, un fusil de munition, déclaré et déposé.

Chez le sieur Jean Bourgault, marchand, un fusil de munition, déclaré et déposé.

Le surplus des visites s'est trouvé conforme aux déclarations.

9^{ent}. — Que dans la section des visites domiciliaires,

faites par MM. Ripault et Chabrun-Carlière, on a trouvé les armes qui suivent :

Chez la dame veuve Grosse-Chevrie, rue Saint-Martin, un fusil de chasse, déclaré et déposé.

Chez M. Bigot, officier municipal, un fusil de munition, déclaré et déposé.

Chez M. Mathieu Rondeau, un fusil de chasse, déclaré et déposé.

Chez M. Sorieul, boucher, au faubourg, un fusil de munition, qu'il dit avoir donné au fils Hay, volontaire.

Chez le sieur Jean-Baptiste Simon, marchand, un fusil de chasse. Suivant sa déclaration, c'est un fusil de munition resté entre ses mains.

Chez le sieur Jean Gourdier, au Pavé de la Barre, un fusil de chasse et un pistolet, déclarés et déposés.

Chez le sieur Jean Sorieul, un fusil de munition.

Chez le sieur Daniel Leclair, un fusil de munition.

Chez le sieur Piquet, un fusil de munition et un sabre, conformes à sa déclaration.

Chez M. Chassebœuf, un fusil de munition, qu'il dit appartenir à M. Morisset.

Chez la dame veuve Le Brun, un fusil de munition avec sa bayonnette et autres armes, toutes déclarées ; ledit fusil déposé entre les mains d'un volontaire.

Chez Baron dit Guérin, aubergiste, au Petit-Saint-Martin, rue de Boyère, un fusil de munition avec sa bayonnette, déclaré.

Chez Pierre Colin, demeurant au faubourg, un fusil de chasse, déclaré ainsi qu'une bayonnette et un sabre.

Chez Richard, deux fusils de chasse, deux pistolets de poche, une pique, un bâton ferré et une épée.

Chez Mlles Billard et Hercé, un sabre, un couteau de chasse, deux fleurets, non déclarés ; ces demoiselles ont dit ignorer que ces objets fussent chez elles.

1ᵉⁿᵗ. — Que dans la section des visites domiciliaires faites par MM. Morice et Nonclair (Glaphire), commissaires, on a trouvé :

Chez Pierre Gobard, hôte, un fusil de chasse et un sabre, non déclarés et non déposés.

Chez Loison, père, deux piques, non déclarées, non déposées.

Chez Michel Piquet, rue d'Enfer, une bayonnette, non déclarée et non déposée.

Chez la veuve Geoffroy Mezeray, une pique, non déclarée et non déposée.

Chez M. Lair, le jeune, commissaire national, un fusil de munition, remis à son beau frère volontaire.

Chez la veuve Baloche, une pique, non déclarée, non déposée.

Chez Mᵐᵉ veuve Baguelin, un mauvais fusil de chasse, non déclaré et non déposé.

Chez Jean Chemin, au Bras-d'Or, une pique, non déclarée et non déposée.

Chez le nommé Levaseux, une pique, non déclarée et non déposée.

Chez le nommé Talois, une pique, non déclarée et non déposée.

Le surplus des visites domiciliaires s'est trouvé conforme au registre des déclarations, pour cette section.

Chez M. Thomas Dutaillis, père, on a observé aux commissaires que le cheval qui lui servait avait été vendu par lui depuis deux mois.

11ᵉⁿᵗ. — Que dans la section des visites domiciliaires faites par MM. Jamelin et Lambert (Julien), dans le quartier de la Grand'Rue, compagnie de M. La Bretonnière, on a trouvé :

Chez Julien Mautin, tanneur, un couteau de chasse, non déclaré et non déposé.

Chez Bayeux, marchand, une paire de pistolets, **non** déclarés et non déposés.

Chez Louis Baron, hôte, grand'rue, un fusil de chasse et un sabre, non déclarés et non déposés.

Chez Louvrier, rue du Château, un sabre, non déclaré et non déposé.

Chez les Sœurs de Charité, maîtresses d'école, on a trouvé une cloche pesant quarante livres, qu'elles ont dit appartenir à M. Thoumin des Vauxponts, non déposée.

Le surplus des déclarations, confronté par les visites, elles se sont trouvées exactes et conformes.

De tout quoi, avons dressé et arrêté le présent procès-verbal, signé de nous officiers municipaux et membres du conseil de la commune et commissaires nommés par la municipalité pour cette opération, les jour et an que dessus [1].

Y

Un recrutement de chouans

(1795)

Aujourd'huy dix-sept Germinal, IIIe année républicaine (6 avril 1795).

Sont comparus, par devant nous, administrateur du directoire du District de Mayenne :

Marin Vazeux, âgé de vingt-huit ans, garçon laboureur chez la citoyenne veuve Gougeon, au village de Cécé, commune de Jublains ;

Julien Joly, âgé de trente ans, garçon laboureur,

(1) Après la période révolutionnaire, les armes saisies furent rendues à leurs propriétaires, sauf aux « ci-devant nobles et privilégiés ».

chez Etienne Foucher, métayer, au village du **Bas-Crué**, même commune de Jublains ;

Et Julien Moisson, âgé de trente ans, garçon laboureur chez son frère, métayer au village des Lesvinières, commune de Belgeard.

Lesquels, accompagnés d'Etienne Morice, ancien officier municipal de la commune de Jublains, cordonnier de son état, refugié en cette commune de Mayenne, par la cause du désastre des chouans, nous ont dit vouloir faire les déclarations qui suivent, savoir :

Marin Vazeux, que le neuf de ce mois (29 mars 1795), — sur les une heure et demie après midi, étant au bourg de Jublains pour faire reviser son passeport à la municipalité, un nombre de chouans se répandit en même temps dans le Bourgneuf où dix chouans le trouvèrent, sortant de chez l'agent national, et lui dirent : « Etes-vous marié ? — Non. — Venez vite avec nous. » Dans le même moment, Jean Allenant, garçon laboureur chez Jean Bellanger, à l'Antonnière, même commune de Jublains, était avec Vazeux. Les chouans dirent la même chose à Allenant et les obligèrent à les suivre, en leur présentant toujours la bouche du fusil, et même ils frappèrent avec la main Allenant, dans le dos, pour le contraindre à marcher devant eux. Dans le même moment, Julien Joly, ci-dessus comparant, était dans une autre partie du bourg. Les chouans s'emparèrent de lui, d'un garçon laboureur dont il ne sait pas le nom, domestique chez Jean Brault, métayer au Vieux-Moulin, même commune, et de Michel Guyon, garçon laboureur chez Marin Gripière, officier municipal de la même commune, et métayer à la Merière.

Les cinq ci-dessus nommés furent réunis de suite après la capture.

En même temps, Charles Grudé, garçon laboureur chez René Bresteau, maire de la même commune et métayer à Villette, le nommé Coquelin, fils, laboureur chez son père, métayer à la Grande-Landepoutre, Michel Feuillet, fils, demeurant chez son père, closier au Mur, Pierre Gesbert, garçon laboureur chez François Chesneau, au même lieu du Mur, Jean Nocher, garçon laboureur chez Etienne Petithomme, métayer aux Gueaux (Guyaux), René Chevallier, laboureur, demeurant chez son père, métayer au Fay, et le nommé Barbé, domestique des citoyens Dutertre, frères, demeurant au bourg, — tous même commune de Jublains, — qui étaient capturés dans une autre partie du bourg, furent réunis aux premiers, et tous, au nombre de douze, furent forcés de marcher devant les chouans.

Les chouans étaient armés de fusils de munition ou à deux coups ; tous avaient des pistolets à leur ceinture ; un seul avait un sabre. Les fusils armés et dirigés sur eux (les capturés) pour les fusiller en cas de résistance, il fallut marcher et la bande partit.

Les capturés demandèrent où on les menait. Les chouans répondaient : « Venez toujours ». On marchait doucement parce que sept des capturés n'avaient que des sabots.

La bande passa dans le bourg de Deux-Evailles, comme sur les une heure et demie avant le coucher du soleil ; les habitants s'étaient cachés et avaient fermé leurs portes.

Chemin faisant, les chouans demandaient aux hommes ou garçons qu'ils rencontraient, s'ils étaient mariés ? Ils répondaient : « Oui, nous sommes mariés », et les chouans les laissaient.

La bande passa à la brune dans le bourg d'Ouen-les-Oyes où ils ne virent pas d'habitants ; elle fit ensuite une demi-lieue et se rendit sur la commune de Montsurs, dans une métairie dont ils ne savent point le nom, ni celui du métayer, dans la maison duquel ils soupèrent et couchèrent, observant que, lors de leur passage dans le bourg d'Ouen-les-Oyes, le domestique de la métairie du Vieux-Moulin trouva le moyen de s'évader, et (que) dans le soir, après souper, les nommés Chevallier et Barbé s'évadèrent aussi.

Il y avait quatre lits dans la maison. Les chouans ordonnèrent aux neuf capturés restant de coucher dans trois lits. Trois chouans couchèrent dans le quatrième lit; les autres chouans sortirent dehors. Pendant le souper et toute la nuit, plusieurs chouans venaient de temps en temps manger et s'en retournaient ; et c'était d'autres chouans que ceux qui les avaient capturés.

Le matin, on se leva vers le soleil levant. Le chef des chouans, que les autres nommaient M. Chandellier [1], commanda de donner à déjeuner, comme la veille il avait commandé de donner à souper. Après le déjeuner, des fusils, qui avaient été apportés par les chouans, furent donnés, un à chacun des capturés : c'était de mauvais fusils de chasse.

Après déjeuner, les capturés partirent, le dix germinal (30 mars), sur les deux heures après le soleil levé, avec douze ou quinze chouans. Le trouble et l'inquiétude qu'ils avaient ont empêché Vazeux et Joly de remarquer, au juste, leur nombre. Toute la bande se rendit auprès de la métairie de la Sublerie, commune de Gesnes; là, une partie des chouans et des capturés se séparèrent de la bande.

Vazeux, Joly et Charles Grudé, avec quatre chouans, dont Chandellier en était le chef, entrèrent, sur les onze heures avant midi, dîner dans la maison de la Sublerie, chez un particulier dont ils ne savent pas le nom, mais dont la femme était auparavant veuve du nommé Chardon, métayer de la Sublerie. Il ne fut

_____

[1] Le Chandellier (Philibert).

pas fait de pillage dans la maison. Chandellier disait à ses gens et aux capturés qu'il ne voulait point qu'il fut fait de brigandage.

La bande des sept part après dîner, sur les une heure. En chemin faisant, Chandellier leur disait : « Nous nous battons pour la religion ».

Vers le soleil couchant, ils arrivèrent à Neuvilette, chez Bresteau, maire de Jublains, où demeurait Grudé, l'un des capturés. Ils y soupèrent et y passèrent une partie de la nuit. Grudé qui n'avait que ses sabots prend ses souliers.

De là, vers une heure avant le jour, la bande va chez la veuve Gougeon, à Cécé, où demeure Vazeux. Il entre dans la maison, quitte ses sabots, prend ses souliers et dit à sa maîtresse, en particulier, de cacher ses vêtements et qu'il se sauverait des Chouans aussitôt qu'il le pourrait.

De là, la même bande fut chez Etienne Foucher, au Bas-Crué, où demeure Joly. Elle arriva sur les deux heures après soleil levé. C'était le onze de ce mois de germinal, (31 mars). Joly quitte ses sabots et prend ses souliers. Foucher était à la foire de Sainte-Suzanne. Joly dit à sa maîtresse : « Ayez soin de mon fait ; je me sauverai le plus tôt que je pourrai ».

Du Bas-Crué la bande va et arrive, sur les onze heures du matin, chez la veuve Buchaut, métayère à la Charpentrie, même commune de Jublains, où plusieurs burent du cidre. Les chouans furent dans un champ prendre René Brault, neveu et domestique de cette veuve. Brault quitta ses sabots, prit ses souliers et suivit la bande.

La bande des huit arrive, sur les deux heures après midi, chez Jean Guesnerie, à la métairie des Noës, même commune de Jublains, où quelques-uns mangèrent un morceau. Là les chouans contraignirent Jean

Feuillet, domestique de Guesneric, de les suivre ; il prit ses souliers et suivit.

Comme la bande des neuf voyageait pour se rendre à Deux-Evailles, étant à la sortie de la lande de Chantrigné, proche la Baganerie, commune de Montourtier, trois chouans venaient par derrière eux, qui tirèrent trois coups de fusils ou pistolets; les chouans de la bande des neuf répondirent par un coup de fusil et la jonction se fit.

Déclarent que dans la bande des trois chouans, qui firent leur jonction, il y en avait deux que les autres nommaient : « Heurte-à-tout » et « Brise-fer ». Ces trois chouans quittèrent la bande, environ trois quarts de lieue après avoir passé le bourg de Deux-Evailles; après leur jonction la bande des douze avait passé, vers le soleil couchant, dans le bourg de Deux-Evailles, fut à travers les champs, entre les bourgs de Gesnes, Ouendes-Oyes et la Bazouges-des-Alleux. Quand les trois furent séparés, les neuf allèrent dans un village qu'ils ne peuvent désigner, sur les huit ou neuf heures du soir. Ce n'est point la même métairie où les déclarants avaient couché le premier jour de leur capture.

Vazeux, Joly, Grudé, Feuillet et trois chouans entrèrent dans cette métairie. Un chouan quitta la bande, les deux autres avec les quatre capturés soupèrent et couchèrent dans la maison où il y avait plusieurs lits. Le maître de cette maison était un homme de 45 à 50 ans; le valet, d'une trentaine d'année, a les jambes croches. Il ne leur parut point de maîtresse, mais une fille servante, comme de vingt et un ans. Il y avait une petite fille de six ou sept ans et deux petits garçons de neuf à onze ans. Il y a deux métairies dans le village.

Sur les huit heures du matin, les quatre capturés et les deux chouans qui étaient restés avec eux, partirent sans déjeuner et allèrent à un demi quart de lieue de là

sur la commune de Gesnes, dans un village où il·y a
deux closeries. En chemin faisant, ils furent joints par
Brault, capturé, et les cinq ou six chouans qui l'accom-
pagnaient réunis. Ils furent dans un village où il y a
deux closeries et entrèrent dans une maison où il y
avait une femme malade. Ils furent dans l'autre maison
où une partie d'entr'eux déjeûnèrent. C'était le douze
de ce mois (1ʳ avril). Il ne restèrent point longtemps
dans cette maison ; toute la bande partit et arriva, sur
les une heure après midi, dans une métairie de laquelle
ils ne savent pas le nom, située sur la commune de
Gesnes, à environ un quart de lieue de distance de la
maison où ils avaient déjeûné.

Il y avait déjà d'autres chouans dans cette métairie,
ainsi que d'autres de leurs camarades ci-dessus capturés. Il arriva ensuite beaucoup d'autres chouans avec
encore de leurs camarades capturés, dans lesquels se
trouvaient Julien Moisson, l'un des comparants, ainsi
que René Moulard, garçon laboureur, demeurant chez
René Dubois, métayer à la Tesserie, commune de la
Bazoge-Montpinçon, qui est aussi rendu dans cette commune de Mayenne. Il n'a point encore fait sa déclaration.

C'était le même jour, douze de ce mois, sur les dix ou
onze heures du matin, que Moisson, étant dans la Lande
du Patis des Potences, occupé à charger une charretée de
géons (ajoncs), pour son frère chez lequel il demeure,
(ce dernier était monté sur la charretée qu'il arrangeait),
que survinrent quatre chouans, qui avaient avec eux
René Moulard qu'ils venaient de capturer. Ils conduisi-
rent lui, Moisson, à la Lesvinière, sa demeure, où il prit
ses souliers pour les syivre, ayant l'air d'aller de bon
cœur, mais espérant se sauver à la première occasion.

Ils partirent de la Lesvinière, les quatre chouans et
les deux capturés ; ils allèrent chez Margerie, garde du

bois de Bourgon, demeurant auprès du château de Bourgon, commune de Montourtier, où Moisson, pour feindre d'être bon chouan, prit lui-même un fusil. Et de suite ils furent à la métairie trouver la grande bande. Il croit que c'est vers cette métairie que les chouans ont donné un fusil à Moulard.

Les déclarants pensent que ce rassemblement s'est fait sur la commune de Gesnes (il est probable que c'est dans les environs de Mauny ou Chevaignon [1]) ; observent que, dans la métairie et autour de laquelle se faisait le grand rassemblement, il y a beaucoup de bâtiments; çà parait une grande ferme. Il n'y avait de chef ancien ; la métayère est une femme comme de cinquante ans ou davantage; il y a trois filles de dix-sept ans à vingt-trois ans, et deux garçons de vingt-cinq à trente ans. On ne mangea point dans cette maison.

Sur les quatre heures après midi, tout le rassemblement partit, alla passer la rivière entre le village du Pont et le bourg de Gesnes. Ensuite la bande se divisa pour aller coucher sur différents villages. Vazeux et Joli furent avec deux chouans dans les environs de la Touche et de la Motte, et les autres dans le même canton. Ils étaient (les capturés) tous couchés dans des lits et les chouans faisaient la garde ou allaient en course.

Le treize (2 avril), sur les huit à neuf heures du matin, la bande se rassembla et fut dîner chez des particuliers, dans le bourg de Gesnes. Les déclarants ne savent point si les chouans ont payé.

Vers le midi, la bande partit du bourg de Gesnes, fut passer la rivière de Montsûrs à un moulin sur la rivière de Montsûrs, près le bourg Saint-Céneré; et, delà, toujours à travers champs, elle alla passer, sur une

---

[1] Monnay et Chevaignon, commune de Gesnes.

planche, une petite rivière, à une petite demi-lieue en
deçà de Bazougers et arriva à Bazougers, vers le soleil couchant, sans entrer dans le bourg.

Là, ils furent dispersés en plusieurs bandes : Vazeux,
Joly, Moisson et Moulard furent conduits par un particulier de Bazougers, armé d'un fusil, auquel les chouans
avaient recommandé de les conduire dans un village
connu, à un quart de lieue du bourg, où ils arrivèrent
à la nuit. Les habitants de cette maison étaient un petit
homme, d'environ cinquante ans, deux filles de quinze
à dix-huit ans, et un petit garçon de douze à quinze ans.
L'homme au fusil s'en était retourné. On leur servit à
souper ; ils soupèrent, et, après le souper, pour que les
habitants de la maison ne se méfiassent point d'eux,
Moisson dit : « Je n'entends pas vivre à mes dépens ; il
me faut, cette nuit, une ferme de bien d'émigré, en
Sougé. Nous allons revenir sur les deux heures, vous
nous ouvrirez la porte pour nous coucher ».

Ils partirent tous quatre, avec chacun leur mauvais
fusil, et s'en revinrent toute la nuit, toujours tous les
quatre, Moisson chez son frère où il a été pris, Moulard
chez sa mère aux Jarrières, dans la commune de la
Bazoge-Montpinçon, Vazeux et Joly chez le nommé
Gougeon, closier, à la Coudre, commune de Jublains.

En chemin faisant dans la nuit, ils demandèrent à
manger dans une maison, on leur en donna, soit par
crainte ou autrement, les prenant pour des chouans ;
mais il n'y firent point de dommage et s'en furent bien
vite après avoir mangé, dans la crainte que les chouans
ne vinssent après eux pour les arrêter.

Vazeux et Joly déclarent avoir caché leurs deux fusils
dans la barge de paille appartenant au citoyen Gougeon.

Moisson donna son fusil à son frère et lui dit de le
cacher ou de le rendre à Margerie. Il déclare que ce
n'est pas le même fusil qu'il a pris chez Margerie (celui-

ci ayant été mêlé parmi les armes des chouans), se trouvant muni d'un autre, lorsqu'il les a quittés, c'est ce dernier qu'il a remis à son frère.

Déclarent les trois comparants que Moulard avait aussi un fusil, mais ils ne savent ce qu'il en a fait.

Etant arrivés le quatorze (3 avril), au matin, sur leurs communes, comme il vient d'être dit, Vazeux et Joly sont venus le soir coucher chez Peslier, à la métairie de la Courbe, près Mayenne. Moisson arriva le soir chez Locré, à la maison nommée la Grange, à Mayenne. Ils ont vu Moulard qui s'est rendu en cette ville.

Déclarent encore qu'ils ne connaissent d'autres noms des chouans avec lesquels ils ont été, que ceux qu'ils ont déjà nommé savoir : « Chandellier, Heurte-à-tout, Brise-fer ». Au surplus, les chouans parlaient bas entr'eux.

Ici les trois comparants ont terminé leur déclaration et ont dit ne savoir signer ; et le citoyen Morice a signé avec nous.

Signé : Etienne MORICE, CHENOU.

Z

MOYENS PROPOSÉS PAR UN FONCTIONNAIRE MAYENNAIS
POUR RUINER LA CHOUANNERIE

Mayenne, le 6 pluviôse de l'an IV de la République française, troisième année de la mort du dernier tyran royal (26 janvier 1796).

Liberté.   Egalité.

Aux citoyens membres composant le Directoire exécutif.

Citoyens Directeurs,

C'est du sein d'un volcan que nous osons faire entendre nos voix, quoi qu'enveloppés au milieu de ces hordes scélérates de chouans, qui tous les jours ravagent les propriétés et portent le fer dans le sein des amis de la République. Nous n'en sommes que plus ardents à déployer cette énergie fière et républicaine qui caractérisa de tous temps les patriotes de 1789. En vain les ennemis de la liberté s'étaient-ils imaginés avoir éteint en nous, par leurs innombrables concussions, ce feu sacré qui nous enflamme, l'amour de la patrie ; en vain avaient-ils prétendu, en nous opprimant, nous forcer de voir d'un œil indifférent le retour de la royauté. Semblable au ressort que l'on presse, nous ne nous relevons que plus intrépides et plus décidés à porter le flambeau de la vérité jusque dans les replis les plus tortueux de leurs manœuvres infernales ; car, enfin, vit-on jamais ces scélérats relever plus audacieusement la tête ? Avec quelle barbare perfidie s'élèvent-ils contre la loi républicaine du trois Brumaire ? Ne fût-ce pas en vain que le canon du 13 Vendémiaire gronda ? Quelles mesures furent prises alors pour mettre la liberté à l'abri de telles atteintes ? Mille horreurs, nous osons le dire. L'impunité fut pour eux un encouragement à de nouveaux forfaits, et ce qu'ils ne purent faire à Paris, ils l'opèrent aujourd'hui dans nos départements. Tous les jours, nouvelles horreurs ! tous les jours, nouveaux assassinats ! Lâches à nombre égal, ils sont barbares, inhumains, quand ils s'emparent des patriotes.

On n'en doit plus douter, Directoire exécutif, les moyens de douceur sont épuisés ; il faut frapper ferme ; il faut frapper l'intérêt du paysan égoïste et lui faire porter tout le poids d'une guerre qu'il entretient de mille manières ; il faut surtout frapper les pères et mères de ces brigands, car ce sont eux qui perpétuent cette horrible guerre d'assasinats. Et quelle incongruité! *(sic)*.

Pourquoi ne pas assimiler ces hordes de chouans aux hordes des émigrés? ne font-ils pas qu'un? n'ont-ils pas mêmes principes, même barbarie? Pourquoi leurs biens ne dédommageraient-ils pas la République des frais énormes qu'ils lui occasionnent?

Que ceux qui crient à l'injustice contre la loi du 3 brumaire viennent au milieu de nous; ils verront si ce ne sont pas les parents d'émigrés qui contribuent à obtenir les grâces de ces assassins : on les désigne comme des victimes. Ils verront si ce ne sont pas eux qui joints aux pères et mères de chouans, tiennent tous les secrets de cette guerre infernale. Oui, ce sont eux qui, d'accord avec leurs monstres de fils, encouragent, dirigent et entretiennent cette horrible guerre civile. Ne sont-ce pas eux que nous devrions garder pour otages? Ne sont-ce pas eux qui devraient nous répondre de la sûreté des propriétés des patriotes? Oui, ce sont eux, et il n'y a nul doute que ces mesures n'arrêtassent tout à coup les progrès que font de jour en jour ces scélérats. Il n'est plus temps de les ménager; les projets de nos ennemis ne sont que trop connus; ils veulent renverser la République : il faut les exterminer.

Déjà, grâce à l'attitude fière et républicaine que *tu tiens*, les patriotes respirent un air moins empesté; déjà grâce aux mesures que *tu prends*, l'effronterie des royalistes diminue. En vain criaient-ils contre l'emprunt et employaient-ils mille ruses pour en éloigner la salutaire exécution : la portion que la Patrie réclamait de notre ville s'est déjà toute payée avec une rapidité vraiment effrayante pour eux.

Vive la République Démocratique !

A`

Création de l'Election de Mayenne
(1634)

Louis, par la grâce de Dieu, roy de France et de Navarre, à tous présens et à venir, salut.

Voulant, autant qu'il nous sera possible, contribuer au soulagement de nos pauvres sujets, les rédimer des corvées publiques et de la peine qu'ils prennent pour le paiement de nos tailles, à cause de l'éloignement et distance des lieux où ils font la collecte jusques aux villes de l'establissement des bureaux de la recette d'icelles, dont nous avons reçu diverses plaintes des contribuables de l'Election du Mans et autres, nommément de ceux du Bas-Maine, qui est une contrée assez éloignée de celle du Haut-Maine ;— pour à quoy remédier, il nous avoit été proposé de créer une Election en chef en nostre ville de Mayenne, à l'instar de celles des autres Elections de nostre Royaume.

A ces causes, scavoir faisons, qu'ayant mis cette affaire en délibération en nostre Conseil, (où estoient aucuns princes de notre sang, autres princes et officiers de nostre Couronne et autres grands et notables personnages), de l'advis d'icelluy et de nostre pleine puissance et autorité royale, Nous avons, par le présent Edit perpétuel et irrévocable, créé, érigé et estably, créons, érigeons et establissons un siège et bureau d'Election en chef, en nostre ville de Mayenne-La-Juhée, scize en nostre païs du Bas-Maine, et en icelle aussi créé et érigé, en titre d'office formé de deux nos conseillers présidens, trois nos conseillers lieutenans, ancien criminel et particulier, un nostre conseiller assesseur et premier esleu, quatorze nos conseillers esleus, trois nos conseillers controlleurs, esleu ancien et alternatif et triennal et deux nos procureurs ancien et alternatif, aux gages de cinq cents livres à chacun des dits officiers, et encore deux nos advocats ancien et alternatif, aux gages de quatre cents livres chacun, substitut de nostre procureur et adjoint aux enquestes, et un commissaire examinateur, aux gages de deux cent cinquante livres chacun, trois receveurs des tailles et trois receveurs du taillon anciens et alternatifs et triennaux aux gages de quinze cents livres, pour chacun des dits receveurs des tailles, et de six cents livres pour chacun des dits receveurs du taillon, trois greffiers et trois maitres clercs héréditaires anciens, alternatifs et triennaux, aux gages de trois cents livres pour chacun des dits maitres clercs, un controlleur héréditaire des actes et expéditions du greffe, aux gages de cent livres, un greffier héréditaire des présentations, aux gages de cent livres, un greffier des affirmations et un garde du petit scel héréditaire, aux gages de deux cent cinquante livres chacun, deux huissiers audienciers avec pouvoir d'exploiter partout nostre royaume, aussi aux gages de cinquante livres chacun, quatre sergens royaux et huit procureurs postulans en la dite Election de Mayenne.

Pour composer laquelle Election, nous avons distrait et désuni de nos Elections du Mans et La Flèche, les villes, bourgs, villages et paroisses déclarées en l'estat qui en a esté arresté en nostre conseil, cy-attaché sous le contre-scel de nostre chancellerie, comme estant plus proches de nostre dite ville de Mayenne que de celles du Mans et La Flèche, lesquelles villes, bourgs et paroisses demeureront à toujours unies et incorporées au siège de la dite Election de Mayenne.

Ausquels officiers présentement créez, en ce qui est du fait des charges de chacun d'eux, nous avons attribué et attribuons pareils jurisdictions, exercices, fonctions,

honneurs, authoritéz, prérogatives, qualitéz, privilèges
et exemptions, franchises, libertéz, préséances, droits
de *committimus*, taxations, droits de vérification, calcul,
signatures de rolles, chevauchées, expéditions des dépar-
temens et commissions des tailles et creües, droits
d'épices, et génerallement tels et semblables droits et
émolumens que ceux dont jouissent bien et deuement
les pourveus de pareils offices èz autres Elections du
ressort de nostre Cour des Aydes de Paris, et tout ainsi
que s'ils estoient cy particulièrement expriméz, à l'exception toutefois des dits droits héréditaires pour les
quels les officiers desdites Elections ont financé depuis
la création de leurs offices.

Et, outre les gages cy-dessus que nous avons attri-
buéz ausdits officiers créés par le présent Edit, nous
leur attribuons aussi annuellement pour droits de chevauchées, scavoir : aux dits présidens, lieutenans et
esleus et controlleurs esleus cent livres chacun, et
aus dits trois greffiers tenans et exerçans la plume et
aux trois maîtres clercs aussi chacun cent livres, desquels gages et droits de chevauchées revenans ensemble
à vingt cinq mil livres, les dits officiers seront annuellement payéz des deniers des recettes de nos tailles de
la dite Election de Mayenne par les mains de nos receveurs d'icelles, aux quatre quartiers de l'année, ainsi
qu'il se pratique aux anciennes Elections ; et à cette fin
en sera fait et laissé fonds dans les états de nos finances
de la généralité de Tours, sans aucune diminution,
doresnavant, par chacun an, à commencer du premier
jour de janvier prochain.

Et seront à l'advenir les commissions de nos tailles,
taillon et creües adressées aux officiers de ladite Election, nouvellement créés, auxquels sera, dès à présent,
par nous pourveus de personnes capables, et cy-après,
quand vacation y eschera par mort, forfaiture, rési-

gnation ou autrement ; et, désirant favorablement trai-
ter ceux qui en seront pourveus, ils jouiront du bénéfice de la grâce que nous avons accordée à nos autres
officiers pour la dispence des quarante jours, sans qu'ils
soient tenus de payer le cinquième denier de l'évaluation de leurs offices, ny à proportion pour le temps
qui y reste à expédier du temps du rétablissement
dudit droit annuel, ains seulement, le droit annuel, à
commencer en l'année de leur réception.

Et, afin de désintéresser les officiers desdites Elections
du Mans et La Flèche de la diminution qu'ils recevront
à cause desdites villes, bourgs, villages et paroisses
distraites pour composer ladite Election de Mayenne,
tant en leur droit de vérification et signatures de rolles
qu'augmentation d'iceux de dix sols pour chacune par-
roisse, pour raison de laquelle augmentation ils doivent
payer les sommes auxquelles ils ont été taxéz en nostre
dit Conseil, en conséquence de nos lettres de Déclaration du.... Nous voulons que par les Trésoriers généraux de France de Tours il soit procédé à la vérification de ce qui aura été payé en nos parties casuelles
pour lesdits droits de vérification et signatures de rolles
et augmentations sur lesdites paroisses distraites, dont
ils envoyront leurs procès-verbaux en nostre dit conseil,
pour sur iceux être pourvus à leur dédommagement et
remboursement, suivant la liquidation qui en sera faite
en icelluy, lequel remboursement les nouveaux officiers
de ladite Election de Mayenne seront tenus de faire
actuellement, auparavant que de jouir desdits droits de
signatures de rolles, desquels et jusques audit rembour-
cement lesdits officiers du Mans et de La Flèche jouiront chacun à leur égard.

Si donnons en mandement à nos améz et féaux conseillers les gens de nos Comptes et Cour des Aydes à
Paris, Présidens, Trésoriers de France en la généralité

de Tours, que le présent Edit ils fassent lire, publier, registrer et le contenu en icelluy garder et observer de point en point, selon sa forme et teneur, par tous ceux et ainsi qu'il appartiendra, cessans et faisans cesser tous troubles et empeschement au contraire, nonobstant tous édits, déclarations, arrests, règlemens et choses à ce contraires, auxquelles... nous avons dérogé et dérogeons par ces présentes, nonobstant aussi toutes oppositions ou appellations quelconques, pour lesquelles et sans préjudice d'icelles nous ne voulons être différé, et dont, s'il en intervient aucunes, nous en retenons la connaissance en nostre dit Conseil, et icelles interdisons à touttes nos Cours et autres juges.

Car tel est notre plaisir.

Et, afin que ce soit chose ferme et stable à toujours, nous avons fait mettre notre scel à ces dites présentes, sauf, en autres choses, nostre droit, et l'autruy en touttes.

Donné à Sainct-Germain en Lay, au mois de décembre, l'an de grâce mil six cent trente quatre et de notre règne le vingt cinquième.

Signé : LOUIS.

Et plus bas : Par le Roy, de Loménie.

Et scellées du grand sceau de cire verte sur lacs de soye rouge et verte.

Et sur les dittes lettres est écrit :

Leu, publié et registré en la Chambre des Comptes, ouy et ce requérant le Procureur général du roy, aux charges contenues en l'arrest sur ce fait, le quatorzième mai mil six cent trente cinq.

Signé : BOURLON.

Collationné par nous conseiller maître à ce commis.

Signé : FREMIN,

B'

Rapport fait au Comité de Salut public de la Convention nationale,

Par les citoyens Edon, Potier, Jacquier et Marloteau, administrateur et procureur-syndic du district, maire et adjoint de Mayenne, sur l'invasion faite de ce territoire de Mayenne par les brigands de la Vendée [1].

A la nouvelle que les brigands de la Vendée se por-- taient, des bords de la Loire dont ils étaient chassés, sur le département de la Mayenne, le citoyen Esnue-Lavallée, commissaire de la Convention nationale, écrivit à l'administration du département pour avoir des forces à leur opposer vers Craon, où l'on croyait qu'ils se porteraient. La ville de Laval fournit le plus d'hommes possible, avec trois pièces de canon sur quatre qu'elle possédait. Sur l'invitation des administrateurs du département, la ville de Mayenne en fournit deux cents, armés de fusils, mais sans munitions, car il n'y en avait pas. Cette ville ne put envoyer de canons ; elle n'en a jamais pu obtenir, quoique mille fois elle en ait sollicité.

Toutes ces forces réunies se portèrent à Craon.

Les Rebelles, ayant appris qu'ils éprouveraient de la résistance dans cette ville, dirigent leur marche sur Château Gontier dont ils s'emparent. Laval est menacé, et l'administration du département appelle des forces de tous les endroits environnants. Mayenne reçoit l'injonction de fournir un bataillon, et aussitôt douze cents hommes se rendent à Laval, la plupart armés de fusils, les

(1) V. Le *Courrier de Mayenne*, du dimanche 4 Janvier 1885 ; — Paris, Imp. Laurent, aîné, rue d'Argenteuil, in-8 de 8 pages, 1.° 211.

autres de piques seulement. Il est à remarquer que la population de Mayenne n'est que de huit mille individus et que toute sa jeunesse et même beaucoup d'hommes mariés servent la République dans les bataillons aux frontières. Il est encore à remarquer que cette ville, ayant armé presque tous les volontaires dont on vient de parler, est absolument dénuée de fusils.

Rendus à Laval, tous ces citoyens y combattent avec courage à l'avant-garde, et si cette ville a été prise, il n'y a aucun reproche à leur en faire ; ils ont tenu jusqu'à la dernière extrémité : leur perte a été énorme. Il n'en est revenu que deux cents, tous désarmés par les brigands qui les avaient fait prisonniers [1]. Ils ont rapporté que plusieurs d'entre eux avaient été fusillés, notamment le citoyen Cherbonnier-Vannerie, administrateur du district, envoyé comme commissaire civil, qui, sur l'ordre qu'on lui intima de crier *vive le Roi*, avait au contraire, crié *vive la République* [2].

Le lendemain de la prise de Laval, arrivent à Mayenne trois cents hommes avec deux pièces de canon; il en rentra une, le même jour, d'Ernée, sauvée de la ville de Laval. Les autorités constituées font sonner le tocsin

---

(1) Les Vendéens, après avoir passé la Loire à Saint-Florent, le 18 octobre 1793, avaient occupé Château-Gontier le 22, et s'étaient présentés dans la matinée du 23 aux portes de Laval, dont ils dispersèrent rapidement les défenseurs.

(2) « Vannerie de Mayenne est arrêté ; on le conduit, le glaive levé sur sa « tête, au pied de l'arbre de la Liberté, et là on veut lui faire abjurer le « serment de la défendre ; promesses, persécutions, menaces, tout est inu- « tile ; tout aguerrit son âme : périssent, leur dit-il (en regardant les bri- « gands avec ce mépris qu'inspirent les esclaves aux hommes libres), péris- « sent tous les tyrans ! Vous pouvez me frapper ; j'appartiens à la Républi- « que. Il colle ses lèvres sur l'arbre chéri des Français, et au même moment « son sang coule avec son existence. » (V. Faur. Laval, in-8 de 25 pages). *Rapport fait à la Société populaire régénérée de Laval affiliée aux Jacobins, en présence de Laignelot et Dubois-Crancé, représentants du peuple, sur la conduite des citoyens de Laval lors des trois invasions de leur ville par les brigands.* Séance du 10 prairial.

dans toutes les communes de leur arrondissement. Beaucoup d'hommes se rendent dans les murs de Mayenne,
mais sans autres moyens de défense que des fourches
et des faux. On envoie une vedette de vingt-deux hommes de l'Orne [1], à cheval, vers Martigné, sur la route
de Laval. Ces vingt-deux hommes, au lieu d'y aller, se
retirent sans rien dire. Cette retraite laissa Mayenne dans
l'état d'incertitude le plus cruel. Alors il fut arrêté avec
le commandant d'Alençon et l'état-major que, crainte
de surprise et vu l'énorme infériorité des forces et des
moyens que l'on avait à opposer, on se retirerait vers
Alençon [2], pour là former une armée et revenir de suite
à l'ennemi.

Les autorités constituées écrivirent de Mayenne au
citoyen Letourneur, représentant du peuple dans le
département de l'Orne, pour avoir le plus de monde et
de munitions possible ; elles sollicitèrent également des
secours des administrations voisines. Domfront fit une
levée considérable, Lassay de même ; de manière que
Mayenne se trouva rempli de quinze mille hommes
environ. Malheureusement les trois quarts étaient sans
armes [3], point de poudre, point de balles, point de
munitions de bouche. L'on rassembla à la hâte toutes
celles qui purent se trouver dans les environs. L'on fit
descendre jusqu'au plomb des gouttières ; et toutes les
subsistances furent mises en réquisition. Les habitants
des campagnes s'empressèrent d'apporter tout ce qu'ils
pouvaient avoir ; on croit même que plusieurs ont déposé
à Mayenne jusqu'à leurs semences.

(1) Ils étaient de la commune de Saint-Fraimbault-sur-Pisse, district de
Domfront.

(2) Ce projet ne reçut pas son exécution. Ce fut à Pré-en-Pail et au Ribay,
que les forces se rallièrent et revinrent à Mayenne par ordre des Corps
constitués.

(3) La plupart de ces hommes n'avaient que des fusils de chasse et en
mauvais état.

Alors arriva à Mayenne le citoyen Hucher, se disant adjudant-général et qui était à Fougères. Requis par l'administration de montrer ses pouvoirs, il ne le voulut pas. Deux commissaires avaient été envoyés la veille par le citoyen Letourneur; ils avaient communiqué jusqu'alors avec les autorités constituées, mais à partir de ce moment les Corps administratifs et même le Commandant de la garde nationale de Mayenne n'eurent aucune connaissance, ni des dispositions de l'armée des brigands, ni de celle des patriotes réunis dans leurs murs.

Il est, dans les circonstances actuelles, un fait essentiel à remarquer, c'est que le citoyen Hucher prit de lui-même son logement chez L..., homme noté d'incivisme et nouvellement destitué de la place de receveur du district (1), par les représentants du peuple Thirion et Esnue-Lavallée. Un fait encore digne de remarque, c'est que L..., ci-devant garde de Capet, jouait le rôle d'adjudant auprès de lui et qu'il a choisi pour son aide-de-camp un nommé Dutertre, homme dont l'incapacité est notoire. Les autorités constituées lui ont fait sur ces points les observations les plus pressantes ; il y a été sourd. Enfin les choses ont tellement été conduites que, pendant les cinq jours que le citoyen Hucher est resté à Mayenne, il n'a rien organisé. Il y a eu des forces et jamais d'armée. Il n'a pas même songé à établir des avant-postes sur les routes de Laval, si ce n'est la veille ou surveille de la prise qu'il en fut enfin formé, et ce sur la demande qu'en firent les autorités constituées au représentant Letourneur.

(1) Ce fonctionnaire avait été déclaré suspect comme quantité d'honnêtes citoyens de Mayenne, mais ne fut pas arrêté. Il avait été laissé chez lui, pour apurer ses comptes de receveur. « Lors du passage des Rebelles de la Vendée, il se rendit à Alençon où il resta pendant le temps qu'il eut à craindre. Après quoi, il revint à Mayenne d'où il ne quitta pas ». (V. Certificat de résidence du 1er janvier 1794).

Ce dernier est arrivé dans la ville de Mayenne l'avant-veille de la prise ; il la quitta entre sept et huit heures du matin le jour que les brigands s'en emparèrent, ce qui s'opéra sur les deux heures. Il passa la journée au Ribay, distant de quatre lieues, et, le soir, il se rendit à Pré-en-Pail, distant de huit lieues. Le même jour que lui, arriva sur le soir, à Mayenne, le général Lenoir. On ignora ses dispositions ; il ne communiqua point avec les autorités constituées, si ce n'est le jour de la prise, au matin, qu'il fut arrêté avec lui qu'en cas d'attaque l'on se présenterait à l'ennemi, mais que dans le danger, vu la grande supériorité des ennemis, les forces se replieraient sur Alençon, et que Mayenne serait évacué.

Voici maintenant les circonstances de la prise : la veille au soir, c'est-à-dire le 10me jour de la 3me décade du 1er mois [1], le poste de Martigné, composé de six cents hommes de l'Orne, bien armés, se replie en désordre et, pour mieux fuir, jette jusqu'à ses armes et gibernes. Rendus à Mayenne, comme ils demandaient l'étape, on consulte le général Lenoir sur ce qu'il y avait à faire à leur égard. Il les trouva coupables ; il dit qu'il ferait punir les chefs, mais qu'il fallait toujours nourrir les hommes. On met aussitôt en réquisition les ouvriers pour couper le pont de Moulay qui se trouve sur la route.

Le jour de la prise [2], à neuf heures, les postes du côté d'Ernée s'étaient repliés par ordre du général, pendant ce temps les autorités constituées étaient réunies. Tout le monde s'attendait que l'armée était à Moulay et aux retranchements [3]. Point du tout, elle se retirait

<hr>

(1) Le 31 octobre 1793, (10 brumaire an II). Les rédacteurs de ce récit, peu habitués encore au nouveau calendrier, faisaient commencer l'année au 1er octobre au lieu du 22 septembre

(2) Le 1er novembre 1793.

(3) Ces retranchements étaient faits depuis trois jours, paraît-il.

vers Alençon : il était de midi à une heure. Alors, de concert avec le commandant, on fait évacuer la place de toutes les munitions possibles de guerre et de bouche. On ne laisse rien aux brigands que ce que l'on ne peut emporter. A deux heures ils entrent dans la ville par trois points différents. Les autorités constituées ne pouvant plus tenir se retirent. Le maire a même été pris hors de la ville par deux hussards, qui l'ont dépouillé, et des mains desquels il n'a échappé que parce qu'ils ne l'ont pas connu.

Réflexions

Sans armes, sans munitions, sans canons, sans chefs venus à temps, sans organisation, sans dispositions militaires, comment la petite ville de Mayenne, sans murailles et ouverte de tous les côtés, pouvait-elle résister à une horde nombreuse, armée et conduite par le désespoir. Avec la volonté la plus ferme de les repousser avec vigueur, elle a été d'autant plus réduite à l'impossibilité de le faire qu'épuisée par tous les hommes qu'elle avait fournis, soit aux armées, soit à Laval et à Craon, il ne lui restait plus que des vieillards, des femmes et des enfants.

Nota : Depuis quatre à cinq mois les citoyens Grosse-Durocher et Bissy, députés de la Convention, n'ont cessé de solliciter du Comité de Salut public et du ministre de la guerre des canons et des munitions pour ce malheureux pays. La fatalité des circonstances a toujours rendu leurs démarches infructueuses. Ils n'ont jamais pu rien obtenir.

Signé : EDON, administrateur ; POTIER, procureur-syndic ; JACQUIER, maire ; MARLOTEAU, adjoint.

C'

L'armée vendéenne a Saint-Georges-Buttavent [1]
(1793)

Nous, les maire et officiers municipaux de la commune de Saint-Georges-Buttavent, district de Mayenne, réunis à la chambre commune,

Avons fait et dressé le présent procès-verbal constatant les débris, dégats, meurtres et vols commis par les Rebelles, se disant l'armée catholique et royale, qui a passé par notre commune, allant de Mayenne à Fougères, et exposé :

Que le 30 octobre dernier, la municipalité, en personne à la chambre commune, etait occupée de ses travaux ordinaires et des travaux de tous les citoyens de la commune mis en réquisition pour travailler aux retranchements et fortifications ordonnées par les commandants et ingénieurs de l'armée étant à Mayenne et à l'abat des bois pour découvrir le pays et intercepter les chemins vicinaux ;

Que les 29 et 30 octobre dernier, elle fut en outre occupée par l'arrivée de 1600 hommes, Volontaires de la république, qui vinrent loger en notre commune, nullement instruite de l'arrivée de ces volontaires ; que n'ayant dans son pouvoir aucunes munitions pour leurs subsistances, elle n'eut rien de plus prêt que de faire prendre chez les citoyens voisins ce qu'ils avaient de pain cuit pour nourrir la troupe, chez les mêmes citoyens les bestiaux nécessaires pour fournir la viande ;

Que n'ayant point de bestiaux propres à la bouche-

____

(1) V. *Le Courrier de Mayenne* du dimanche 1er février 1891.

rie, elle fut obligée de faire tuer les élèves et également prendre les boissons chez ceux qui en avaient ;

Que chaque citoyen se prêta de tout son pouvoir à nourrir et loger ces volontaires qui venaient pour les préserver de l'irruption des Rebelles ;

Que le premier novembre, cette troupe reçut ordre de son général de se replier sur Mayenne et de suite sur Pré-en-Pail, et livra notre pauvre commune à la merci des Rebelles, sans avoir averti la municipalité du danger où elle était et des risques qu'elle courait ; qu'il était onze heures du matin lorsque la troupe se retira.

La municipalité toujours à son poste s'occupait de mettre de l'ordre dans les dépenses que cette troupe avait occasionnées, afin de faire tenir compte à chaque citoyen de ce qu'il avait fourni, lorsque, sur les deux heures à deux heures et demie, on annonça à grand cri l'arrivée des Rebelles.

La municipalité se donna des mouvements pour reconnaître la vérité du fait ; elle le reconnut effectivement, mais trop tard ; elle n'eut que le temps de fermer la porte de la chambre et de fuir ces brigands qui avaient passé la rivière de Mayenne au bateau, à une heure et demie de distance et étaient venus à petit bruit et sans coup férir.

Ils dirigèrent leurs pas droit à la chambre commune où ils trouvèrent seulement un jeune homme, nommé Julien Jorget, fils d'une pauvre veuve qu'il nourrissait du fruit de ses travaux, à qui ils demandèrent la clef de la municipalité, parce qu'ils avaient été informés que c'était chez lui qu'elle restait ordinairement. Le jeune homme se refusa à satisfaire leur dessein et il en fut victime : il périt par six coups de fusil qu'il reçut de leur part. Tout furieux, ils se firent ouvrir la porte de la municipalité et ils incendièrent ce qu'ils trouvèrent de décrets, de registres, même ceux constatant l'état-civil des citoyens, et des procès-verbaux : tout fut consumé par les flammes. Ils se portèrent ensuite chez différents particuliers, dans le bourg et aux environs, où ils firent un pillage considérable, menaçant tout le monde du fer et du feu. Ils firent couper l'arbre de la Liberté, demandant les officiers municipaux pour les exterminer, se firent conduire chez plusieurs d'entr'eux et notamment chez le maire et furent chez le procureur de la commune, distant d'un quart de lieue du bourg et à une demi-heure l'un de l'autre. Ne les ayant point trouvés, ils se contentèrent de faire chez eux le pillage, sans y commettre de meurtre.

Le deux novembre, l'armée catholique ou plutôt l'armée du diable défila par la route qui conduit de Mayenne à Ernée et passe par notre commune ; elle était composée d'environ huit cents hommes de cavalerie, de vingt à vingt-cinq mille combattants bien armés, d'environ cinquante pièces de canon. Le surplus était composé d'environ vingt mille prêtres, hommes, femmes et enfants, qui marchaient à la suite de l'armée.

Il paraît que cette cohorte, dont la suite est une masse atteinte de dyssenterie, est sans avoir et sans but déterminé ; qu'elle n'a d'autres ressources que le pillage et de vivre à même les citoyens par où elle passe. C'est ce qu'elle nous a prouvé bien clairement pour grains, farine, fourrages, vêtements, viande, volaille, chevaux, bœufs : tout lui était commode. Ils (les Rebelles) ont poussé l'excès au point que, ne trouvant plus d'avoine et de carabin ou blé noir, ils ont fait manger du seigle à leur chevaux. D'après les calculs les plus circonstanciés, notre commune pouvait se sustenter jusqu'au mois de juin prochain et non plus maintenant ; elle n'est pas dans le cas d'exister sans des secours extraordinaires au delà du premier avril prochain ; les citoyens alors seraient forcés de périr par la famine,

après avoir fait comme les loups des bois, se manger
les uns les autres.

Les brigands en voulaient à notre commune plus
qu'à toute autre, à cause de son patriotisme connu
dans l'étendue du district et qui ne s'est jamais démenti
depuis le commencement de la Révolution. Aussi, deux
jours après le passage des brigands, la municipalité a
repris son poste ; son premier soin a été de rétablir l'arbre de la Liberté, de faire revivre la loi et de maintenir
l'ordre et la tranquillité comme elle existait auparavant, consolant les malheureux et leur faisant espérer
qu'ils participeraient aux faveurs qu'il plairait à la
Convention d'accorder à une commune désolée et qui
n'a d'espoir que dans la bienfaisance des Représentants
du peuple, qu'elle regarde comme des pères et des sau-
veurs.

Fait à la chambre commune de Saint-Georges-Buttavent, le dix novembre mil sept cent quatre-vingt-treize,
l'an deuxième de la république française une et indivisible, dont le présent demeurera annexé au registre.

Et ont signé : René Guertault, maire ; Cendrier, procureur ; Jacques Potier ; Gabriel Pellouin, officier municipal ; Michel Gautier.

D'

SAC DU CHATEAU DE LA FEUILLÉE

Aujourd'hui mardi, vingt-quatre juillet mil sept cent
quatre-vingt-douze, l'an quatrième de la Liberté.

Nous, René Letourneux, juge de paix du canton
d'Alexain, y demeurant audit Alexain, assisté de Pierre
Ursant, procureur de ladite paroisse d'Alexain,

Certifions nous être transporté au château de la Feuillée, paroisse d'Alexain, appartenant à Madame Charlotte-Suzanne Desnos, veuve de Monsieur Beauvilliers,

A la requête du sieur Denis Maigret, régisseur de ma dite dame Beauvilliers, demeurant audit château de la Feuillée, comme aussi en présence et compagnie de François Bouvet, garde-chasse audit château de la Feuillée, du sieur Jean-Baptiste Baligaud, jardinier, de Jacques Desbois, domestique, de Renée Bobet, aussi domestique, tous demeurant au dit château de la Feuillée,

Afin de remarquer et statuer les délits qui ont été commis par plusieurs personnes, qu'on dit être de la paroisse de Contest, vendredi dernier, environ sur les neuf heures du matin.

Où étant arrivé audit château, nous avons premièrement remarqué la porte d'entrée rompue et forcée, dont la pente du bas est cassée, une croisée à quatre battants, dont à un des chassis la barre du milieu forcée et rompue, le vitrail de trois chassis entièrement rompu.

Nous avons ensuite entré dans une grande salle où nous avons remarqué un carreau de vitre cassé et enlevé à chacune des deux croisées, quatre reverbères de fer blanc rompus et une grande quantité de bouteilles de verre cassées et mises en souil.

Ensuite, passant dans l'office, il s'est trouvé deux verres de cristal à fleurs d'or rompus et plusieurs d'enlevés, quatre carreaux de vitres cassés, avec un violon brisé.

Dans la petite chambre, une carafe de verre cassée.

La porte de la cuisine est rompue et cassée avec la serrure enlevée, cinq carreaux de vitres cassés, deux broches de fer à rôtir enlevées, une marmite de fonte et plusieurs chassis cassés et plusieurs autres effets cassés.

Dans la laiterie, la porte défoncée et la serrure arra-
chée, avec plusieurs petits effets cassés ou enlevés.

Dans le garde-manger, une potée de beurre d'environ
trente livres, le pot cassé et le beurre presque perdu.

Dans l'escalier, en montant dans la salle du billard,
deux carreaux de vitres cassés.

Dans la dite salle de billard, une grande croisée donnant sur la cour, dont le vitrail est presque totalement
cassé, la porte à sortir sur la terrasse dont les vitres, à
grands carreaux, sont tous cassés, un reverbère de fer
blanc, garni de verres, rompu, plusieurs queues du billard cassées et enlevées, la porte d'entrée de la dite salle
du billard rompue et la serrure détachée et cassée, avec
plusieurs autres débris.

A l'entrée de la salle à manger, à la suite de la dite
chambre du billard, la clé de la porte enlevée, une
table de marbre rompue, deux pendules rompues entièrement, tous les instruments de musique rompus,
une table ovale cassée, la boisure du devant de la cheminée rompue, trois tables à jeu rompues entièrement
avec leurs tapis cassés, quantité de carreaux de vitres
cassés, même des petits bois forcés, un fauteuil et
plusieurs chaises cassés, avec un baromètre aussi cassé.

Sur le corridor à passer de la salle à manger en la
grande salle, une croisée presque toute rompue, bois
et vitre.

On a forcé la porte du cabinet où est la bibliothèque;
une porte d'armoire est rompue et plusieurs livres sont
enlevés.

Dans la salle de compagnie, à la croisée sur la terrasse, un carreau cassé, deux grandes glaces de prix
avec une table de marbre, deux pendules, un reverbère
de verre, deux fauteuils embourrés et un point em-
bourré, deux écrans, une petite table à jeu avec son
tapis vert, le tout cassé et brisé avec plusieurs autres

petits effets ; de plus une grande table ronde aussi cassée.

Dans le salon de Madame, deux grandes glaces de prix, une croisée avec une porte en verre, le petit rouet à Madame garni d'argent, trois cadres, le tout rompu, brisé et cassé.

Dans la chambre de Madame, une glace de prix, un bras de cheminée, un chandelier, un petit tableau, le tout cassé et rompu, avec plusieurs autres petits débris.

Dans un petit cabinet de toilette, un cadre en verre, cassé.

Dans un autre cabinet adjacent, deux cadres de verre, aussi cassés.

Dans l'escalier, en montant dans la chambre du Grand-Baillif, une petite croisée vitrée en rond, rompue et plusieurs pots de chambre de faïence.

Ensuite, nous nous sommes transporté dans une cave située de l'autre côté de la cour, où nous avons remarqué la serrure de la porte, enlevée et forcée. Dans ladite cave, grande quantité de bouteilles de verre, rompues et brisées, et environ trois busses de vin en bouteilles de verre, cassées, bues ou enlevées, deux busses de vinaigre, répandu. Dans une autre cave où est le cidre, nous avons trouvé la porte forcée et grande quantité de cidre répandu.

De plus, Benoit Bravard, demeurant audit château, nous a déclaré avoir perdu deux chemises, qui étaient dans la grande salle d'en bas.

En outre, ledit Benoît nous a déclaré qu'ils avaient forcé et enlevé les clés de fer des barrières, qui closent la prée nommée la Maure.

De plus, ladite Renée Bobet, domestique, nous a déclaré avoir perdu un mouchoir neuf.

En outre, plusieurs autres débris peuvent avoir été omis à comprendre dans ledit procès-verbal.

De tout quoi, nous avons dressé le présent procès-
verbal pour servir et valoir audit sieur Denis Maigret
ce que de raison ; le tout suivant la visite que nous
avons faite dans les appartements ci-dessus désignés,
accompagné des gens demeurant audit château de la
Feuillée et suivant leur déclaration.

Fait et dressé le présent procès-verbal par nous, René
Letourneux, juge de paix dudit canton d'Alexain, lesdits
jour et an que dessus.

Lesquels sus-nommés ont signé avec nous, hors ceux
qui ont déclaré ne le savoir.

Je soussigné, certifie que la présente copie est conforme à l'original ; en foi de quoi, je l'ai délivrée pour
servir et valoir ce que de raison.

LETOURNEUX, Juge de Paix.

Nous, maire et officiers municipaux de la paroisse
d'Alexain, district de Mayenne, certifions que la signature ci-dessus est véritablement celle du sieur Letourneux, juge de paix.

En foi de quoi nous avons signé, le deux août mil
sept cent quatre-vingt-douze.

Signé : Bouillé, maire ; Letourneux, secrétaire ; Pierre Ursant, procureur de la commune ; Jean Buchet ;
Jean Nory, officier de La Bigotière.

E'

Biens Nationaux [1]

Paroisse de Notre-Dame de Mayenne [2]

L'Eglise de Notre-Dame de Mayenne

1. — L'église servit pendant la Révolution de temple de la Raison et de salle de réunion à la Société populaire.

Les meubles et objets mobiliers de l'église et de la sacristie, inventoriés le 6 ventôse an II (24 février 1794), furent vendus aux enchères les 7, 8, 9, 12 et 13 floréal an II (26, 27, 28 avril, 1ᵉʳ et 2 mai 1794). Lors de

[1] Nous ne donnerons pas les noms des acquéreurs des biens vendus par la Nation. Il n'entre point dans notre pensée de faire revivre, par cette publication, des querelles anciennes et de froisser les descendants de personnes qui ont fait l'acquisition de domaines nationaux. Cormenin a dit : « La « Charte, la loi du 5 décembre 1814 et celle du 17 avril 1825, la nécessité et le « temps ont tout garanti, tout légitimé, tout couvert ». Il faut ajouter : « L'E-« glise a tout absous ; il ne reste que des faits historiques ».

Pour se rendre compte du prix des acquisitions, dont quelques uns paraissent fort élevés, il est nécessaire de connaître la valeur des assignats et des mandats à l'époque de ces acquisitions. On trouvera un tableau sommaire de la dépréciation du papier-monnaie dans l'*Abbaye de Fontaine-Daniel*, p. 438.

Le Ministre des finances avait, par une circulaire du 16 frimaire an VIII (7 décembre 1799), décidé : 1° qu'à partir de la publication de la loi du 28 ventôse an IV (18 mars 1796), les assignats versés par les acquéreurs dans les caisses publiques ne seraient admis que pour le trentième de la valeur nominale ; 2° Et que les mandats par eux également versés dans lesdites caisses, postérieurement à la loi du 29 messidor an IV (17 juillet 1796), ne devaient leur être comptés qu'au cours, — mais un arrêté des Consuls, du 22 prairial an VIII (11 juin 1800), déclara que tous les paiements faits par les acquéreurs des Domaines Nationaux, dont les acquisitions étaient antérieures à la loi du 28 ventôse, en assignats ou mandats, valeur nominale, étaient valables, tant que ces papiers-monnaies avaient été en circulation.

[2] Sous ce titre sont compris les biens de la partie de la paroisse de Saint-Baudelle qui a été annexée à Mayenne.

DÉPARTEMENT
DE
LA MAYENNE

District de Mayenne
comprenant les 12 cantons
suivants:

Alexain
Ambrières
Bais
Champéon
Chantrigné
Grazay-le-Bois
Martigné
Mayenne
Oisseau
St Fraimbault-sur-Pisse
St Georges-Buttavent
St Ouen-des-Oyes

Echelle
10 Mille toises

10 mille toises

dressé par M.BIS, Commis des Ponts et Chaussées
d'après un travail à l'ouvrage "Documents sur la
de Mayenne" publié par M. GROSSE DUPEYRON
Mayenne 1906
Poirier frères Imprimeurs

Nord
DÉPT DE L'ORNE
DISTRICT DE VILLAINES
St Fraimbault
Sougé
Vaucé
Couesmes
le Pas
Cigné
LASSAY
Gorron
Brecé
Chantrigné
Ambrières
St Loup-du-Gast
St Mars
Montgiroux
Oisseau
Poulay
Champéon
Chaulion-sur-Colf
VILLAINES
St Georges
Loupfougères
Parigné
Hardanges
la Chapelle au-Riboul
MAYENNE
Moulay
Champgénéteux
St Baudelle
Aron
Crazay-le-Bois
Place
Commer
la Bazouge-Montpinçon
Jublaine
Alexain
Belgeard
Hambers
Bays
St Germain d'Anxure
Montourtier
Martigné
Deux-Evailles
Sacé
la Bazouge-des-Alleux
St Ouen-des-Oyes
EVRON
Brée
Montsûrs
DISTRICT DE LAVAL
LAVAL
DISTRICT
Sud
DISTRICT D'ERNÉE
ERNÉE
Ouest
Est
D'EVRON
DISTRICT
DISTRICT

la continuation de la vente, le 14 floréal, il ne se trouva personne pour enchérir. Reprise le 15, elle fut poursuivie le 19 et finie le 27. On vendit un bâton de confrérie pour 10^s, l'orgue 140^{tt}, un drap mortuaire 3^{tt}12^s 6^d, les ornements sacerdotaux à des prix dérisoires.

Le produit de la vente s'éleva à 3.444^{tt} 10^s 6^d.

Ne trouvèrent pas d'acheteurs :

« Le ci-devant grand-autel, six pieds de marbre pour porter le couronnement et le ci-devant tabernacle ;

« Le piédestal de l'Aigle, en marbre ;

« L'autel de Notre-Dame de Grâce.

« A l'autel de la ci-devant Vierge de Pitié, un devant d'autel, 8 piliers de marbre ».

Les linges, surplis, lavabos, amicts, et les objets de cuivre et d'argent furent réservés et portés au District.

Les objets en argent de l'église avaient été inventoriés dès le 15 octobre 1792 par Jean-Baptiste de la Bécannière, officier municipal, et Jacques Viel, « citoyen notable », avec le concours d'Antoine Nonclair, orfèvre. On voit figurer dans leur procès-verbal les pièces ci-après, dont on retira « le fer, le cuivre et autres matières (des reliques) pour connaitre le poids de l'argent ». Après cette opération et un décapage complet, il se trouva qu'elles pesaient « net en argent », savoir :

Deux chandeliers pour acolytes, 13 marcs 6 onces 7 gros.

Un premier reliquaire, « représentant la tête d'un « évêque, qui était garni de mauvais chatons à pierres, « dont la queue en cuivre et au nombre de dix et monté « sur un pied de cuivre doré », 2 marcs 2 onces 4 gros.

Un deuxième reliquaire, « consistant en une main montée sur un pied de cuivre doré », 2 marcs 2 onces 2 gros.

Un troisième reliquaire, figurant « la tête d'une sainte », 1 marc 7 onces 1 gros.

Un quatrième reliquaire « représentant un petit Saint-
« Jean, vêtu de son manteau qui était détaché, et avait
« une jambe cassée », 7 onces 1 gros.

Deux burettes, 5 onces 4 gros.

Deux encensoirs, 9 marcs 2 onces.

Une croix, 3 marcs 2 onces 6 gros.

La Fabrique de Notre-Dame de Mayenne [1]

2. — Cinq ormeaux « qui faisaient l'ornement de la
« Croix de Mission », située sur la place du Jubilé (place
Juhel), abattus sur l'ordre de la municipalité et vendus
le 22 nivôse an II (11 janvier 1794), pour 32ᵗ 10ˢ.

3. — Le champ des Fourches, au Tertre-Chabot, vendu
le 28 frimaire an III (12 décembre 1794), pour 7025ᵗ [2].

4. — Deux boutiques, sous le parvis de l'église, « les
« deux premières en descendant la Grand'rue ; lesquel-
« les boutiques étaient voûtées et sans cheminées »,
vendues le 28 ventôse an III (18 mars 1795), pour 3.400ᵗ.
Il était stipulé dans le cahier des charges, préalable à
l'adjudication, que les boutiques « seraient entretenues
« dans leur construction, sans pouvoir les exhausser,
« augmenter, ni diminuer » [3].

5. — Une autre boutique, sous le parvis de l'église,
la troisième en descendant la Grand'rue, vendue le
même jour (18 mars 1795), pour 2,400ᵗ [4].

Elle était soumise aux mêmes servitudes que les pré-
cédentes.

(1) V. infrà, *Paroisse de Saint-Martin de Mayenne.*

(2) Le champ était loué 75ᵗ par an, suivant bail devant Esnault, notaire
à Mayenne, du 19 avril 1788.

(3) Les deux boutiques avaient pour locataire un cloutier, qui payait
annuellement 36ᵗ et fournissait deux livres de cire jaune, ainsi qu'il appert
d'un bail devant de la Bécannière, notaire à Mayenne, du 21 mars 1782.

(4) Cette boutique était louée à une marchande lainière moyennant 27ᵗ
et une livre de cire blanche, par bail devant Esnault, notaire à Mayenne,
du 16 novembre 1779.

6. — Une maison avec un jardin et dépendances, rue Sainte-Anne, habitation de l'organiste de l'église, vendue le 7 vendémiaire an V (28 septembre 1796), pour 2,780 ᶠ.

La fabrique possédait aussi dans le district de Mayenne :

7. — La closerie de la Morinaie, en Contest, louée 390 ᶠ par an, suivant bail devant Bourdon, notaire à Mayenne, du 12 juillet 1789, et vendue le 13 juillet 1793, pour 16,600 ᶠ.

8. — La closerie de la Bazillère, en Marcillé-la-Ville, louée par bail devant de la Bécannière, notaire à Mayenne, du 29 août 1784, puis par autre bail devant ledit Bourdon, du 12 juillet 1789.

La Cure de Notre-Dame de Mayenne

9. — Le presbytère, consistant en un corps de bâtiment, cour, écurie et terrasse.

Pendant la Révolution, le presbytère fut divisé en petits logements loués à des ouvriers, un charpentier, un tourneur, une fruitière, etc.; la gendarmerie l'occupa ensuite à partir du 19 germinal an VI (8 avril 1798). On rendit plus tard ces immeubles à leur destination primitive.

La Chapelle Saint-Antoine du Cimetière

10. — Meubles et objets mobiliers.

Chapellenie des Faucheux [1].

11. — Un pré, nommé le pré Thibault, près de la Bévinière, vendu le 21 janvier 1791, pour 1.550ᶠ.

12. — Une maison, jardin et dépendances, à l'angle

---

[1] V. infrà, *Paroisse de Saint-Martin de Mayenne;* — *Les Chapellenies de Mayenne avant la Révolution,* p. 63 et s.

de la Grand'rue et de l'impasse du presbytère, vendus le 18 mai 1791, pour 11.500 ᵗᵗ.

La Chapellenie des Madrés [1]

12 *bis*. — Une maison et ses dépendances, au parvis de l'église de Notre-Dame, vendue le 29 novembre 1791, pour 2.200 ᵗᵗ.

Il dépendait de la même chapellenie :

13. — Le pré Parfond, à Commer, vendu le 15 février 1791, pour 2.425 ᵗᵗ.

14. — Un pré et une portion de taillis, à Saint-Fraimbault-de-Prières, vendus le 14 juin 1791, pour 2.550 ᵗᵗ.

La Chapellenie de Saint-Blaise ou de la Mesnardière [2].

15. — La métairie de la Mesnardière (alors en Saint-Baudelle), vendue le 31 janvier 1791, pour 27.200 ᵗᵗ [3].

16. — Un champ dit des Capucins, situé près de l'enclos du couvent des Capucins (actuellement la Visitation), vendu le 20 avril 1791, pour 2.400 ᵗᵗ.

La Chapellenie des Perrouins [4]

17. — La closerie des Perrouins, vendue le 6 avril 1791, pour 6.600 ᵗᵗ.

La Chapellenie du Pommier [5]

18. — La closerie du Pommier, vendue le 5 mars 1791, pour 11.700 ᵗᵗ.

(1) V. *Les Chapellenies de Mayenne avant la Révolution*, p. 31 et s.

(2) V. *Les Chapellenies de Mayenne avant la Révolution*, p. 23 et s.

(3) Cette métairie était louée moyennant un fermage de 700 ᵗᵗ et la charge de faire six charrois par an, suivant bail du 22 octobre 1787. (V. acte devant Coignard, notaire à Mayenne, du 2 novembre 1791).

(4) V. *Les Chapellenies de Mayenne avant la Révolution*, p. 29 et 30.

(5) V. *Les Chapellenies de Mayenne avant la Révolution*, p. 39 et s.

Chapellenie de la Vannerie

19. — Un friche, une portion de jardin et un pré à la Vannerie (ci-devant en Saint-Baudelle), vendus le 15 mars 1791, pour 1.525[t].

20. — Une maison, un petit cellier à côté et un jardin sur les Buttes, vendus le 11 mai 1791, pour 1.300[t].

Les Confréries de Parigné

21. — Le pré dit des Trépassés, près de la ville de Mayenne, vendu le 16 vendémiaire an V (7 octobre 1796).

22. — Un champ, près de Grazon, vendu le même jour.

L'Abbaye de Fontaine-Daniel [1]

23. — Les Grands-Moulins de Mayenne, vendus le 4 germinal an VI (24 mars 1798), pour 91.100[t].

L'abbaye possédait en outre :

1° Paroisse de Saint-Georges-Buttavent

24. — Le mobilier de la maison abbatiale et du couvent, mis sous scellés le 29 floréal an II (18 mai 1794).

25. — La maison abbatiale et ses dépendances.

26. — Les friches du moulin de Daviet, vendus le 5 février 1791.

27. — Les deux métairies des Sepellières, vendues le même jour, pour 33.000[t].

28. — Le couvent, l'église, les cours, jardins, parterres, terrasses, promenades, canal, pré et terres dans l'enclos, le cimetière et le petit jardin contigus, les rues et issues, vendus le 6 fructidor, an IV (23 août 1796).

29. — Les métairies des Grands et des Petits-Burons, vendues le 10 février 1791, pour 42.100[t].

(1) V. *L'Abbaye de Fontaine-Daniel*, p. 324 et s.

30 — Le pré de Bondic, près de la Leverie, vendu le 18 mars 1791, pour 4.200ᵗ.

31. — La métairie des Fichets, vendue le 5 avril 1791, pour 31.100ᵗ.

32. — Le moulin du Fèvre, ses bâtiments et jardins, l'étang et le pré de la Queue-de-l'Etang, vendus le même jour, pour 7.300ᵗ.

33. — La portion de la prairie de Fauconnier, dite le Grand-Pâtis, vendue le 31 mai 1791, pour 2.225ᵗ.

34. — Les Journaux-Maigres (prairie de Fauconnier), vendus le même jour, pour 4.025ᵗ.

35. — La Motte (prairie de Fauconnier), vendue le 4 juin 1791, pour 2.125ᵗ.

36. — Les Tronchets (prairie de Fauconnier), vendus le 4 juin 1791, pour 1.975ᵗ.

37. — Le moulin de Fauconnier et ses dépendances, vendus le 14 juin 1791, pour 3.000ᵗ.

38. — Le moulin et la Barrière du Moulin (deux portions de la prairie de Fauconnier), vendus le 2 juillet 1791, pour 2.900ᵗ.

39. — La Barrière-du-Haut (prairie de Fauconnier), vendue le 11 juillet 1791, pour 3.050ᵗ.

40. — La métairie de la Basse-Cour et une prairie dite du Vieil-Etang, vendues le 31 août 1791, pour 41.000ᵗ.

41. — Un friche, au bourg de Saint-Georges, vendu le 1er octobre 1791, pour 480ᵗ.

42. — Le Bas-des-Journaux-Maigres et le Bourget (prairie de Fauconnier), vendus le 24 octobre 1792, pour 6.125ᵗ.

43. — La Pourrie (prairie de Fauconnier), vendue le même jour, pour 8.025ᵗ.

44. — Le pré ou herbage dit de l'Eglise, clos de murs, vendu le 21 thermidor, an IV (8 août 1796), pour 4.460ᵗ.

45. — Une petite maison, dite le Paradis, et un jardin, vendus le 5 vendémiaire, an V (26 septembre 1796),

2ᵉ *Paroisse de Contest*

46. — La ferme de la Baratinière, vendue le 15 avril 1791, pour 17.000#.

47. — La closerie de la Micaudière, vendue le 19 avril 1791, pour 8,000#.

48. — L'Islantière, vendue le 6 juin 1791, pour 1200#.

49. — La prairie de Tantonneau, vendue le même jour, pour 4.650#.

50. — La closerie de la Brèche-d'Ernée, vendue le 4 août 1792, pour 2.625#.

51. — La closerie de la Maison-Neuve, vendue le 24 octobre 1792, pour 6.025#.

52. — Un champ dit du Pin, vendu le 9 nivôse an III (29 décembre 1794), pour 60#.

3ᵉ *Paroisse de Saint-Baudelle*

52*bis*. — La métairie des Grandes-Grinhardières, vendue le 18 février 1791, pour 20.700#.

53. — La métairie des Molands, vendue le 1ᵉʳ mars 1791, pour 18.000#.

54. — La closerie des Chesnots, vendue le 13 mars 1792, pour 5 750#.

55. — La métairie des Petites-Grinhardières, vendue le 21 avril 1791, pour 22.000#.

56. — La Brosse de Montesson, vendue le 24 mai 1791, pour 290#.

57. — Le pré, nommé l'Etang de la Helberdière, vendu le 25 juin 1791, pour 1.800#.

58. — Les moulins de Saint-Baudelle et de Chorin, vendus le 7 septembre 1791, pour 6.900#.

4ᵉ *Paroisse d'Alexain*

59. — Les deux closeries des Quelleries, vendues le 31 janvier 1791, pour 11.600#.

5° *Paroisse de Moulay*

60. — Le moulin de Grenoux (sur la Mayenne), maison, jardin et friche, vendus avec le bateau du passeur le 19 septembre 1791, pour 4.000 ^{tt}.

6° *Paroisse de Montourtier*

61. — La métairie de la Daulière, vendue le 22 mars 1791, pour 14.000 ^{tt}.

7° *Paroisse du Pas*

62. — Le moulin de Folas, vendu le 17 mars 1791, pour 5.150 ^{tt}.

63. — Le lieu de la Voisinière, vendu le 3 juin 1791, pour 9.700 ^{tt}.

8° *Paroisse de Parennes (Sarthe)*

64. — La métairie des Grands-Possons, vendue le 9 décembre 1791, pour 18.900 ^{tt}.

65. — La métairie des Petits-Possons, vendue le même jour, pour 13.500 ^{tt}.

66. — La métairie de la Vrillère, vendue le même jour, pour 15.800 ^{tt}.

9° *Paroisse de Rouez-en-Champagne (Sarthe)*

67. — La métairie de la Gagnerie, vendue le 9 décembre 1791, pour 19.100 ^{tt}.

68. — La métairie de Lottinière, vendue le même jour, pour 6.450 ^{tt}.

10° *Paroisse de Bouchemaine (Maine-et-Loire)*

69. — La propriété de Monhéry ou Moirin, vendue le 16 février 1791, pour 8.225 ^{tt}.

11° *Paroisse de Réville (Manche)*

70. — Divers immeubles à Réville, vendus le 30 mars 1793, pour 17.175 ^{tt}.

71. — Un comble de bâtiments, près de l'église de Saint-Aubin, cour, jardin et dix pièces de terre, vendus le 22 juillet 1791, pour 16.100 ᵗ.

72. — Un lot de neuf pièces de terre, vendu avec des biens étrangers à Fontaine-Daniel, le 29 juillet 1791, pour 24.000 ᵗ.

73. — Onze acres de la pièce des Vignons, vendus le 7 novembre 1791, pour 6.500 ᵗ.

Le Prieuré de Berne

74. — La chapelle, le prieuré et la closerie de Berne (ci-devant en Saint-Baudelle), vendus le 18 février 1791, pour 16.000 ᵗ.

75. — La métairie de Moussard et le champ de la Vannerie (ci-devant en Saint-Baudelle), vendus le même jour, pour 26.900 ᵗ.

Il dépendait encore du prieuré de Berne :

76. — Le moulin de la Valette, en Cigné, vendu le 26 janvier 1791, pour 4.367 ᵗ 5 ˢ.

77. — La métairie de la Chevalerie, même paroisse, vendue le 22 février 1791, pour 10.000 ᵗ.

Le Couvent des Capucins [1]

78. — Treize ormeaux, plantés rue des Ormeaux (rue de la Visitation), vendus le 23 octobre 1792, pour 72 ᵗ.

79. — Le couvent et l'enclos, vendus le 13 novembre 1792, pour 27.000 ᵗ.

L'enclos comprenait la chapelle, la maison conventuelle, des bâtiments, terrasses, friches, vergers, jardins et bois.

80. — La maison, le jardin et dépendances des « Sœurs

(1) V. *Le Couvent des Capucins de Mayenne*, p. 138 et s.

temporelles des Capucins » [1], vendus le 13 avril 1793,
pour 4.300 [#].

81. — Partie des livres de la bibliothèque du couvent
vendus les 14 et 16 vendémiaire an VIII (6 et 8 octobre
1799), pour 262 [#] 5 [s].

Le Couvent du Calvaire [2]

82. — Le Grand-Champ du Calvaire, situé en dehors
de l'enclos, vendu le 20 avril 1791, pour 2.150 [#].

83. — Le Petit-Champ du Calvaire, hors l'enclos,
vendu le même jour, pour 5.150 [#].

84. — Le Couvent et l'enclos du Calvaire, vendus le
12 vendémiaire an III (3 octobre 1794), pour 100.000 [#].

85. — La maison et le jardin occupés par le chapelain.
Le monastère possédait encore dans le District de
Mayenne :

86. — La Gentillère, en Châtillon-sur-Colmont, vendue le 3 mars 1791, pour 16.600 [#].

87. — La métairie de la Rivière, même paroisse, vendue le 23 mars 1791, pour 14.500 [#].

88. — Le lieu de la Touche, en Aron, vendu le 2 avril
1792, pour 5.600 [#].

89. — Des immeubles aux Hautes-Oyères et la closerie de la Basse-Vilette, en Aron [3].

L'Hôtel-Dieu dit du Saint-Esprit [4]

90. — Les bâtiments de l'Hôtel-Dieu, à Boyère. Nous
rappelons que l'Hôtel-Dieu, quoique sur la rive gauche

(1) On appelait « Sœurs temporelles » de pieuses filles qui quêtaient pour
le Couvent, en avaient la bourse, raccommodaient les vêtements des religieux.

(2) V. infrà, *Paroisse de Saint-Martin de Mayenne.* — V. aussi *Souvenirs
du Vieux Mayenne,* p. 291.

(3) Cette propriété dut être donnée au Bureau de bienfaisance, après la
Révolution.

(4) V. Infrà, *Paroisse de Saint-Martin de Mayenne.* — V. aussi *L'ancien
Hôtel-Dieu de Mayenne,* pages 95 et suivantes.

de la Mayenne, faisait partie de la paroisse de Notre-Dame.

91. — Le mobilier de l'Hôtel-Dieu y resta, sauf les objets servant au culte.

L'argenterie de la chapelle fut envoyée au district ; elle pesait 12 marcs 7 onces 7 gros. On enleva également les galons en or et en argent des ornements sacerdotaux, estimés 4 marcs 4 onces. L'or et l'argent des étoffes furent évalués à 3 mars 1 once.

92. — La métairie de Bras.

93. — Une pépinière de la métairie de Bras, vendue le 4 nivôse an III (24 décembre 1794), pour 415^{tt}.

94. — Une autre pépinière de ladite métairie, vendue le même jour, pour 395^{tt}.

95. — Une maison à Mayenne, près le Grand-Carrefour [1].

96. — Une maison à Mayenne, au faubourg Saint-Vincent [2].

97. — Deux maisons, jardin et dépendances, près l'auberge de la Croix (ci-devant en Saint-Baudelle), vendus le 9 nivôse an III (24 décembre 1794), pour 1.203 ^{tt} [3].

98. — Une maison, rue des Lavanderies, vendue le 9 nivôse an III (18 janvier 1795), louée 58^{tt} 10^{s} [4].

99. — Une maison, rue des Lavanderies, comprenant salle, cave dessous pour tisserand, une portion de cour et une portion de jardin, vendue le 8 germinal an III (28 mars 1795), pour 5.700^{tt} [5].

(1) Cette maison était louée 40^{tt}, par bail devant Cherbonnel, notaire à Mayenne, en 1788.

(2) Maison louée 90^{tt}, par bail devant ledit Cherbonnel, du 1er octobre 1786.

(3) Ces deux maisons étaient louées 54^{tt} par an, suivant bail devant ledit Cherbonnel, du 31 août 1753. V. aussi bail devant le même notaire, du 5 juillet 1789.

(4) V. bail devant ledit Cherbonnel.

(5) Maison louée 36^{tt} par an, suivant bail devant ledit Cherbonnel.

100. — Une maison, rue des Lavanderies, vendue le même jour, pour 7,000 [1].

101. — Deux autres maisons, rue des Lavanderies, vendues le même jour [2].

102. — Une maison, rue des Lavanderies, vendue le même jour, pour 4,200 [3].

103. — Une maison, rue du Pavé-Morin, vendue le même jour, louée 12 par an.

104. — Une autre maison, rue du Pavé-Morin, louée 42 par an.

L'Hôtel-Dieu possédait, en outre, dans le district :

105. — Le lieu de Chapin, paroisse de Saint-Baudelle [4].

106. — La closerie de la Bretonnière, en Parigné [5].

107. — Le Petit-Vaugaron, en Commer [6].

108. — Le lieu de la Bruyère, en Saint-Georges-Buttavent [7].

109. — Le lieu de la Girardière, en Alexain [8], vendu le 5 mars 1791, pour 8,300.

110. — La Chauvière, en Montourtier [9]. Une portion du pré des landes, dépendant de la métairie de la Chauvière, fut vendue le 28 mai 1791 par Jacques Goyet-Godardière à Joseph-Pierre Pottier, par contrat devant de la Bécannière, notaire à Mayenne ; nous ignorons la date de l'acquisition de Goyet.

---

(1) Maison louée 35 par an, suivant bail devant ledit Cherbonnel.

(2) Maisons louées 65 par an, suivant bail devant ledit Cherbonnel.

(3) Maison louée 28 par an, suivant bail devant ledit Cherbonnel, du 6 octobre 1782.

(4) V. bail devant ledit Cherbonnel, du 25 juillet 1789.

(5) V. bail devant ledit Cherbonnel, du 31 août 1783.

(6) V. bail devant ledit Cherbonnel, en mars 1788.

(7) V. bail devant ledit Cherbonnel, d'août 1783.

(8) V. bail devant ledit Cherbonnel, en octobre 1790.

(9) Cette closerie aurait été louée 460, 16 poulets, 16 chapons, 30 livres de beurre et l'impôt, par bail de juin 1783.

L'Hôpital Général de la Madeleine [1]

111. — Le Champ de la Rue, vendu le 28 frimaire an III (18 décembre 1794), pour 5,600 #.

112. — Le Champ de la Vallée, vendu le même jour, pour 1.325 #.

113. — Le Champ-Jacques, vendu le même jour, pour 4.400 # [2].

114. — La moitié des Petits-Champs, vendue le même jour, pour 3.300 #.

115. — L'autre moitié des Petits-Champs, vendue le même jour, pour 3.450 # [3].

116. — Le Champ-Long, vendu le même jour, pour 5.225 #.

117. — Le labour dit le Jardin-des-Ladres, vendu le 9 nivôse an III (29 décembre 1794), pour 1.200 #.

118. — Le pré du Regard-des-Fontaines, vendu le même jour, pour 6.100 #.

Les 19 maisons de la cité du Pressoir :

119. — La première, louée 44 #.

120. — La deuxième, 13 # 10 s.

121. — La troisième, 24 #.

122. — La quatrième, 37 #.

123. — La cinquième, 35 #.

124. — La sixième, 45 # 10 s.

125. — La septième, 29 #.

126 — La huitième, 38 #.

127. — La neuvième, 32 #.

128. — La dixième, 8 #.

129. — La onzième, 24 #.

130. — La douzième, 47 #.

131. — La treizième, 18 #.

---

(1) V. Infrà, *Paroisse de Saint-Martin de. Mayenne.* — V. aussi *La Madeleine à Mayenne*, p. 128 et s.

(2) V. Bail devant Radou, notaire à Mayenne, du 7 octobre 1760.

(3) V. Bail devant Jamelin, notaire à Mayenne, du 12 septembre 1765.

132. — La quatorzième, 43^{tt}.

133. — La quinzième, 20^{tt}.

134. — La seizième, 18^{tt}.

135. — La dix-septième, 17^{tt}.

136. — La dix-huitième, 38^{tt}.

137. — La dix-neuvième, 36^{tt}.

Le Collège

138. — Les bâtiments et le jardin du collège, rue Saint-Antoine, furent loués en détail; on y réserva des pièces pour un corps de garde. Après la Révolution, ces biens furent rendus à leur destination première.

139. — Le pré Jeannette, au-dessous des Perrouins, vendu le 28 frimaire an III (18 décembre 1794), pour 15.000^{tt}.

140. — Le champ du Pommier, chemin du Pommier, vendu le même jour, pour 3.500^{tt}.

141. — Le champ du *Stabat*, côtoyant le champ de l'Aire de la closerie du Pommier, vendu le même jour, pour 3.500^{tt}.

142. — Maison et jardin, place de la République (place des Halles) dans le voisinage du château, vendus le 27 prairial an IV (15 juin 1796), pour 2.376^{tt} [1].

Une seconde maison et jardin, vendus le même jour, également pour 2.376^{tt} [2].

Une troisième maison et jardin, vendus aussi 2.376^{tt} [3].

Barben du Boulay (René-François), prêtre habitué de Notre-Dame de Mayenne, déporté

143. — Mobilier inventorié le 14 pluviôse an II

(1) Cette maison était louée 181^{tt}, par bail de la municipalité du 16 mars 1793.

(2) Cette habitation était louée 160^{tt}, par bail de la municipalité du 16 mars 1793.

(3) V. Partage entre les acquéreurs des trois maisons qui précèdent, devant François Duhail, notaire à Mayenne, du 28 prairial an IV (16 juin 1796).

(2 février 1794), vendu aux enchères les 21, 22 et 23 ventôse (11, 12 et 13 mars 1794) suivants, pour 1.203ᵗ 2ˢ.

144.— Maison située « en face le temple de la Raison », c'est-à-dire de l'église de Notre-Dame, vendue 33.600ᵗ, le 17 ventôse an III (7 mars 1795).

Barbeu du Boulay possédait, en outre, dans le District de Mayenne :

145. — La métairie de la Chevalerie, commune de Marcillé-la-Ville.

146 — Des meubles et objets mobiliers au dit lieu de la Chevalerie, vendus aux enchères le 26 germinal an II (15 avril 1794), pour 142ᵗ 15ˢ.

147. — La closerie de la Bordelaie, également en Marcillé-la-Ville.

Ces immeubles furent rendus aux héritiers du déporté par arrêté du Département du 28 ventôse an V (14 mars 1797).

*Barbeu du Boulay (François), époux de Marguerite-
Suzanne Jouannault, père d'émigré*

148. — La métairie de la Sérardière (ci-devant en Saint-Baudelle).

149. — Barbeu possédait aussi la Grande-Hairière en Saint-Baudelle.

*Bernard (Louis-Jacques), prêtre-chantre de Notre-Dame
de Mayenne, déporté*

150. — Mobilier de la maison qu'il occupait Grand'-Rue avec sa nièce Marie-Joseph Bernard. Ce mobilier avait été placé sous scellés le 27 nivôse an II (16 Janvier 1794), inventorié le 11 pluviôse suivant (30 janvier 1794), et fut vendu le 5 ventôse (23 février) de la même année, pour 463ᵗ 3ˢ 9ᵈ.

Chapedelaine (Jean de), chevalier, seigneur d'Isle, époux de Marie-Renée de Bazogers, père de Anne-Charles et Jean-René de Chapedelaine, émigrés [1], *(22.000ᵗ de rente).*

151. — Mobilier de sa maison, place de l'Egalité (actuellement place Cheverus), inventorié le 5 pluviôse an II (24 janvier 1794), et estimé 6.393ᵗ 5ˢ. Les représentants du peuple Vardon, Rovère, Garnier, Barras, Reverchon et Laignelot levèrent le sequestre dont étaient frappés les biens de Chapedelaine, par arrêté du 11 pluviôse an III (30 janvier 1795).

Chapedelaine possédait, en outre, dans le District de Mayenne :

152. — Le lieu de Vaubois ou Vaubouard, en Châtillon-sur-Colmont, loué suivant bail devant Coignard, notaire à Mayenne, du 26 nivôse an V (15 janvier 1797), vendu le 21 prairial an VII (9 juin 1799), pour 8.000ᵗ, revendu à la veuve de Chapedelaine 6.000ᵗ par contrat devant ledit notaire, le 14 ventôse an XI (5 mars 1803).

153. — La métairie du Gasseau, en Commer, qui fit l'objet d'une levée de sequestre par arrêté des Consuls du 17 fructidor an VI (3 septembre 1798).

154. — Le lieu de Lamberdière, en Commer, dont le sequestre fut levé par arrêté des Consuls du 12 germinal an VIII (2 avril 1800).

155. — La terre de Buleu, le bois de Buleu et le lieu de la Leudière, en Marcillé-la-Ville, visés dans le même arrêté de mainlevée du 12 germinal an VIII (2 avril 1800).

Les immeubles qui viennent d'être désignés formaient le lot échu à la Nation au moment du partage des biens des époux Chapedelaine du 17 fructidor an VI (3 septembre 1798).

(1) V. Infrà, *Paroisse de Saint-Martin de Mayenne.*

Lors de la liquidation faite par la Commission d'Indemnité des Emigrés, on évalua à 42.468 fr. 62 le capital revenant à la veuve de Chapedelaine et à ses enfants, qui étaient Anne-Charles et Jean-René de Chapedelaine[1].

Anne-Charles de Chapedelaine, chevalier de Saint-Louis, lieutenant-colonel de cavalerie, demeurait en 1821 au Mesnil-Soleil, près de Falaise.

Son frère Jean-René vicomte de Chapedelaine, alors maréchal de camp, fut accusé de complot contre le roi Louis XVIII, conjointement avec le baron Canuel, lieutenant général, inspecteur général d'infanterie, le comte Rieux-Songy, ancien colonel, Désiré de Romilly, chef de bataillon et de Joannis. Ils furent arrêtés le 2 juillet 1818 et incarcérés à la Conciergerie et à la Force. L'avocat Berryer écrivait en faveur de Canuel dans le *New-Times* du 16 juillet 1818 «.... Les personnes les plus recommandables de France sont bassement et odieusement calomniées par les agents de la police française. Ils n'hésitent pas à porter des accusations de trahison contre l'élite des gens de bien et contre les plus fidèles serviteurs du roi. Ils osent imputer aux plus loyaux français le complot d'assiner le roi ! Telle est la fable, aussi monstrueuse qu'incroyable, qu'ils mettent en avant pour tromper la crédulité des Anglais... Il serait possible que deux ou trois individus obscurs, étrangers à la société habituelle des personnes inculpées, eussent tenu, dans un moment de mécontentement, quelques conversations indiscrètes

---

[1] Chapedelaine (Jean-René) dit Renaud, né à Mayenne en 1766, page du comte d'Artois, 1778 ; — officier au régiment de Barrois, 1781 ; — émigré, ayant accompagné le comte d'Artois à l'île d'Yeu, passé en Bretagne ; — commandant du corps des Chevaliers catholiques ; — colonel de cavalerie, 1796 ; — divisionnaire de Bourmont du côté de Château-la-Vallière et du Vendomois, 1799 ; — inspecteur des haras sous l'Empire ; — maréchal de camp sous la Restauration ; — humain et ferme dans le commandement. (V. *Louis de Frotté*, par L. de la Sicotière, tome I, page 562.)

au sujet de la police honteuse adoptée par le ministère, mais cette supposition même pourrait-elle justifier le moins du monde les coupables et odieuses calomnies dirigées contre des hommes qui occupent le premier rang dans l'Etat, dont l'honneur est sans tache et dont le dévouement à leur souverain est sans exemple. »

L'histoire a flétri avec raison la conduite du baron Canuel, successivement révolutionnaire exalté, impérialiste et royaliste fougueux. Nous ignorons celle de ses co-inculpés. On ne put établir leur culpabilité dans l'affaire du complot, et ils bénéficièrent tous d'une ordonnance de non-lieu.

Cochon (Charles), vicaire de Saint-Martin de Mayenne, déporté, frère de Renée et Marie Cochon, avec lesquelles il demeurait

156. — Mobilier indivis entre Cochon et ses sœurs, inventorié le 24 pluviôse an II (12 février 1794) et prisé 248[#].

Deschamps du Méry, ainé (François-Charles), écuyer, émigré, époux d'Anne-Marie Couasnon de la Martinière

Il dut, comme presque tous les émigrés de Mayenne, quitter le pays le 1er Juillet 1792. (La femme de l'émigré avait environ 1000 fr. de rente).

157. — Mobilier inventorié le 24 mai 1792, recolé le 8 thermidor an II (26 juillet 1794), vendu aux enchères le 13 du même mois, pour 2.770[#] 8[s] 6[d].

158. — Maison et dépendances, Grand'-Rue, joignant au couchant la cour et les bâtiments de la maison du Bailleul et au midi la rue d'Oisseau (rue Henri-Gandais), vendues 9.700[#], le 29 germinal an II (18 avril 1794).

La famille du Méry possédait, en outre, des immeubles à Placé, Izé, Champgenéteux, Alexain, Châlons et Saint-Denis-de-Gastines.

Lors de la liquidation faite par la Commission d'Indemnité des Emigrés, on évalua à 34.555 fr. 65 la somme revenant, du chef de l'émigré du Méry, à sa veuve et à ses enfants qui étaient Adam, David et Anne-Marie-Céleste Deschamps du Méry.

Deschamps du Méry (David-René-François), émigré, fils de René-David Deschamps du Méry et de Marie-Jeanne Sougé de la Mitrie

159. — « Un jardin muré, rue de la Fontaine, et un pavillon, le tout contenant 10 perches », vendu le 16 pluviôse an II (4 février 1794), pour 1.800^{tt}.

Du Méry eut d'autres immeubles vendus par la Nation, car lors de la liquidation de la Commission d'Indemnité des Emigrés, on évalua à 66.917 fr. 84 la somme à laquelle il avait droit

Drudes de Campagnolles (Jacques), chevalier

160. — Une maison, rue Sainte-Anne.

Dubois de la Bas-Maignée (Nicolas-Jean), greffier en chef au Bureau des finances d'Alençon, émigré

161. — Meubles et objets mobiliers vendus aux enchères le 25 septembre 1793, pour 6.711^{tt} 4^{s}. Un tableau adjugé représentait la propriété de la Bas-Maignée, en Montenay. Deux glaces du salon et quelques autres objets ne trouvèrent pas acheteurs. L'adjudication de ce mobilier avait été fixée au 24 septembre, mais il ne se trouva pas d'enchérisseurs. « Les citoyens de la ville « étaient occupés soit pour contribuer à fournir le « contingent de 30.000 hommes de cavalerie, ou pour « maintenir l'ordre dans ces diverses opérations ».

Durand, le receveur des domaines de Mayenne, réserva le double droit lors de l'enregistrement du procès-verbal de vente, parce qu'il n'avait pas été présenté dans les délais à cette formalité,

« Ce que le citoyen Pottier (notaire et administrateur
« du Directoire du district) déclara n'avoir pu faire à
« cause du double passage des brigands de la Vendée
« par cette ville de Mayenne, qui l'avait obligé à tenir
« ses minutes cachées pour les soustraire à leur fu-
« reur ». Le Directoire du district fit vendre les deux
glaces le 21 germinal an II (10 avril 1794) et l'on en
obtint 529^{tt}.

162. — « Maison située à main gauche en montant la
place de l'Egalité (place Cheverus), deux cours, une
buanderie, une écurie, des latrines, un petit jardin et un
bûcher, dans un seul tenant, plus un pavillon dans le
jardin des Frichardières », vendus le 27 germinal an II
(16 avril 1794), pour 12.500^{tt}.

163. — Maison et dépendances le 8 germinal an III
(28 mars 1795), pour 10.200^{tt} [1].

164. — Maison et dépendances, joignant la rue du
Vieux-Cimetière et la maison ci-dessus, le 8 germinal
an III (28 mars 1795), pour 7.500^{tt}.

165. — De la Bas-Maignée possédait encore la métairie
de Montpinçon , paroisse de la Bazoge-Montpinçon,
vendue le 12 floréal an II (1er Mai 1794), pour 16.508^{tt}
et, en outre, des immeubles à Gennes et à Gorron.

Lors de la liquidation faite par la Commission d'Indemnité des Emigrés, on évalua à 143.008 fr. 36 la somme
revenant à Jeanne Dubois de la Bas-Maignée, épouse de
Jean-François de Hercé du Plessis, comme héritière de
son frère émigré. La perte qu'elle avait subie elle-même
fut portée à 10.870 francs.

-----

(1) V. dans *Souvenirs du Vieux Mayenne*, page 339, une note sur cette habitation et ses possesseurs.

*Dupont de Grandjardin (Joseph-François), ancien juge
criminel à la Barre ducale de Mayenne, ancien maire
de Mayenne, époux de Rose-Anne-Marie Besnier de
Chambray*

Il avait été « condamné à mort par jugement de la
« Commission révolutionnaire militaire séant à Laval,
« déclarant tous ses biens acquis et confisqués au profit
« de la République. »

166. — Mobilier inventorié le 17 pluviôse an II (5 février 1794). Il fut partagé le 27 germinal (16 avril) de la
même année, entre la Nation et la veuve du défunt, qui
était alors en prison et où l'on alla tirer au sort les deux
lots qui en avaient été faits. « Le second tomba à la
Dupont ». La vente de la moitié échue à la Nation eut
lieu les 5 et 6 floréal an II (24 et 25 avril 1794) et produi-
sit 1304^{tt} 19^s 6^d. L'administration du district rendit à la
famille le 7 prairial an III (26 mai 1795), « deux globes,
« l'un céleste et l'autre terrestre », qui n'avaient pas été
vendus.

167. — Maison et dépendances avec cour, rue d'Oisseau, louées 250^{tt} par bail devant Coignard, notaire à
Mayenne, du 27 mars 1793, vendues le 9 vendémiaire
an III (30 septembre 1794), pour 9,200^{tt} à la veuve du
condamné.

Dupont-Grandjardin possédait, en outre, dans le district de Mayenne :

168. — La métairie de la Petite-Chapelle, paroisse de
la Bazoge-Montpinçon. Elle était louée à colonage.

169. — Les bestiaux qui garnissaient la métairie de la
Petite-Chapelle, vendus aux enchères le 1er prairial an
II (20 mai 1794), pour 2,509^{tt}, dont la moitié fut versée
à la veuve de Dupont-Grandjardin le 26 brumaire an III
(16 novembre 1794) par l'administration des domaines à
Mayenne.

170. — La ferme de la Basse-Courie, en Châtillon-sur-Colmont, louée par bail devant Lesage, notaire à Mayenne, du 6 novembre 1786, vendue le 9 vendémiaire an III (30 septembre 1794), pour 9,200 #, à la veuve du condamné.

171. — La closerie de l'Hôtellerie, même paroisse, affermée 900 # par an.

La veuve de Dupont-Grandjardin s'était rendue acquéreuse de ces immeubles et ne dut payer que le dixième de leur prix, ainsi qu'il appert d'un arrêté du Département du 13 vendémiaire an IV (5 octobre 1795). Lors de la liquidation faite par la Commission d'Indemnité des Emigrés, on évalua à 140 fr. 10 seulement la somme qui revenait à la veuve du condamné et à ses enfants qui étaient Adrien-René, Adélaïde-Félicité et Henriette Dupont de Grandjardin.

Esnault-Dubignon (*François-René-Jean*), *vicaire de Notre-Dame de Mayenne, déporté*

172. — Esnault-Dubignon, né du mariage de René-Joseph Esnault [1] et de Jeanne-Marguerite Chabrun, avait cinq frères et sœurs. La mère du déporté était alors veuve et marchande de draps de soie. On fit chez elle le 24 pluviôse an II (12 février 1794) un inventaire, afin d'arriver au partage des meubles et objets mobiliers dépendant de la communauté qui avait existé entre elle et son mari. La part revenant au prêtre déporté fut

---

(1) René-Joseph Esnault avait épousé en premières noces Lucie des Aulnois. Il eut de son second mariage avec Jeanne-Marguerite Chabrun sept enfants : François-René-Jean ; Thérèse-Marguerite ; Jean, qui fut receveur des finances à Mayenne au commencement du xix⁰ siècle et épousa Antoinette-Thaïs-Elisabeth Vital ; Aimée-Marie, épouse de Jean-François Chalmel du Bourg ; Augustin-Joseph ; Eléonore et Adelaïde. (V. Contrat de mariage devant de la Bécannière et Coignard, notaires à Mayenne, du 23 juin 1807.

vendue aux enchères le 28 floréal an II (17 mai 1794)
pour 128^{tt} 18^s 3^d (1).

*Féron (Thomas), ancien vicaire de Duneau (Sarthe),
prêtre, déporté* (2)

173. — Mobilier inventorié le 18 brumaire an VI (8
novembre 1797), récollé le 16 frimaire an VII (6 décembre 1798), vendu aux enchères les jours suivants, pour
314 fr. 15 c.

*Gasté (Joseph-René de), écuyer, émigré, époux de Marie-
Thérèse Visdelou de Bédée*

174. — Mobilier inventorié le 24 novembre 1792,
vendu aux enchères le 2 mai 1793, pour 1910^{tt}19^s 6^d.

175. — « Un jardin muré, rue de Fontaine, joignant
« d'un bout la maison de Hercé, émigré, et d'un côté le
« jardin de Deschamps du Méry », vendu le 16 pluviôse
an II (4 février 1794), pour 2.700^{tt}.

176. — Une maison, place de la République (place
des Halles), vendue le 1er thermidor, an IV (4 août 1796),
pour 3.644 fr. 64^c (3).

De Gasté possédait encore dans le district de Mayenne
les meubles et immeubles ci-après :

177. — Le mobilier du château de la Cour, en Commer, vendu aux enchères, pour 4.381^{tt}12^s 6^d.

178. — Les animaux de la métairie de la Cour de
Commer, vendus aux enchères le 25 février 1793, pour
4.780^{tt}10^s.

179. — Trois cent quatre morceaux de pierres de

(1) Un document indique que le prix de la vente s'éleva à 800^{tt} 16^{s}6^d.

(2) Féron perclus des bras et des jambes avait été mis en prison. Comme
il était une charge pour l'administration, ses frères obtinrent son élargissement en messidor an VI.

(3) Cette maison appartient aujourd'hui à la famille Lebroc (V. contrat
devant Bourdon, notaire à Mayenne, du 7 nivôse an XI (28 décembre 1802),

taille, se trouvant à la Cour de Commer et sur la métairie de la Barre, en Commer, vendus le 3 messidor
an II (21 juin 1794), pour 190[tt].

180. — Une première partie du champ dit de Mayenne, en Commer, vendue le 11 thermidor an II (29 juillet
1794), pour 3.300[tt].

181. — Une seconde partie dudit champ, vendue le
le même jour, pour 2.100[tt].

182. — Une troisième partie dudit champ, vendue le
même jour, pour 2.000[tt].

183. — Et la quatrième partie du même champ, vendue le dit jour, pour 3.150[tt].

184. — L'étang de la Cour de Commer, contenant
deux ares, et un taillis « de cinq déciares », vendus le
même jour, pour 2.050[tt].

185. — Une première partie du château de la Cour de
Commer, comprenant « salle à main droite en entrant,
« chambre dessus, petit cabinet, petit caveau sous l'es-
« calier commun, la moitié du bûcher, partie de cour,
« moitié du jardin muré vers le midi, droit de laver à
« l'étang », vendue le 11 thermidor an II (29 juillet
1794), pour 2.000[tt].

186. — Une deuxième partie du château, composée
de « salle, chambre et cabinet dessus, la moitié des
« greniers, escalier commun en bois, écurie, étable,
« partie de cour, la moitié du jardin à droite en entrant,
« droit de laver à l'étang », vendue le même jour, pour
2.100[tt].

186 *bis*. — Une troisième partie du château, comprenant : « Une petite cuisine, caveau à côté, une petite
« cour avec bas-jardin de deux ares, dans lequel
« sont les réservoirs, la ci-devant chapelle, la moitié
« du grand bûcher, le pavillon, la petite cour à côté,
« l'appentis du pressoir, étrages et droit de laver à
« l'étang », vendue le même jour, pour 6.000.[tt]

Furent aliénés le même jour, 11 thermidor an II (29 juillet 1794), les immeubles ci-après :

187. — La moitié de la première division du haut de la prée de la Cour-de-Commer, pour 3.900^{tt}.

188. — L'autre moitié, pour 4.000^{tt}.

189. — La moitié de la deuxième division, pour 3.750^{tt}.

190. — L'autre moitié, pour le même prix.

191. — La moitié de la troisième division, pour 2.800^{tt}.

192. — L'autre moitié, pour le même prix.

193. — La moitié de la quatrième division, pour 2.850^{tt}.

194. — L'autre moitié, pour 2.700^{tt}.

195. — La moitié de la première division du bas de la prée de la Cour-de-Commer, pour 2.300^{tt}.

196. — L'autre moitié, pour le même prix.

197. — La moitié de la deuxième division, pour 2.025^{tt}.

198. — L'autre moitié, pour 1.825^{tt}.

199. — La moitié de la troisième division, pour 1.750^{tt}.

200. — L'autre moitié, pour le même prix.

201. — La moitié de la quatrième division, pour 2.650^{tt}.

202. — L'autre moitié, pour 1.750^{tt}.

203. — On vendit le 5 janvier 1793, 159 chênes et 3 hêtres sur la chaussée de l'étang, le pré sous l'étang, les champs du Grand-Douaire, des Galaisières et de la Cour-de-Commer.

Joseph-René de Gasté rentra dans partie de ses biens, en vertu d'un arrêté du Département, du 20 ventôse an VI (17 mars 1798.)

Son frère, Maurice-Simon de Gasté de la Pallu, également émigré, eut le mobilier de son château de la Pallu, au Pas, inventorié par Cheux, notaire à Ambrières, les 19, 20, 21, 22 et 23 décembre 1792. Le 25 février 1793, la Nation fit vendre à l'amiable, à 8^{tt}15^s le boisseau, mesure d'Ambrières, le sarrazin qui se trouvait dans les greniers du château. Le même notaire en dressa un acte.

De la Pallu possédait aussi des biens à Saint-Mars-sur-Colmont, à Brecé et à Saint-Mars-sur-la-Futaye.

Gravelle (Jacques-René), curé de Saint-Aubin-Fosse-Louvain, ayant demeuré place de la République (place des Halles), à l'angle de la rue d'Oisseau (rue Henri-Gandais) [1]

204. — Mobilier inventorié le 13 pluviôse an II (1er février 1794), vendu aux enchères les 24, 25, 26 ventôse an II (14, 15 et 16 mars 1794), pour 3.425^{tt} 15^s 6^d.

Guibert (Louis-Alexandre-François de), réputé émigré, époux de Marie-Madeleine Pallier ; (celle-ci avait environ 900^{tt} de rente)

205. — L'inventaire de ses meubles, garnissant une maison rue Saint-François (rue Jacques-Labitte), fut fait par Lebrun et Guimond, notaires à Mayenne, au faubourg Saint-Martin, le 1er juin 1792. L'estimation s'élevait à 1.089^{tt}.

Hédou (Julien), vicaire d'Oisseau

206. — Une maison, place des Halles.

Hercé (Urbain-René de), évêque et comte de Dol, déporté [2]

207. — Mobilier inventorié le 11 ventôse an II (1er mars 1794), vendu aux enchères les 12, 14, 15, 16, 17 du même mois, pour 9.707^{tt} 16^s 5^d.

[1] Gravelle était frère de Félicité et d'Anne-Perrine Gravelle.

[2] Urbain-René de Hercé, né à Mayenne, le 6 février 1726, condamné à mort à Auray le 27 juillet 1795, transporté à Vannes dans la soirée du même jour et fusillé à La Garenne, près de cette ville, le lendemain 28 juillet, à 11 heures du matin.

Hercé du Plessis (Jean-François-Simon de), dit le cheva-
lier de Hercé, époux de Jeanne Dubois de la Bas-
Maignée (5.000^{tt} de rente)

208. — Scellés apposés sur le mobilier garnissant son
habitation, place de l'Egalité (place Cheverus), le 1er
décembre 1792.

Lors de la liquidation faite par la Commission d'Indemnité des Emigrés, on fixa à 49.427 fr. 55 la somme
revenant à Louis et à Jean-François de Hercé, seuls enfants et héritiers de l'émigré, qui était décédé à Weston,
près de Bath (Angleterre), le 6 mars 1796. Le mariage
de Jean-François de Hercé avait été célébré à Mayenne
le 15 mars 1775. Louis de Hercé, dit le chevalier de
Hercé, a été maire de Mayenne, et une des places de
cette ville porte son nom.

Hercé de la Haie et du Grand-Coudray (Jean-Armand),
capitaine au régiment de Noailles-Dragons, émigré

209. — Mobilier inventorié suivant procès-verbal de
Lebrun et Guimond, notaires à Mayenne, du 25 mai 1792,
dans une maison située place de la République (place
des Halles), domicile de feu Jean-René de Hercé, père,
qui laissait pour héritiers ses deux enfants, l'émigré et
Marie-Jeanne-Françoise-Thérèse de Hercé, célibataire.
Le lot revenant à Jean-Armand de Hercé, confisqué
par la Nation, fut vendu aux enchères le 12 septembre
1793, pour 443^{tt}.

210. — Un corps de bâtiments, place de la République (place des Halles), deux cours avec entrée par
l'impasse d'Enfer, un jardin en dépendant, tenant vers
le nord au marché aux chevaux (place Gambetta), à
l'ouest au jardin du Jeu-de-Paume et au midi à la rue

qui conduisait au Jeu (n°s 565 et 571 du cadastre, section S), vendus le 5 fructidor, an IV (22 août 1796) [1].

Hercé possédait, en outre, dans le district de Mayenne :

211. — La métairie du Grand-Coudray, en Chantrigné, vendue le 11 janvier an II (30 janvier 1794), pour 25.237 ^{tt}.

212. — La métairie du Petit-Coudray, même paroisse, vendue le même jour, pour 18.980 ^{tt}.

213. — La métairie des Vallées, même paroisse, vendue le même jour, pour 16.200 ^{tt}.

214. — Le moulin de Boitard, même paroisse, vendu le même jour, pour 6.050 ^{tt}.

215. — Le mobilier du château de la Haie-Traversaine, inventorié le 1er juin 1792.

215 *bis.* — La métairie et la closerie de la Berthellière, en Ambrières.

Lors de la liquidation faite par la Commission d'Indemnité des Emigrés, on évalua à 48.878 fr. 60 la somme revenant à Jean-Armand de Hercé.

Hercé (Françoise-Charlotte de), ancienne élève de Saint-Cyr (300 ^{tt} de rente)

216. — Les scellés furent apposés dans la maison qu'elle occupait avec deux de ses frères. Ils furent levés purement et simplement le 3 janvier 1793, en exécution d'un arrêté des administrateurs du Département du 22 décembre 1792.

Houdou (Jean), ancien vicaire de Villaines-la-Juhel

217 — Le mobilier indivis entre lui et ses sœurs, se

(1) V. contrats devant : 1° Pierre Leray, notaire à Mayenne, du 8 juin 1773 ; 2° Radou et Cherbonnel, notaires à Mayenne, du 30 avril 1771 ; 3° Oger, notaire à Oisseau, du 5 thermidor an V (23 juillet 1797) ; 4° Coignard, notaire à Mayenne, des 12 vendémiaire an VI (3 octobre 1797), 6 frimaire an VII (26 novembre 1798), 11 vendémiaire an XIII (3 octobre 1804) et 12 mars 1830 ; 5° Dumoutier, notaire à Mayenne, du 24 juin 1852. La propriété dont il s'agit appartient aujourd'hui à la famille Retoux.

trouvant dans une maison, place Saint-Vincent, fut inventorié le 23 pluviôse an II (11 février 1794) et estimé
107 #.

*Huvé (Charles-René), ancien curé de Saint-Germain-
d'Anxure, déporté*   .

218. — Mobilier vendu à Mayenne, le 29 ventôse an II
(19 mars 1794), pour 703 # 13ˢ 6ᵈ.

*Le Bouvier du Hameau (Louis-François), ancien greffier
au Bureau des Finances d'Alençon, absent [1], fils aîné
de François-Urbain Le Bouvier du Hameau et de Marie-
Henriette Giffard de la Porte ; (la famille possédait
4.000 # de rente)*

219. — Mobilier garnisant une maison, place du Palais
(place Louis de Hercé), occupée par la veuve du Hameau
née Giffard, mère de l'absent, inventorié le 4 décembre
1792.

*Lecottier (Jean-Louis) et Lecottier (Julien-Jacques), frères,
le premier ancien curé d'Alexain, émigré, et le second,
vicaire d'Yvré-l'Evêque, emprisonné et transféré à Rambouillet*

220. — Mobilier indivis, inventorié le 23 pluviôse an
II (11 février 1794).

*Lefebvre de Cheverus (Jean-Vincent-Marie), ancien juge
général et de police à la Barre ducale de Mayenne, veuf
d'Anne-Charlotte Le Marchand des Noyers*

221. — Inventaire fait le 19 pluviôse an II (7 février

___

(1) L'absence de du Hameau avait fait supposer qu'il était émigré. Il rési-
dait à Paris et se fit délivrer des certificats de résidence par la Section du
Théâtre-Français ou de Marat les 19 frimaire, 13 germinal et 14 floréal an III
(9 décembre 1794, 2 avril et 3 mai 1795).

1794) « dans la maison, était-il dit, du citoyen Lefebvre
« de Cheverus, père d'un nommé Lefebvre, prêtre déporté,
« de tous les meubles et effets qui y sont compris, pour
« les dits meubles être partagés et la portion revenant
« audit Lefebvre fils, par le décès de sa mère, être ven-
« due au profit de la République ». Ce prêtre déporté
était Jean-Louis-Anne-Madeleine Lefebvre de Cheverus,
qui devint évêque de Boston, puis cardinal-archevêque
de Bordeaux [1].

Lefebvre des Provostières (Marie-Jacques-François), émi-
gré, fils de Gilles-Julien-François Lefebvre (d'Argencé)
des Provostières, gentilhomme de Madame la Dauphine,
et de Louise-Elisabeth de Hercé [2]

222. — Mobilier lui appartenant en commun avec sa
sœur, Marie-Urbaine-Louise-Egydie Lefebvre des Provostières, qui épousa Robert-Pierre-Marie Tripier de la
Grange. Il fut partagé entre la Nation et la sœur de
l'émigré le 1er ventôse an II (19 février 1794), et du premier lot revenant à celui-ci et confisqué, on obtint
2.129^{tt} 19^s 6^d, dans la vente aux enchères qui en fut faite
les 18, 19 et 24 dudit mois de ventôse (8, 9 et 14 mars).

223. — La métairie des Rouzières, vendue le 28 vendémiaire an III (19 octobre 1794), pour 24.550^{tt}.

224. — La métairie des Hautes-Rouzières, vendue
ledit jour, pour 21.000^{tt}.

(1) La statue du cardinal de Cheverus a été élevée à Mayenne, sur la place
qui porte son nom.

(2) L'émigré épousa Catherine-Charlotte de Mézange.

Il était parti pour Laval, en octobre 1793, avec la garde nationale de
Mayenne, pour arrêter l'armée Vendéenne. Fait prisonnier, il dut passer à
l'étranger ; son absence n'aurait été que d'environ un mois, si l'on en croit
l'arrêté du Directoire du 4 fructidor an V (21 août 1797), qui le rayait de la
liste des émigrés et levait le séquestre apposé sur ses biens. Il fut délivré à
cette époque quantité de certificats de complaisance pour faciliter le retour
des émigrés.

225. — La métairie des Basses-Rouzières, vendue ledit jour, pour 25.400^{tt}.

Des Provostières possédait encore dans ce district :

226. — La métairie du Haut-Hiéré, en Oisseau (aujourd'hui La Haie-Traversaine), vendue le 28 vendémiaire an III (19 octobre 1794), pour 20.600^{tt}.

227. — La métairie du Bas-Hiéré, même paroisse, vendue le même jour, pour 15.400^{tt}.

Aux termes d'un partage sous signatures privées, en date à Alencon du 1er messidor an VII (19 juin 1799), fait entre l'ancien émigré et sa sœur, des biens des successions de leurs père et mère, Gilles-Julien-François Lefebvre des Provostières et Louise-Elisabeth de Hercé, la propriété de la Bourgeoisie, au haut de la ville de Mayenne, (propriété appartenant actuellement à la famille Lefebvre d'Argencé), comprenant maison de maître, ses dépendances et une closerie, fut attribuée à Marie-Jacques-François Lefebvre des Provostières.

Lefebvre des Provostières, père, avait fait bâtir dans sa propriété de la Bourgeoisie une chapelle dédiée à la Sainte-Vierge, que bénit, le 20 décembre 1778, François de Hercé, vicaire général de Dol. Ce dernier était venu à Mayenne pour baptiser Louis de Hercé, qui devint maire de Mayenne.

Les closeries de la Grande et de la Petite-Bourgeoisie avaient été achetées, le 6 octobre 1772, par Nicolas Dubois de la Basmaignée et Jeanne, sa sœur, pour 20.500^{tt}, lors de l'adjudication des biens de Paul-Marie-Jean-Baptiste Rabinaud des Malicottes, « intéressé dans « les affaires du roi, demeurant et connu sous le nom de « M. de la Ferrière à Saint-Germain-en-Laye ». Les frère et sœur de la Basmaignée vendirent la Bourgeoisie aux époux des Provostières-de Hercé, pour 21.000^{tt}, par acte sous signatures privées du 22 octobre 1776.

*Le Frère de Maisons (Jacques-François-Charles), ancien
officier de Conti-Dragons, émigré* [1]

228. — Les meubles qui lui appartenaient indivisément ainsi qu'à sa sœur, Marguerite-Charlotte Le Frère
de Maisons, furent partagés entre celle-ci et la Nation, et
les objets compris au premier lot et revenant à l'émigré,
mis aux enchères le 13 septembre 1793, produisirent
2.227^{lt} 16^s 3^d.

Nous trouvons dans le lot de la sœur de l'émigré, les
volumes suivants de la bibliothèque de la famille :
L'Esprit des lois; — Les Lettres de deux amants; —
Lettres de miss Clarice; — Histoire du Chevalier Gran-
disson; — Paméla ou la Vertu récompensée; — la Hen-
riade de Voltaire; — le Théâtre de Voltaire; — la Grande
Main Italienne; — les Contes de Voltaire; — la Mort de
Voltaire; — le Père de Famille; — les Liaisons Dange-
reuses; — le Paysan perverti; — l'Emile de Rousseau;
— la Partie de chasse d'Henri IV; — les Œuvres de
Gresset, de Molière, de Piron, de Regnard, etc. L'Ency-
clopédie était dans l'autre lot, ainsi que des ouvrages du
même genre.

La famille Le Frère de Maisons possédait dans le district de Mayenne :

229. — A Châtillon-sur-Colmont, le moulin Gasté,
une maison et ses dépendances et la métairie de la
Rouveraie.

230. — A Placé, la métairie de Cr....

231. — A Brecé, le château de Favières, où l'on apposa
les scellés le 13 avril 1792; il y fut fait inventaire le 24
octobre suivant.

La Commission d'Indemnité des Emigrés n'accorda
qu'une légère somme à Jeanne-Françoise Dupont de

(1) L'émigré était fils de Jacques-François Le Frère de Maisons et de Fran-
çoise-Jacqueline Treton de Vaujuas.

Grandjardin, veuve de René Le Frère de Maisons et à ses deux filles Elisabeth-Françoise et Félicité-Adelaïde de Grandjardin. Cette dernière était alors veuve de Etienne-Gédéon Thiroux de Saint-Cyr.

Le Mercerel de Chasteloger (Joseph-Hyacinthe), émigré, époux de Louise-Jude-Marie-Jeanne-Baptiste-Reine Bégasson de la Lardais. (Celle-ci avait 3.000^{tt} de rente).

232. — Mobilier garnissant sa maison, place de l'Egalité (place Cheverus), inventorié par Lebrun et Guimond, notaires à Mayenne, le 23 mai 1792, vendu aux enchères, les 25, 26, 27, 29 thermidor et 1er fructidor an II (12, 13, 16 et 18 août 1794), pour 7.043^{tt} 11^s 9^d.

233. — La fille de l'émigré étant venue à mourir, il fut fait un inventaire chez elle, le 15 fructidor an II (1er septembre 1794), et l'on vendit son mobilier aux enchères les jours suivants, pour 1.391^{tt} 2^s 3^d.

234. — La maison et dépendances de la place de l'Egalité, vendues le 21 messidor an IV (9 juillet 1796), pour 20.970 fr. 50 [1].

235. — La moitié de la closerie de la Mauhitière, vendue le 15 nivôse an VII (4 janvier 1799).

Chasteloger possédait dans le district de Mayenne :

236. — Des meubles et objets mobiliers au château de la Haie-sur-Colmont, en Oisseau, inventoriés les 5 et 6 juin 1792. Les bestiaux de la retenue du château le furent le 15 du même mois.

237. — Le château de la Haie-sur-Colmont, vendu le 2 ventôse an II (20 février 1794), pour 18.100^{tt}.

(1) Un certain nombre d'objets, qui n'avaient pas trouvé d'acheteurs aux ventes du mobilier des églises, des émigrés et des déportés, furent déposés dans la maison de Chasteloger ; on les vendit en ventôse et en germinal an IV.

Le Directoire du District de Mayenne tint aussi ses séances dans cette maison.

Des immeubles à Charné, Juvigné, Larchamp, Saint-Denis-de-Gastines et Parigné.

La famille de Chasteloger était propriétaire :

238. — A Saint-Georges-Buttavent, de six maisons, des lieux du Bourg et du Bas-Bourg, du champ des Nouettes et du champ de la Jarriais.

239. — A Parigné, de la ferme de la Goronnière [1].

240. — A Champgenéteux, des pièces de terre près du Rallay, de la métairie des Mézières et des closeries du Rallay et des Viviers.

Le Mesnager de la Dufferie (Hyacinthe-Françoise-Marie Le Mercerel de Chasteloger, veuve de Marie-René), mère de Charles-Hyacinthe-René Le Mesnager de la Dufferie, émigré (2,400^{tt} de rente)

241. — Mobilier inventorié le 29 nivôse an II (18 janvier 1794), prisé 1928^{tt}15^{s}.

La famille Le Mesnager possédait des immeubles à Oisseau, à Saint-Mars-sur-Colmont et au Pas.

242. — Les meubles et objets mobiliers qui garnissaient le château de la Dufferie, en Oisseau, furent placés sous scellés le 7 avril 1792. On les leva le 19 juillet suivant, en exécution d'une ordonnance du Directoire du district de Mayenne du 10 du même mois.

Liger (René), vicaire à Saint-Germain-l'Auxerrois, à Paris, déporté [2]

243. — Mobilier placé sous scellés le 28 nivôse an II (18 janvier 1794), inventorié le 7 pluviôse (26 janvier), et vendu aux enchères les 1er et 2 ventôse (19 et 20 février) suivants, pour 504^{tt} 18^{s} 9^{d}.

---

(1) Il existait à la Goronnière une autre propriété dépendant de chapellenie dite des Geslins, qui fut vendue, le 12 février 1791, pour 20.200^{tt}, à René Goupil, de la Bazoge-Montpinçon.

(2) V. Infrà, *Paroisse de Saint-Martin de Mayenne.*

244. — Une pièce de terre à la Mauhitière, vendue le 27 germinal an II (16 avril 1794), pour 3,100^{tt}.

245. — Le Champ-Liger, vendu le 9 vendémiaire an III (30 septembre 1794), pour 6,900^{tt}.

Liger possédait dans le district de Mayenne :

246. — La closerie de la Loirie, paroisse de Bais.

247. — La closerie de la Petite-Vigne (ci-devant en Saint-Baudelle). Elle fut rendue par arrêté du Département du 26 ventôse an V (16 mars 1797).

Mautaint (Pierre-René), prêtre-sacristain de Notre-Dame de Mayenne, déporté

248. — Mobilier placé sous scellés le 28 nivôse an II (17 janvier 1794), inventorié le 7 pluviôse suivant (26 janvier) et vendu le 4 ventôse de la même année (22 février), pour 376^{tt} 12^{d}.

Mautaint possédait à Saint-Baudelle :

249. — Une maison et un jardin, à la Vannerie (aujourd'hui commune de Mayenne).

250. — La closerie du Plessis.

Ces immeubles furent rendus à Mautaint par arrêté du Département du 9 pluviôse an V (28 janvier 1797).

Moiné-Grangerie (Jean-Nicolas), principal du collège de Mayenne, prêtre, déporté

251. — On apposa les scellés, le 29 floréal an II (18 mai 1794), sur une armoire et des livres au domicile d'un ami du déporté, Julien-Jacques Chevalier, qui avait déclaré les avoir chez lui. Moiné-Grangerie était détenu à Rambouillet en floréal.

Montreuil-la-Chaux (Pierre-Hervé), « dont quelques-uns des héritiers étaient émigrés »

252. — Mobilier se trouvant au château des Buttes (le

Grand-Logis) placé sous scellés le 3 août 1793, inventorié le 11 pluviôse an II (30 janvier 1794), vendu les 1er, 2 et 3 ventôse suivants (19, 20 et 21 février) pour 752^{tt} 17^s 6^d. La Chaux avait loué partie du Grand-Logis.

253. — Les bestiaux des terres que la famille Montreuil-la-Chaux possédait à Ceaucé, notamment à la Béraudière, furent vendus aux enchères, le 7 germinal an III (27 mars 1795) pour 92,132^{tt}.

Pierre-Hervé Montreuil-la-Chaux était mort à sa propriété de la Béraudière, en juin 1793.

Moulé de la Raitrie (Renée-Françoise Thoumin, veuve de Louis-René-François), mère de Louis Moulé de la Raitrie « lieutenant de maréchaussée », émigré (8,000^{tt} de rente)

254. — Mobilier inventorié le 29 nivôse an II (18 janvier 1794), prisé 894^{tt} 14^s.

255. — La famille de la Raitrie possédait la métairie de la Draumerie, en Saint-Georges-Buttavent, dont on vendit les bestiaux, le 1er prairial an II (20 mai 1794, pour 3,177^{tt} 10^s.

Lors de la liquidation faite par la Commission d'Indemnité des Emigrés, on évalua à 19,750^{tt} la somme revenant à la fille de l'émigré, Marie-Joseph Moulé de la Raitrie, épouse de Jacques-François-René Leveillé. Elle était seule héritière.

Riou (François), aumônier de l'Hôtel-Dieu dit du Saint-Esprit, emprisonné le 25 mai 1793 et transporté à Rambouillet

256. — Mobilier inventorié le 13 germinal an II (2 avril 1794), vendu aux enchères le 27 du même mois, pour 577^{tt} 1^s 3^d.

Saussay dit Lalande «domestique des filles du Bailleul»[1], *réputé émigré*

257. — Mobilier vendu aux enchères le 27 floréal an II (16 mai 1794), pour 52^{tt} 16^s. Ce mobilier ne comprenait que quelques objets, qui furent adjugés, savoir : un habit de peluche blanche 19^{tt} ; un habit de bouracan 10^{tt}5^s ; une petite veste de peluche blanche 10^{tt} 10^s ; une paire de souliers et les boucles 1^{tt} 18^s ; trois paires de bas de fil et un bonnet de coton 5^{tt} 12^s 6^d ; deux petites brosses, une petite bouteille 18^s, etc.

Sireuil de la Touche (Pierre-François), ancien curé de Parigné, émigré (sans fortune)

258. — Mobilier vendu aux enchères, le 26 fructidor an II (12 septembre 1794), pour 341^{tt} 2^s 6^d. L'émigré en avait hérité de Françoise Sireuil, sa sœur, décédée à Chartres, où elle était incarcérée.

Sougé (Ambroise-Jean), avocat, père de Jean-Ambroise Sougé, chanoine de Dol, émigré, qui devint, en 1808, curé de Notre-Dame de Mayenne [2]

259. — Mobilier inventorié le 27 pluviôse an II (15 février 1794), dans sa maison, rue des Pescheries.

Tanquerel (Jean-Marie) écuyer, dit de Vaucé-Bellée, ancien garde du corps, émigré

260. — Meubles et objets mobiliers inventoriés par Lebrun et Guimond, notaires à Mayenne, le 26 mai 1792.

Les quelques vêtements abandonnés à Mayenne par l'émigré nous laissent entrevoir qu'il possédait une riche

----

(1) C'est ainsi qu'on désignait les marquises du Bailleul. On a donné le nom de l'une d'elles à une rue de Mayenne. (V. *Souvenirs du Vieux-Mayenne*, p. 334.)

(2) V. *L'Abbaye de Fontaine-Daniel*, p. 349.

garde-robe, nous y trouvons : « Un habit de satin rose,
« un autre de taffetas bleu, un de taffetas olive, un de
« drap gris, deux de drap noir, un de drap rayé, un de
« drap puce, un de drap bleu, une redingote de peluche
« brune, deux redingotes de drap bleu de roi, deux gi-
« lets de velours, un de soie, un de drap brodé, un de
« toile des Indes, quatre de mousseline brodée, deux
« culottes de coton blanc, deux vieux habits de taffetas,
« un de satin gris, veste et culotte pareilles, etc. »

261. — Une maison et dépendances, vendues le 17
vendémiaire an V (8 octobre 1796).

Lors de la liquidation faite par la commission d'Indemnité des Emigrés, on fixa à 186.663 fr. 73 la somme
revenant à Jean-Marie Tanquerel : 1° A raison de ses
biens personnels ; 2° Comme héritier, dans la ligne mater-
nelle, de Simon-Marie et Jean-Joseph-René Trochon[1] ;
3° En sa qualité d'héritier de sa mère Louise-Marie-
Julienne Tripier de la Grange, veuve de Jean-René Tanquerel. Dans la somme ci-dessus ne figurait pas 42.513 fr.,
formant le montant de l'indemnité qui était due à Tanquerel pour perte de biens à Vaucé (Orne).

La famille Tanquerel possédait des immeubles à
Mayenne, Aron, Châtillon-sur-Colmont, Saint-Georges-
Buttavent, Vaucé et Saint-Denis du Maine.

[1] Simon-Marie Trochon de Villeprouvée était un ancien curé de Martigné ; son frère Jean-Joseph-René Trochon de Villeprouvée, « lieutenant
général criminel en la sénéchaussée et siège présidial de Château-Gontier »
en 1753, avait épousé Jeanne Launay-Piron, fille de Pierre Launay-Piron et
de Marie Arnoult. Or, Jean-Marie Tanquerel avait pour aïeule Renée-Per-
rine Launay-Piron, épouse de René Tanquerel, qui était sans doute une
sœur de Jeanne.

Simon-Marie Trochon, déporté, possédait indivisément avec son frère,
dans le district de Mayenne :

A Saint-Georges-Buttavent, la métairie de Salair et les closeries de la
Guillerie, du Vieil-Etre et de la Frogerie.

A Parigné, la closerie de la Petite-Fosse.

Tanquerel (Louise-Marie-Julienne Tripier de la Grange, veuve de Jean-René), mère de Jean-Marie Tanquerel, émigré [1] *(20.000ᵗ de rente dans la famille)*

262. — Mobilier inventorié le 16 pluviose an II (4 février 1794), estimé 4.096ᵗ 10ˢ.

Tanquerel de la Panissais (François-Robert), père de François-Robert Tanquerel, émigré

263. — Mobilier inventorié dans sa maison, place de la Liberté (place Louis de Hercé).

Lors de la liquidation faite par la Commission d'Indemnité des Emigrés, on fixa à 7.667 fr. 60 la somme revenant aux héritiers de François-Robert Tanquerel de la Panissais, père, et de Marie-Anne Durand, sa femme. Il y avait : 1ᵉⁿᵗ. Sept enfants : Théodore-Romain, Pauline-Rosalie, Jeanne-Renée, Françoise-Jeanne-Marie, Urbain-Louis, Marie-Jeanne, et Eugénie, épouse de Gilles-Louis-René du Bois-Bérenger ; 2ᵉⁿᵗ. Un petit-fils, François, représentant son père François-Robert Tanquerel, l'émigré.

Thoumin des Vauxponts (Michel-Joseph), vicaire général et archidiacre de Dol, déporté

264. — Le mobilier de la maison des Vauxponts, place des Halles, mis sous scellés le 23 nivôse an II (12 janvier 1794), inventorié le 3 pluviôse suivant (22 janvier), fut vendu aux enchères les 4, 5, 7, 8, 9 et 11 germinal de la même année (24, 25, 27, 28, 29, 31 mars), pour 6.064ᵗ 8ˢ.

265. — Le lieu d'Epeigne (ci-devant en Saint-Baudelle), vendu le 8 germinal an II (28 mars 1794), pour 13.000ᵗ.

(1) Son autre fils, Louis-René, était décédé à Mayenne, le 19 janvier 1791.

266. — Maison et jardin de 30 perches, « côtoyant le jardin des Institutrices, boutant au midi le ruisseau de l'Etang du Château et au nord la rue du Château », vendus le 17 germinal an II (6 avril 1794), pour 11.100^{tt}.

267. — Une pièce de terre, nommée La Garde, sur le chemin de Mayenne à Ambrières, vendue le 27 germinal an II (16 avril 1794), pour 850^{tt}.

268. — Maison, place de la République (place des Halles), à l'entrée de la rue de Baudais, « servant aux Institutrices », vendue le 28 germinal an II (17 avril 1794), pour 18.100^{tt}.

Thoumin des Vauxponts possédait en outre dans le District de Mayenne :

269. — La métairie du Ronceray, en Aron.

270. — Les métairies de la Poulerie et de la Trincanière, en Jublains.

271. — Les Bordes, en La Chapelle-au-Riboul.

272. — Une autre propriété en La Chapelle-au-Riboul (nous en ignorons le nom).

273. — Les métairies de Cessé, en Jublains.

274. — La métairie de l'Ecottière, même paroisse.

275. — Cinquante-huit chênes sur la Trincanière, vendus le 7 germinal an II (27 mars 1794), pour 1.600^{tt}.

276. — Cinquante chênes sur l'Ecottière, vendus le même jour, pour 1.600^{tt}.

277. — Cent vingt-cinq chênes sur la Poulerie, vendus le même jour, pour 2.230^{tt}.

La Poulerie, la Trincanière, l'Ecottière, Cessé, le Ronceray et les Bordes furent rendus aux héritiers du déporté, par arrêté du Département du 7 floréal an VII (26 avril 1799).

278. — Deux lots de chênes plantés sur le Plessis, vendus le 8 germinal an II (28 mars 1794), pour 2.925^{tt}.

279. — Un autre lot de chênes sur le Plessis, vendus le même jour, pour 1.180^{tt}.

280. — Quarante-quatre chênes sur Cessé, vendus le même jour, pour 900^{tt}.

281. — Les métairies des Varies, en Parigné, vendues le 28 germinal an II (17 avril 1794), pour 63.200^{tt}.

282. — Les bestiaux des métairies des Varies et du Plessis, en Parigné, vendus le le 23 floréal an II (12 mai 1794), pour 9.526^{tt}.

283. — Les bestiaux des métairies de la Poulerie et de la Trincanière, vendus aux enchères le 1er prairial an II (20 mai 1794), pour 6.917^{tt}.

284. — La métairie du Plessis, en Parigné, vendue le 23 prairial an II (11 juin 1794), pour 34.000^{tt}.

285. — Quatre lots de chênes plantés sur les Varies, vendus le 14 ventôse an III (4 mars 1795), pour 8.850^{tt}.

Treton de Vaujuas (Marguerite-Elisabeth Le Frère de Maisons, veuve de François), mère de deux émigrés, Jacques-François-René et François-René-Charles Treton de Vaujuas (5.000^{tt} de rente)

286. — Mobilier inventorié le 6 pluviôse an II (25 janvier 1794), dans sa maison, place de la Liberté (place Louis de Hercé).

La mère des émigrés possédait dans le district de Mayenne :

287. — La closerie du Bas-Bourg, en Châtillon-sur-Colmont, vendue le 19 messidor an VII (7 juillet 1799).

288. — Quatre pièces de terre et « un emplacement de châtaigneraie », même paroisse. Mainlevée du sequestre de ces immeubles fut accordée le 13 prairial an V (1er juin 1797).

289. — Le lieu de la Poulardière, en Contest, vendu le 19 messidor an VII (7 juillet 1799).

La famille de Vaujuas possédait d'autres biens à Oisseau, à Aron et à Marcillé-la-Ville.

Lors de la liquidation faite par la Commission d'Indemnité des Emigrés, on fixa : 1° A 10.040 fr. la somme revenant à Jacques-François-René Treton de Vaujuas comme héritier de sa mère; 2° A 43.413 fr. 24, celle qui lui appartenait tant de son chef que comme seul héritier de son frère et de sa sœur, Marguerite-Elisabeth-Françoise Treton de Vaujuas [1].

Tripier de Laubrière (Jean-Baptiste), de Saint-Mars-sur-Colmont, père de Jean-Armand Tripier de Laubrière, émigré

290. — Maison et dépendances, place du Palais (place Louis de Hercé), louées 400ᵗ par an, suivant bail sous signatures privées du 30 germinal an V (19 avril 1797).

Tripier de Lozé (Gabriel-Pierre-Armand), père de deux émigrés, Gabriel-François-Robert et Pierre-Armand Tripier de Lozé (7,000ᵗ de rente)

291. — Mobilier inventorié le 13 pluviôse an II (1er février 1794), vendu aux enchères le 27 floréal suivant (16 mai), pour 59ᵗ 16ˢ.
La famille de Lozé possédait des terres à Ernée et à Larchamp.

Vital (Nicolas), ancien curé de Commer, émigré

292. — Mobilier inventorié le 23 pluviôse an II (11 février 1794), dans une maison, place de l'Egalité (place Cheverus), vendu le 11 ventôse an II (1er mars 1794), pour 166ᵗ 14ˢ.
Vital possédait, en outre, dans le district de Mayenne, savoir :
A Commer :
293. — Mobilier inventorié le 26 pluviôse an II (14 fé-

(1) V. Partage avec la Nation du 28 germinal an VI (17 avril 1798).

vrier 1794), vendu aux enchères, le 21 ventôse (11 mars) et jours suivants, pour 5,002 ^{tt} 13^{s} 5^{d}.

294. — Le champ des Vallées, vendu le 28 prairial an II (16 juin 1794), pour 2,100 ^{tt}.

295. — Les champs de la Petite-Lande, du Poirier, de la Petite-Aumône et du Pommier, vendus, le même jour, pour 8,525 ^{tt}.

296. — Les champs de la Grande-Aumône et du Noyer, le closeau du Poirier et la Noë du Chemin, vendus le même jour, pour 5,325 ^{tt}.

297. — Le clos Geoffroy, le closeau du Pavé, le champ Beauchaussis et la Noë du Bourg, vendus le même jour, pour 9,050 ^{tt}.

A Martigné :

298. — Les bestiaux garnissant les métairies de Martigné ci-après désignées, vendus aux enchères, le 21 juillet an II (9 juin 1794), pour 4,526 ^{tt}.

299. — Trois maisons et un jardin au bourg ; les métairies de la Gilletière, de la Gaudinière, du Cormier, de la Touche et de la Fresnaie. Ces propriétés furent rendues par arrêté du Département, du 28 ventôse an V (18 mars 1797).

A Marcillé-la-Ville :

300. — Une maison.

PAROISSE DE SAINT-MARTIN DE MAYENNE

L'Eglise de Saint - Martin de Mayenne

301. — Les meubles et objets mobiliers de l'église et de la sacristie furent vendus aux enchères les 29 germinal, 3, 4 et 5 floréal an II (18, 22, 23 et 24 Avril 1794), pour 1.711 ^{tt} 15^{s}.

On adjugea le banc seigneurial 3 ^{tt} 7^{s} 6^{d}, un confessionnal 3 ^{tt}, un autre 4 ^{tt}, les stalles 30 ^{tt} 5^{s}. L'argenterie, remise au District, pesait 17 marcs 2 onces 17 gros ; en faisaient partie, 2 chandeliers, 2 encensoirs et plusieurs croix en bois « plaquées d'argent ».

La Fabrique de Saint-Martin de Mayenne

302. — Le pré de Malaumône ou d'Amourette, près du Pont d'Amourette [1].

303. — La vallée de Mayenne ou de Savoie, contenant 41 perches 1/4, vendue le 2 octobre 1793, pour 7.000 ^{tt}.

304. — « Une pièce de terre, nommée le Clos-à-l'Ane, « à la droite du chemin de la Davière, joignant ce che- « min et d'un côté le champ de la Pierre, — et deux pièces « côtoyant le grand chemin (route de Paris à Brest), l'un « sur la gauche joignant d'un côté la prée de la Roche- « Gandon, et l'autre vis-à-vis, sur la droite, joignant « d'un côté et d'un bout le champ de Fontaine »[2], — ven- dues le 21 messidor an IV (9 juillet 1796), pour 4.279 ^{tt}.

La Cure de Saint-Martin de Mayenne

305. — Le presbytère et ses dépendances, vendus le 21 vendémiaire an VI (12 octobre 1797), pour 13.510 ^{tt}.

306. — Une maison et une moitié de jardin à la Croix-Melleray, vendues le 24 octobre 1792, pour 860 ^{tt}.

307. — Une grande et une petite écurie et un jardin. Ces immeubles furent rendus à la Cure.

308. — Un verger, une cour et un jardin, vendus en l'an IV (1795-96) [3].

309. — Une maison et un jardin, proche le « Temple de la Raison », c'est-à-dire de l'église.

---

(1) On devrait écrire « Damourette » et non pas « d'Amourette » ou « des Amourettes ». Le pré et le pont portaient le nom d'un ancien propriétaire d'un pré voisin, un sieur Damourette.

(2) V. Bail devant Cherbonnel, notaire à Mayenne, du 9 octobre 1791.

(3) Ces immeubles furent loués 630 ^{tt} par an, suivant bail du District du 15 floréal an III (4 mai 1795).

Fondations pieuses

310. — Deux maisons et un jardin derrière, à la Croix-Melleray, vendus le 8 janvier 1793, pour 4.200[t].

311. — Une maison et un jardin à la Croix-Melleray, vendus le même jour, pour 500[t].

Le Couvent du Calvaire [1]

312. — La métairie de la Payennière, vendue le 19 février 1791, pour 24.200[t].

Le Couvent des Maillets du Mans [2]

313. — Le lieu de la Mesnardière, vendu le 15 mars 1791, pour 10.200[t].

314. — Le couvent des Maillets possédait encore la closerie du moulin des Vaux, en Champéon, vendue le 31 décembre 1792, pour 4.050[t].

La Fabrique de Notre-Dame de Mayenne [3]

315. — Deux maisons et un jardin, devants et issues, à la Roche-Gandon [4].

316. — Une vallée (partie en rochers et partie en pré), à la Roche-Gandon.

317. — Les champs Charlot et du Pommier, joignant un champ dit des Chauvelières.

La vallée et le champ du Pommier furent vendus ensemble le 19 thermidor an ..., pour 7.700[t] [5].

---

(1) V. Suprà, *Paroisse de Notre-Dame de Mayenne ;* — *Souvenirs du Vieux-Mayenne,* p. 291.

(2) V. *La Madeleine, à Mayenne.*

(3) V. Suprà, *Paroisse de Notre-Dame de Mayenne.*

(4) Voir bail devant de la Bécannière, notaire à Mayenne, du 30 décembre 1786.

(5) La vallée et les champs Charlot et du Pommier avaient été loués par bail devant de la Bécannière, notaire à Mayenne, du 4 mars 1781.

La Fabrique de Saint-Baudelle

318. — La closerie des Châtelliers, vendue le 8 janvier 1793, pour 13.400[t].

L'Hôtel-Dieu dit du Saint-Esprit [1]

319. — La lavanderie de la Vieille-Courbe, prés et pièces de terre, vendus le 18 frimaire an III (8 décembre 1794), pour 80.100[t].

320. — La lavanderie de la Nouvelle-Courbe, prés et pièces de terre, vendus le même jour, pour 46.100[t].

321. — La métairie de la Courbe, vendue le même jour, pour 66.900[t] [2].

322. — La métairie de la Féronnière, vendue le même jour, pour 83.500[t] [3].

323. — La lavanderie de Bel-Air, maisons, jardins et dépendances, vendus le même jour, pour 86.900[t] [4].

324. — Le pré de la Baudrairie, dit aussi le pré du Pont, vendu le 9 nivôse an III (29 décembre 1794), pour 1.008[t] [5].

325. — Une maison à la Roche-Gandon [6].

(1) V. Suprà, *Paroisse de Notre-Dame de Mayenne ; — L'ancien Hôtel-Dieu de Mayenne*, p. 95 et s.

(2) Cette métairie fut louée 850[t] par an, aux termes d'un bail du 18 frimaire an III (8 décembre 1794).

(3) Cette propriété était louée moyennant le fermage en argent et les faisauces annuels ci-après : « 650[t], un boisseau de pommes à manger, « vingt-cinq livres de beurre en pot (pot non compris), poids de 18 onces, « 4 chapons, 4 poulets, 200 livres de paille de seigle, 2 pots de lait par semai- « ne, 10 charrois à 10 lieues, 2 journées de maçon, la dîme et l'impôt » ainsi qu'il appert d'un bail devant Cherbonnel, notaire à Mayenne, du 2 juillet 1790.

(4) Ces immeubles avaient été loués par bail amphytéotique du 10 octobre 1788.

(5) Il existait un autre pré de l'Hôtel-Dieu, dit le pré de la Féronnière, qui était loué 80[t] par an, aux termes d'un bail devant ledit Cherbonnel, du mois de novembre 1790.

(6) Cette maison était louée 91[t] par an, suivant bail devant Cherbonnel. notaire à Mayenne.

326. — Une maison, rue de Boyère [1].

L'Hôpital général de la Madeleine [2]

327. — La Chapelle de la Madeleine, les bâtiments de l'hôpital, son enclos et le pré de la Triballe ou de la Madeleine, servant de champ de foire pendant la durée de la foire dite de la Madeleine.

328. — Six pièces de terre et un pré, vendus le 28 frimaire an III (18 décembre 1794) [3].

329. — Une maison servant d'auberge [4].

La Charité de Saint-Martin

330. — Le champ des Chauvellières, près le champ de la Fontaine [5].

331. — Un autre champ, exploité par Richer, maître des postes [6].

332. — Le lieu de la Baudrairie, vendu le 11 mai 1791, pour 8.500 [7].

333. — La Charité de Saint-Martin possédait aussi la closerie de Villette, en Aron, vendue le 16 mars 1793.

Chapellenie des Faucheux [8]

334. — Un jardin près la Croix-Melleray, vendu le 11 mai 1791, pour 475.

(1) Cette maison était louée 102 par an. Voir bail devant ledit Cherbonnel, notaire à Mayenne, du 12 juin 1791.

(2) V. Suprà, *Paroisse de Notre-Dame de Mayenne ; — La Madeleine à Mayenne*.

(3) Ces pièces étaient louées à Jean Pottier, marchand à Mayenne, pour 314 par an.

(4) La maison avait pour locataire Jacques Ribot, qui payait 200 de loyer par an.

(5) V. *La Madeleine à Mayenne*, p. 173.

(6) Ibidem, p. 173.

(7) Ibidem, p. 171.

(8) V. Suprà, *Paroisse de Notre-Dame de Mayenne. — Les Chapellenies de Mayenne avant la Révolution*, p. 63 et s.

La Chapellenie de l'Isle ou des Cailloux [1]

335. — Une maison et un jardin, à Boyère, vendus le 22 vendémiaire an III (13 octobre 1794), pour 2.025^{tt}.

La Chapellenie de la Masure [2]

336. — La closerie de la Masure, vendue le 20 avril 1791, pour 16.000^{tt}.

La prestimonie de la Mule [3]

337. — Une maison et un jardin « Grand'rue Saint-Martin, côtoyant la rue aux Morts », vendus le 6 février 1793, pour 2,900^{tt}.

Chapedelaine (Jean de), chevalier, seigneur d'Isle, époux de Marie-Renée de Bazogers, père de Anne-Charles et Jean-René de Chapedelaine, émigrés [4].

338. — La métairie de la Payennière (contenant 40 journaux de labour et où récolter 5 charretées de foin, vendue le 11 ventôse an VII (1er mars 1799), pour 4.122^{tt} [5].

339. — Le pré dit de la Lande.

340. — La métairie de la Masure, vendue le 21 ventôse an VII (11 mars 1799), pour 13.200 ^{tt} [6].

---

(1) V. *Les Chapellenies de Mayenne, avant la Révolution*, p. 111 et s.

(2) V. *Les Chapellenies de Mayenne avant la Révolution*, p. 35 et s.

(3) V. *Les Chapellenies de Mayenne avant la Révolution*, p. 120.

(4) V. Suprà, *Paroisse de Notre-Dame de Mayenne*.

(5) Cette propriété était louée, par an, 500^{tt}, 10 livres de beurre en coin (beurre frais) et l'impôt foncier, par bail devant Coignard, notaire à Mayenne, du 17 vendémiaire an V (8 octobre 1796).

(6) La Masure était affermée annuellement moyennant 1.200^{tt} en argent, plus 12 livres de beurre en coin (beurre frais), poids de 18 onces, 2 journées de « harnois » c'est-à-dire d'un attelage de bœufs et l'impôt foncier, par bail devant Coignard, notaire à Mayenne, du 2 ventôse an VII (20 février 1799).

Liger (René), vicaire à Saint-Germain-l'Auxerrois, à Paris,
déporté [1]

341. — Une pièce de terre, contenant deux journaux,
nommée la Luzeraie, près la route de Laval, vendue le
9 vendémiaire an III (30 septembre 1794), pour 6.900[fr].

Il nous paraît intéressant de faire suivre ce tableau
de biens nationaux du décompte du prix d'un acquéreur.

Jacques Marloteau, négociant à Mayenne, se rendit
adjudicataire, le 18 frimaire an III (8 décembre 1794),
de la métairie de la Courbe, située commune de Mayenne, provenant de l'Hôtel-Dieu dit du Saint-Esprit,
moyennant un prix de 66.900 fr., payable par dixièmes,
en neuf ans, en exécution de la loi du 4 nivôse an II (24
décembre 1793).

Le prix de l'adjudication de 66.900 fr. fut payé de la
manière suivante, ci .... 66.900 fr. »»

Le 30 floréal an III (19 mai 1795), Marloteau paie en assignats 14.402 fr. 94,
comprenant :

1° Le premier dixième de son prix.... 6.690 fr. »»

Différence........ 60.210 fr. »»

2° Les intérêts des 6.690 fr. payés, courus
du 18 nivôse an III (7 janvier 1794) au 30
floréal suivant (19 mai 1795), c'est-à-dire
pendant 4 mois et 12 jours.   122 fr. 65

3° Les intérêts des
60.210 fr. restant dûs, courus du 18 frimaire au 30
floréal an III (du 8 décembre 1794 au 19 mai 1795)

A reporter...   122 fr. 65   60.210 fr. »»

Report.... 122 fr. 65   60.210 fr. »»

c'est-à-dire pendant 5 mois et 12 jours..............   1.354 fr. 73

4° Un à-compte sur le capital de..............   .   6.235 fr. 56

Différence......   53.974 fr. 44

Le 7 messidor an III (25 juin 1795) l'acquéreur paie en assignats 3.300 fr., composés :

1° Des intérêts du reliquat de 53.974 fr. 44, courus du 30 floréal au 7 messidor an III (du 19 mai au 25 juin 1795) c'est-à-dire pendant 1 mois et 7 jours..........   277 fr. 37

2° D'un à-compte sur le capital de..............   2.022 fr. 63

Différence......   50.951 fr. 81

Le 10 frimaire an IV (1er décembre 1795) Marloteau paie en assignats 52.046 fr. 41, comprenant :

1° Les intérêts du reliquat de 50.951 fr. 81, courus du 7 messidor an III au 10 frimaire an IV (du 25 juin au 1er décembre 1795) c'est-à-dire pendant 5 mois et 3 jours..............   1.082 fr. 73

2° Un capital de..........   50.963 fr. 68

Ensemble....   2.837 fr. 48

Excédent revenant à l'acquéreur..............   11 fr. 87

En résumé, Marloteau avait payé :

1º Son prix principal de...................... 66.900 fr. »»

2º Pour intérêts........................ 2.837 fr. 48

Soit une somme totale de.............. 69.737 fr. 48

Pour faire ses paiements, Marlotteau avait pu se procurer :

Le 30 floréal an III, 14.402 fr. 94 d'assignats avec 960 fr. en numéraire.......... 960 fr. »»

Le 7 messidor an III, 3.300 fr. d'assignats avec 96 fr. en numéraire.......... 96 fr. »»

Le 10 frimaire an IV, 50.951 fr. 81 d'assignats avec 384 fr. en numéraire........ 384 fr. »»

Total [1].............. 1.440 fr. »»

La métairie de la Courbe ne coûta donc à Marloteau qu'environ 1.440 fr. en espèces métalliques ; il la vendit 7.900 fr. (8.000[t] en livres tournois) par contrat devant Coignard, notaire à Mayenne, du 26 ventôse an X (17 mars 1802). Il avait donc réalisé un bénéfice net de 6.560[t].

Cette propriété était louée 850[t] par an, comme on l'a vu précédemment page 262, note 2.

---

[1] La réduction en numéraire métallique des assignats a été faite, eu égard à la valeur d'opinion de ce papier-monnaie dans le département de la Mayenne, conformément aux tableaux de dépréciation dont il est parlé ci-dessus, page 216, note 1.

F'

Notes sur quelques suspects incarcérés pendant la Révolution

<table>
<tr><td>LIBERTÉ</td><td>VIVRE
LIBRE
ou</td><td>ÉGALITÉ</td></tr>
<tr><td>FRATERNITÉ</td><td>MOURIR (1)</td><td>UNITÉ</td></tr>
</table>

GOUVERNEMENT RÉVOLUTIONNAIRE

—

A Mayenne, le 20 brumaire, l'an 3e de la République Française, une et indivisible (10 novembre 1794).

Boursault, représentant du peuple près les armées des côtes de Brest et de Cherbourg et départements contigus [2] :

D'après la proclamation que nous avons faite ce matin en présence du peuple, dans le temple dédié à l'Etre suprême (Notre-Dame de Mayenne), sur l'établissement d'une Commission philanthropique chargée de s'occuper, dès le jour même, de l'examen des motifs d'arrestation de tous les détenus dans les maisons de réclusion ou d'arrêt, de manière qu'à notre retour de Lassay, nous soyons suffisamment instruit pour statuer sur le sort de tous les détenus [3].

Considérant que si l'humanité, la justice, et la bienfaisance nationale font un devoir aux commissaires de la Convention de s'occuper des détenus avec le plus vif

(1) Cette devise est, dans l'original, entourée de branches de laurier, placée sur un écusson ovale surmonté d'une pique coiffée du bonnet rouge, emblème du civisme et de la liberté.

(2) Boursault-Malherbe, ancien comédien.

(3) Les arrestations avaient été faites à la demande du Comité révolutionnaire de Mayenne.

intérêt, ils doivent aussi employer toutes les mesures de précaution que la sagesse indique,

Arrêtons que les citoyens Gougis, Cheux, Lottin et Guesdon, administrateurs du District, et Esnaut, Bourdon, Chenon et Gillardière[1], de la commune de Mayenne, se réuniront ce jour même et formeront une Commission que nous chargeons d'examiner les motifs d'arrestation de tous les détenus, ainsi que leurs moyens justificatifs. Ils feront un rapport circonstancié dans lequel ils classeront ceux qui doivent recevoir leur liberté définitive, ceux qui doivent demeurer en détention comme suspects et ceux qui doivent être renvoyés à des tribunaux.

Chargeons nominativement le citoyen Guesdon de l'organisation de la Commission philanthropique et autorisons la dite Commission à faire toutes les dépenses nécessaires dont nous ordonnerons le paiement sur le mémoire vérifié par elle.

Ordonnons aux concierges des prisons, maisons d'arrêt et réclusions d'en ouvrir les portes aux membres de la Commission philanthropique et de les laisser communiquer avec les détenus autant de fois qu'ils le voudront.

Boursault.

J'autorise la Commission philanthropique à continuer ses opérations relativement aux citoyens détenus avant sa formation, à charge d'en rendre compte au Comité révolutionnaire qui me transmettra les résultats.

Laval, le 25 brumaire, 3ᵉ année républicaine (15 novembre 1794).

Boursault
Représentant du peuple.

(1) Notre copiste a sans doute mal lu ce nom. Il s'agit probablement de Cordelay-Sillardière, appelé communément « Sillardière ».

AVIS DE LA COMMISSION [1]

—

I

PREMIÈRE CLASSE DES DÉTENUS QUI NE SONT PAS SOUS LA LOI

Louis Le Moine, fils, défenseur de la patrie [2], détenu à Chartres par arrêté du Comité du 10 brumaire 2ᵉ année.

Il a été arrêté sur la dénonciation de son domestique, qui lui reprochait d'avoir manifesté de la joie du succès des brigands de la Vendée et de leur invasion dans le Département.

Ce domestique avait été dénoncé lui-même précédemment par Le Moine auquel il avait proposé d'écrire aux chefs des brigands et de leur porter la lettre.

Il paraît que Le Moine et son domestique se prirent de querelle ensemble, à l'occasion d'une déclaration de grains, et que l'un et l'autre, faute de s'entendre, s'accusèrent respectivement. Comme il n'y avait aucuns témoins de leur rixe, on n'a pu savoir au juste ce qui s'était passé entre eux, mais d'après la conduite soute-

(1) Ces notes, d'une bienveillance intentionnelle, sont néanmoins conçues dans un esprit révolutionnaire évident et ne donnent pas le schéma des opinions, des sentiments et du caractère des personnes visées ; elles sont cependant curieuses pour faire voir le revirement qui s'était opéré dans les municipalités républicaines après la mort de Robespierre. Nous en avons supprimé quelques expressions, blessantes pour les détenus et sans portée, qui ne révèlent du reste aucun fait de nature à justifier les mesures arbitraires dont ils avaient été l'objet.

(2) Louis-Augustin Le Moine, fils de Louis Le Moine de la Besnardière, ancien officier commensal de la Maison du roi, et de Marie-Anne-Thérèse Hochet de la Terrerie, épousa à Mayenne, en 1796, Eléonore-Adelaide-Jacquine Demillère. Le contrat de mariage fut passé devant de la Bécannière, notaire à Mayenne.

nue de Louis Le Moine, la Commission présume que la dénonciation du domestique n'était vraiment qu'une récrimination inconsidérée ; en conséquence elle croit devoir solliciter formellement la libération de ce défenseur de la patrie.

« Ce jeune homme, écrivait le Conseil général de la
« commune de Mayenne, est parti volontairement en 1791
« pour voler à la défense de la Patrie, dans le premier
« bataillon formé dans notre Département. Une affection
« de poitrine, gagnée sur la frontière, le nécessita de
« quitter son poste et de revenir dans sa famille pour
« s'y faire soigner. Il commençait à se rétablir lorsqu'il
« s'inscrivit dans un régiment de cavalerie. Il fut arrêté
« alors et détenu à Chartres » [1].

Pierre CRUCHET, ex-prêtre.

Il était prêtre-sacristain de Notre-Dame de Mayenne, devint principal du collège de cette ville, puis vicaire épiscopal de Villar, évêque de Laval.

Le Conseil général de la commune de Mayenne faisait de lui l'éloge suivant : « Le citoyen Cruchet fut un des
« premiers à prêter le serment civique ; ayant paru à ses
« concitoyens attaché aux principes de la liberté, ils le
« nommèrent notable, officier municipal et électeur au
« commencement de la Révolution. Tous les renseigne-
« ments que nous avons pu nous procurer ne nous ont
« fait connaître en lui qu'un bon patriote, plein de zèle.
« Ses concitoyens redoublèrent d'estime pour lui en le
« voyant marcher volontairement avec eux pour com-
« battre les Rebelles qui menaçaient Laval ».

---

[1] L'opinion du Conseil général de la commune de Mayenne, que nous aurons l'occasion de relater plusieurs fois, fut donnée par lui le 12 brumaire an III (2 novembre 1794). Ce conseil était composé de : Quinton, Havard, Hédou-Lalande, Esnault, Viel-Després, Morice fils, Jacquier, Tonniot-Montroux, Cherbonnel et Coulon.

Jean-Baptiste MORICE LA RUE, ex-prêtre.

Il a été dénoncé comme fanatique, royaliste et fédéraliste par Guilbert, ex-prêtre et ci-devant grand vicaire, et c'est cette dénonciation vague qui a motivé son arrestation.

Il est faux qu'il ait pris part aux arrêtés fédéralistes, d'après les renseignements donnés sur son compte ; et, au surplus, il est, comme son collègue Cruchet, honnête homme, bon républicain et de bonnes mœurs. Le Comité révolutionnaire et la municipalité ont sollicité sa liberté et fourni sur lui des notes avantageuses.

Morice de la Rue, ancien vicaire de Moulay, que prit pour vicaire épiscopal Villar, évêque de Laval, avait été également dénoncé par François Huchedé [1].

Julien-René BÉCASSSON, ex-noble et ex-conseiller au ci-devant parlement de Bretagne [2].

Le Comité révolutionnaire atteste qu'il a sous les yeux le discours civique que Bécasson prononça à Rennes à la fin de 1789, lorsqu'à la tête de quatre-vingt-six

[1] François Huchedé, professeur au collège de Laval, greffier du Tribunal criminel, président du Comité révolutionnaire et enfin président de la Commission révolutionnaire qui condamna à l'échafaud tant d'honnêtes gens. Il adressa au Conseil général de la commune de Laval les vers suivants, qui montrent son impiété :

> Du temps des rois et des miracles,
> On me donna le nom d'un saint.
> On ne croit plus dans les oracles,
> Que pouvait faire un capucin.
> Sur les débris de l'évangile,
> La raison a pris son essor ;
> Pour la conduire dans le port,
> Je prends le nom de Paul-Emile.

V. *Dictionnaire historique de la Mayenne*, par M. l'abbé Angot, tome II, page 458.

[2] Bécasson ou Bégasson de la Lardais, né à Rennes, alors âgé de 79 ans, veuf de Jeanne-Marie-Reine de Bois-Adam, avait été exilé avec de Caradeuc de La Chalotais dont on connaît le retentissant procès.

ci-devant nobles il prêta le serment civique, contre le vœu de la majorité de la caste nobiliaire.

Depuis 1790, il a résidé dans cette commune jusqu'au moment de son arrestation et, pendant ce temps, il s'est conduit avec sagesse et circonspection ; il passe même pour avoir hautement frondé les opinions liberticides des ci-devant nobles et leur avoir prédit l'insuccès de leurs projets insensés, ce qui lui avait attiré de leur part des qualifications outrageantes.

La Commission, d'accord avec le Comité révolutionnaire et la Municipalité, a l'opinion que sa liberté n'est aucunement dangereuse ; au surplus il s'est toujours montré humain, charitable et bienfaisant.

Alexandre LA BROISE, ex-noble, ex-juge de la justice d'Ambrières avant la Révolution, ex-juge du Tribunal du district de Mayenne depuis la Révolution, et sa femme [1].

La Commission, qui a pris des renseignements très positifs sur son compte, le considère comme un homme de bien, sous tous les rapports.

Il est né noble, mais avant la Révolution il était plébéien dans le cœur, ne vivant ordinairement qu'avec des plébéiens.

Dès 1789, dans une fête civique qui eut lieu à Ambrières, en réjouissance de l'abolition des privilèges et de l'anéantissement de la féodalité, il se déclara fortement en faveur de la liberté et de l'égalité, dont il fit

---

[1] Jean-Baptiste-Joseph-Alexandre de la Broise, né le 11 juillet 1746, et Marie-Anne Couppel de la Goulande. Ils avaient pour enfants : 1° Henri de la Broise qui épousa Aline Guesdon de Beauchesne ; 2° Et Alexandre de la Broise, époux en premières noces de Agathe-Charlotte-Rosalie du Mesnil de Saint-Denis et en second mariage de Emilie-Césarine Lefebvre de Bois-Jousse. Le Comité révolutionnaire les signalait « comme très attachés à leur « noblesse et n'ayant pas voulu brûler leurs titres ». Ceux-ci furent saisis par le Comité, déposés à la mairie et détruits par les Chouans.

18

sentir les avantages dans le discours qu'il prononça en cette occasion.

S'il a donné sa démission de sa place de juge du Tribunal du district de Mayenne, la Commission pense qu'elle n'a été motivée que sur sa timidité naturelle, qui ne se trouvait plus étayée alors par la plupart des jurisconsultes éclairés qui composaient le premier tribunal du District.

Comme homme public, il a toujours paru digne des postes qu'il a occupés.

Comme homme privé, il a paru doué de toutes les vertus civiques.

A l'égard de sa femme, elle a suivi le sort de son mari et, au surplus, ses opinions politiques sont fort indifférentes.

Veuve Crenay, ex-noble.

[La veuve Creney ou Crenay habitait, à Mayenne, avec Anne-Marie Couasnon, épouse de l'émigré François-Charles Deschamps du Méry] [1].

Le Comité révolutionnaire convient qu'il n'existe contre la veuve Crenay aucun motif d'arrestation ; on a décerné contre elle un mandat d'arrêt, vraisemblablement parce qu'elle demeurait dans la maison de la femme d'un émigré, lequel était son parent au 3ᵉ degré. Elle vivait extrêmement retirée, et l'on ne connaît pas ses opinions politiques ; la municipalité de Châteaugontier, consultée par celle de Mayenne sur la question de savoir si on devait lui accorder un passeport, au commence-

(1) Jules-Nicolas-Aubin Creney, sieur de Saint-Aubin, ancien capitaine d'infanterie, épousa Françoise-Renée Jamois du Hil, fille de François-Anne Jamois, sieur du Hil, et de Renée-Rose Lefebvre d'Argencé. Celle-ci était sœur d'Urbain-François-Joseph Lefebvre d'Argencé. (V. ci-après, page 275, note 1 ; — contrat de mariage devant Loré, notaire royal à Château-Gontier, et Duval et Delbère, notaires royaux à Laval, du 9 juin 1769).

ment de septembre 1793, répondit en s'expliquant avantageusement sur son compte.

En conséquence, la Commission appuie la pétition qu'elle a présentée au Représentant du peuple.

Veuve LEFEBVRE D'ARGENCÉ, son fils et sa bru [1].

Ce sont trois victimes innocentes, qui ont été punies pour les fautes d'autrui, sans qu'on puisse leur reprocher d'y avoir aucunement participé.

La mère n'avait aucune relation avec son frère, ni avec son neveu, condamnés à mort comme fédéralistes.

Le fils haïssait ses beaux-frères dont il était haï, et il s'est constamment prononcé en faveur de la Révolution. Quant à la bru, c'est une femme à caractère ; elle a manifesté son amour pour les principes de la liberté et de l'égalité, dans un temps où on pouvait encore impunément énoncer des opinions contraires, et, depuis ce temps, ni elle, ni son mari ne se sont démentis. Celui-ci a donné de son civisme des preuves non équivoques dans plusieurs circonstances et notamment à l'époque où un rassemblement armé s'efforça de s'opposer au

(1) Marie-Thérèse-Françoise-Catherine Anjubault ou Enjubault de la Roche, veuve d'Urbain-François-Joseph Lefebvre d'Argencé, François-Marie-Urbain Lefebvre d'Argencé et Joséphine-Anna-Bonne-Charlotte Piquet du Bois-Guy, épouse de ce dernier, (V. contrat de mariage Lefebvre-Anjubault, devant Chatizel et Rozières, notaires à Laval, en 1767. Le mariage Lefebvre-Piquet eut lieu au château du Bois-Guy, en Parigné, Ille-et-Vilaine, le 1ᵉʳ décembre 1792).

Marie-Thérèse-Françoise-Catherine Enjubault de la Roche était sœur de René-Urbain-Pierre-Charles-Félix Enjubault de la Roche, suspecté de fédéralisme, arrêté à Rennes, ramené à Laval, transféré à Paris où il fut condamné à mort et exécuté le 24 pluviôse an II (12 février 1794).

Joséphine-Anne-Bonne-Charlotte Piquet du Bois-Guy était fille de Alexandre-Marie Piquet du Bois-Guy et de Bonne-Joséphine-Françoise de Bois-le-Bon; elle avait pour frères : Guy-Marie-Alexandre du Bois-Guy, émigré; Louis-Marie et Aimé-Casimir-Marie du Bois-Guy, deux chouans célèbres. Aimé-Casimir-Marie du Bois-Guy devint le général des Chouans d'Ille-et-Vilaine.

recrutement du contingent de cette commune, lors de la levée des trois cent mille hommes. Il fut dans cette occasion l'un des premiers à s'armer et à marcher contre les insurgés.

La Société populaire, le Comité révolutionnaire et la Municipalité ont exprimé leur vœu en faveur de ces trois infortunés, qui n'ont que trop gémi du malheur d'avoir appartenu de trop près à des contre-révolutionnaires.

La Commission verra avec une vive satisfaction leur libération définitive.

TESTARD-CAILLERIE, ex-noble, ci-devant entreposeur de tabacs [1].

La Commission, ayant examiné avec attention l'avis de la municipalité et du Comité révolutionnaire et particulièrement celui qui est rédigé au bas de la pétition adressée au Représentant du peuple Laignelot, en date du 10 thermidor,

Considérant qu'il résulte de ces avis qu'il n'y a contre lui aucun fait d'incivisme prouvé, ni même allégué ; qu'il est constaté, par les certificats joints aux pièces, qu'il a constamment fait son service militaire et qu'il a soldé un républicain pour marcher à la défense de la patrie contre les brigands de la Vendée et qu'enfin, si ses opinions politiques ont paru équivoques, il en a été bien puni par l'état de proscription où il est réduit depuis un an, par le délabrement de sa très modique fortune et enfin par l'épuisement de la santé de son épouse, dévorée par le chagrin de sa situation,

Est d'avis qu'il soit rendu à la société et réintégré dans ses droits de citoyen.

---

(1) Jacques-Bertrand Testard de la Caillerie, chevalier, époux de Renée-Marguerite Jamelin de la Jumellière.

Louis LE MOINE, père, sans profession et sa femme [1].

Le mari est un homme sans caractère et sans conséquence; il n'y a contre lui d'autres motifs de suspicion que les brochures fanatiques et les pamphlets aristocratiques qu'on a trouvés chez lui.

Les capucins et les prêtres, qui formaient sa société habituelle et qui étaient ses compagnons, l'avaient nanti sans doute de toutes ces sottises.

La Commission, ne croyant pas sa liberté dangereuse, le croit suffisamment puni par une année de captivité.

Quant à sa femme, elle n'a été arrêtée que parce qu'elle était l'épouse de son mari.

Le Conseil général disait de Le Moine et de sa femme :
« On trouva chez eux beaucoup de brochures, enfouies
« en terre, tant fanatiques que royalistes. Il n'est pas
« parvenu à notre connaissance qu'il ait manqué à la
« probité ; on ne reproche à Le Moine que les brochu-
« res ».

II

SECONDE CLASSE, COMPOSÉE DES DÉTENUS QUI SONT
DANS LA LOI DU 17 SEPTEMBRE

Magdeleine PATTIER, femme GUIBERT, femme d'émigré [2].

Elle n'a d'autre tort que celui d'avoir épousé, il y a environ douze ans, un ex-noble maintenant émigré.

(1) Louis Le Moine de la Besnardière, ancien officier commensal de la maison du roi et Marie-Anne-Thérèse Hochet de la Terrerie (V. *Suprà*, page 270, note 2).

(2) Marie-Madeleine Pattier de Maupoirier, épouse de Louis-Alexandre-François de Guibert, ancien capitaine au régiment de Piémont, dont elle eut deux enfants, nés à Mayenne, Louis-Alexandre, le 3 janvier 1782, et Pierre-Casimir-Augustin, le 1er avril 1787. (V. contrat de mariage devant de la Bécannière, notaire à Mayenne, du 19 février 1781 ; — acte à la mairie de Mayenne du 29 messidor an II, 17 juillet 1794).

Il est constaté, par une information faite en vertu d'un arrêté du Représentant du peuple FRANÇOIS, devant le Comité révolutionnaire, qu'elle a épuisé tous les moyens qui étaient en son pouvoir pour empêcher l'émigration de son mari.

Le citoyen Puisard, ci-devant membre de ce Comité, nous a attesté qu'au mois d'août 1791 il fut vivement sollicité, à différentes reprises, par la dite femme Guibert d'engager son mari à prêter le serment civique prescrit par la loi aux militaires en exercice et à s'attacher sincèrement à la Révolution, et qu'en effet le citoyen Puisard, après plusieurs sollicitations, l'y avait déterminé et l'avait lui-même conduit à la Municipalité où il fit serment.

D'après ces faits, la citoyenne Pattier n'est plus sous la loi et la Commission pense qu'il serait injuste de la retenir plus longtemps en captivité.

Veuve DUPONT - GRANDJARDIN , veuve d'un condamné [1].

Le Département entier a été indigné de la condamnation de son mari.

Son frère Chambray, après avoir été patriote et avoir rendu des services importants à la Révolution, se voyant proscrit pour avoir pris parti dans la force départementale, passa aux Rebelles de la Vendée, avec un parti considérable ; mais elle n'a participé en rien à la révolte de son frère, et, si ce dernier est devenu un rebelle, le fils de cette veuve infortunée combat pour la République ; il est dans ce moment grièvement

---

[1] Rose-Anne-Marie Besnier de Chambray, épouse de Joseph-François Dupont de Grandjardin, qui fut condamné à mort le 6 pluviôse an II (25 janvier 1794) et exécuté le même jour. Elle était la sœur de Nicolas-Etienne de Chambray, commandant de la Petite-Vendée.

blessé et il s'est élevé par son courage et sa conduite au grade de capitaine de cavalerie à l'âge de 18 ans.

Au reste, cette femme, son mari et le reste de sa famille ont été constamment attachés à la Révolution ; il est juste qu'elle soit réintégrée dans tous ses droits. Les autorités constituées et le peuple entier de cette commune sollicitent également sa liberté.

Veuve TRETON-VEAUJOIS et sa fille, ex-nobles.

[Il s'agit de Marguerite-Elisabeth Le Frère de Maisons, veuve de François Treton de Vaujuas, et de sa fille Marguerite-Elisabeth-Françoise Treton de Vaujuas].

Ces deux femmes, intéressantes par leurs vertus, ont toujours tenu une conduite irréprochable avant et depuis la Révolution. La Commission pense comme le public qu'elles n'ont aucunement participé à l'émigration des deux traîtres qui ont causé leur malheur. Elle pense également que leur liberté loin d'être dangereuse sera au contraire utile à la société.

Le Conseil Général de la commune de Mayenne disait d'elles : « Quoique nobles, elles étaient affables et bien-« faisantes ».

Françoise HERCÉ, l'aînée, ex-noble [1].

Elle est sœur du ci-devant évêque de Dol, déporté, et du ci-devant chevalier de Hercé, ex-constituant, émigré : tel est le seul tort qu'on puisse lui reprocher. Elle est humaine et bienfaisante ; elle était attachée au culte catholique, sans être ni fanatique, ni intrigante. La Société populaire a réclamé sa libération et la Commission est d'accord en ce point avec la Société populaire.

____

(1) Françoise-Charlotte de Hercé, née à Mayenne le 19 juin 1723, décédée en 1798. Elle était fille de Jean de Hercé et de Françoise Tanquerel.

Jeanne HERCÉ, ex-noble [1].

Elle est sœur d'Armand Hercé, capitaine de Dragons, émigré, avec lequel elle n'avait pas de relation. Au reste, elle était populaire avant la Révolution, et depuis elle a continué de voir les patriotes avec lesquels elle était liée auparavant. Elle est très charitable et bienfaisante, et d'une santé délabrée. Le représentant du peuple Laignelot l'avait rappelée de Chartres et lui avait permis d'habiter la campagne, sous la surveillance d'un garde. La Société populaire l'a réclamée et la Commission pense qu'il serait injuste de ne pas la rendre définitivement à la liberté et à la société.

Le Conseil général de la commune de Mayenne disait d'elle : « On n'imputa jamais de méchanceté à cette « citoyenne. On ne lui reprocha que d'avoir appartenu « à la caste noble et d'être sœur d'émigrés; elle faisait « du bien autant que sa fortune le lui permettait ».

Jeanne DUBOIS, femme HERCÉ, femme d'émigré [2].

Elle est malheureusement sous la loi du 17 septembre, comme femme et sœur d'un émigré; son fils aîné, alors âgé de 15 à 16 ans, passa en Angleterre avec son oncle, l'ex-évêque de Dol, pour son éducation, mais alors la loi le permettait.

Le chagrin extrême qu'elle manifesta lorsqu'elle crut son mari émigré annonce assez qu'elle ne participa aucunement à son crime. On ne peut guère voir une femme plus vertueuse, plus humaine et plus charitable. Elle n'est ni intrigante, ni fanatique, et la Commission se croit bien assurée qu'elle n'abusera jamais de la liberté. Dans cette persuasion elle sollicite sa libération.

(1) Marie-Jeanne-Françoise-Thérèse de Hercé, fille de Jean-René de Hercé et de Françoise-Urbaine-Marie Billard de Lorière (V. mariage, à Mayenne, du 22 juin 1757).

(2) Jeanne Dubois de la Basmaignée, épouse de Jean-François-Simon de Hercé, sœur de Nicolas-Jean Dubois de la Basmaignée.

Le Conseil général de la commune de Mayenne disait d'elle : « Elle fut toujours très charitable et faisait un « bon emploi de sa fortune. Il a été fâcheux pour elle « que ses excellentes qualités n'aient pu faire oublier « qu'elle était l'épouse d'un émigré ».

Veuve MOULAY-RAITRIE et sa fille [1].

Elles sont mère et sœur de Moulay ou Moulé-Raitrie, commandant de la gendarmerie [2], que les proscriptions arbitraires ont forcé de passer aux Rebelles avec son fils âgé de 17 à 18 ans.

La conduite de ces derniers est inexcusable sans doute, mais on ne doit pas imputer à la mère et à la sœur un crime auquel elles n'ont pas pris la moindre part, étant en état d'arrestation avant la rébellion de la Raitrie. La conduite de ces deux femmes est irréprochable. Elles vivaient très retirées, très soumises aux lois et d'une manière très circonspecte, sans avoir eu depuis long-temps aucune relation avec leur fils et frère, sur l'esprit duquel elles n'avaient pas le moindre crédit.

Leur détention a donc été un acte arbitraire et tyran-nique. La Commission désire que l'une et l'autre soient rendues à la liberté.

Le Conseil Général de la commune de Mayenne disait d'elles : « Ces femmes aimaient à faire le bien ; on les « a plaintes, dans leur famille, d'avoir un monstre juste-« ment abhorré ».

---

(1) Renée-Françoise Thoumin, veuve de Louis-René-François Moulay ou Moulé de la Raitrie, et sa fille Marie-Joseph Moulay ou Moulé de la Raitrie, qui épousa Jacques-François-René Leveillé.

(2) Louis Moulay ou Moulé de la Raitrie, écuyer, lieutenant-colonel de gendarmerie, avait épousé en 1775, Marie-Marguerite Lemoine de Juigny. Leur fils, Louis, âgé seulement de 15 ans, partit avec l'armée vendéenne lors-qu'elle passa à Mayenne. Fait prisonnier, quelques mois après, il fut guillo-tiné à Laval.

Jean CHAPPEDELAINE et sa femme, ex-nobles, père et
mère d'émigrés.

Le mari est rongé par la goutte, perclu de tous ses
membres ; sa femme partageait ses soins entre son mari
et les pauvres indigents. Le public ne pourrait guère
apprécier leurs opinions politiques, parce que, concen-
trés dans l'intérieur de leur domicile et presque uniquement occupés à des actes de bienfaisance et de charité,
ils ne les ont pas manifestées et ne se sont jamais immis-
cés dans les affaires publiques.

Quant à l'émigration de leurs fils [1], il serait bien
injuste de la leur reprocher, car toute la commune
pourrait attester que ces deux militaires avaient depuis
longtemps secoué le joug de l'autorité paternelle et se
conduisaient par des principes diamètralement opposés
à ceux qui dirigeaient leurs père et mère.

Comme il paraît incroyable que des citoyens aussi vertueux, que l'ont été jusqu'ici les père et mère, deviennent
des monstres d'ingratitude, la Commission pense qu'on
ne peut trop se hâter de les rappeler à la liberté et de rendre à la société des hommes qui l'ont tant honorée par
leurs vertus.

Le Conseil général de la commune de Mayenne écrivait d'eux : « Ils ont toujours été aimés de leurs conci-
« toyens à qui ils se plaisaient à faire du bien. On les
« plaint d'appartenir à une caste justement abhorrée et
« d'avoir deux enfants pleins d'orgueil, qui, depuis sept à
« huit ans, annonçaient, par une vie indépendante, qu'ils
« étaient bien différents de leurs père et mère ».

Veuve LE MESNAGER-DUFERIE et ses filles, ex-nobles.
[Il existait du mariage de Hyacinthe-Françoise-Marie
Le Mercerel de Chasteloger avec Marin-René Le Mesna-
ger de la Dufferie, écuyer, cinq filles : 1° Jacquine-

____

[1] Anne-Charles et Jean-René de Chapedelaine.

Hyacinthe-Charlotte L... qui épousa César-Eléonor de Sarcus ; 2° Elisabeth-Michelle L... ; 3° Marie-Charlotte L... ; 4° Jeanne-Françoise L... ; 5° Marie-Adelaïde L...].

L'émigration de leur fils et frère [1] est le seul motif de leur détention ; elles se sont conduites depuis la Révolution avec beaucoup de prudence et de sagesse. L'émigré était si profondément dissimulé que personne n'avait pu pénétrer ses opinions politiques ; il était âgé d'environ 36 ans et était héritier de son père. D'après cela, la Commission est persuadée que personne de sa famille n'a participé à son criminel dessein ; il serait donc injuste de punir sa mère et ses sœurs d'un délit qui ne leur est pas personnel et qu'il n'était pas dans leur pouvoir d'empêcher.

Le Conseil général de la commune de Mayenne disait à leur sujet : « Il ne nous est parvenu aucune plainte « sur ces citoyennes, qui au surplus n'eurent pas l'opi- « nion publique contre elles et furent très hospitaliè- « res ».

Veuve d'HÉLIAND-CHAMBELAY et sa fille, ex-nobles, mère et sœur d'émigré [2].

C'est une femme d'une douceur extraordinaire ; on peut lui reprocher d'avoir souffert chez elle et malgré elle des prêtres réfractaires, qui perpétuellement assiégeaient sa maison. Ses amis l'ayant avertie que ces rassemblements faisaient murmurer le public, elle leur répondit naïvement : « Hélas, tâchez de m'en défaire ; « mais je n'ai pas le courage de renvoyer crûment les « gens de chez moi ».

Ses enfants n'étaient point avec elle quand ils ont conçu et exécuté leur projet. Le chagrin qu'elle mani-

---

(1) Charles-Hyacinthe-René Le Mesnager de la Dufferie.

(2) Elisabeth-Victoire-Eléonore de Montécler, veuve d'Augustin-Pierre-Philippe d'Héliand.

festa lorsqu'elle apprit leur émigration prouve assez qu'elle ne l'approuvait pas. Pendant la Révolution, elle a continué de voir avec la même amitié tous ses anciens amis patriotes et, dans tous les temps, elle a été bonne, humaine, généreuse et charitable. Son caractère est si éloîgné de l'intrigue qu'on peut assurer qu'elle ne s'y est jamais livrée et ne s'y livrerait jamais, quand même (ce qu'on ne présume pas) elle ne serait pas amie de la République.

D'après ces considérations, la Commission apptie formellement la réclamation adressée en sa faveur par les habitants de sa commune.

La Conseil général de la commune de Mayenne disait de Mme d'Héliand : « La mère a été soupçonnée d'avoir « retiré chez elle des prêtres, qui lors de la prestation de « serment des fonctionnaires publics l'avaient refusé ».

Anne COUASNON, femme DESCHAMPS-DUMERI, femme d'émigré [1].

On ne peut lui reprocher autre chose sinon d'être sous la loi du 17 septembre. Elle a trois enfants en bas âge, qui ont besoin de ses secours ; elle a peu de fortune, son mari ayant consommé la sienne. Elle ne tient point à la caste nobiliaire ; ainsi, la Commission pense qu'elle doit être mise en liberté.

Le Conseil général de la commune de Mayenne disait d'elle : « Née roturière, on ne lui reproche que d'avoir « été l'épouse d'un émigré, ci-devant annobli ».

Marguerite - Charlotte LEFRÈRE DE MAISON, sœur d'un émigré, ex-noble.

Elle est infirme ; elle a besoin de soins domestiques. C'est sans contredit l'une des ex-nobles qui s'est le mieux

(1) Anne-Marie Couasnon de la Martinière, épouse de François-Charles Deschamps du Méry.

conduit depuis la Révolution. Son frère [1] est émigré, mais ce frère comptait sa sœur pour rien et ne l'a jamais rendue dépositaire de ses secrets. D'ailleurs elle est humaine et bienfaisante et digne sous tous les rapports d'être mise en liberté.

Le Conseil général de la commune de Mayenne disait d'elle : « Elle était aimée ; on ne lui reprochait que « d'être noble et sœur d'émigré ».

Femme CHATELOGER, ex-noble, femme d'émigré [2].

Il n'y a contre elle d'autre motif d'arrestation que l'émigration de son mari, ex-maréchal de camp ; sa conduite sage et circonspecte n'a jamais rien offert de répréhensible ; elle est fille du citoyen Bégasson, qui prêta le premier le serment civique à la municipalité de Rennes.

La Commission, ne croyant pas sa liberté dangereuse et connaissant d'ailleurs ses excellentes qualités, ne balance pas à exprimer son vœu en sa faveur.

Le Conseil général de la commune de Mayenne disait d'elle : « Avant comme après la Révolution, elle s'em-« pressa de secourir ses frères indigents. Le bien qu'elle « faisait avait intéressé à son sort ses concitoyens ».

Gabriel TRIPPIER-LOZÉ et Catherine, sa femme, ex-nobles [3].

C'est sans contredit celui des ex-nobles qui a fait le plus d'actes extérieurs de patriotisme. Il a été membre et principal agent du Bureau de charité, membre du Bureau de conciliation et commis par la Municipalité de Mayenne pour faire l'évaluation des fonds de pro-

(1) Jacques-François-Charles Le Frère de Maisons.

(2) Louise-Jude-Marie-Jeanne-Baptiste-Renée Begasson de la Lardais, épouse de Joseph-Hyacinthe Le Mercerel de Chasteloger.

(3) Gabriel-Pierre-Armand Tripier de Lozé et Catherine-Marguerite Gilly, sa femme.

priété afin de parvenir à l'assiette de l'impôt foncier. Et ses ennemis même lui ont rendu justice sur la bonne conduite qu'il a tenue dans ces différents emplois.

Malgré tous ces actes de civisme, il paraît, par les notes que le Comité révolutionnaire et la Municipalité ont données sur son compte, que l'opinion publique s'est tellement prononcée contre lui qu'on a attribué à ses suggestions l'émigration de son fils aîné. Mais, comme il n'y a aucunes preuves que ce soupçon soit fondé, qu'on n'a même pu alléguer contre lui aucuns faits positifs d'incivisme, que quelquefois, dans le temps de révolution, l'opinion du peuple, dans une commune, n'est que le résultat de la calomnie, de l'intrigue et des insinuations perfides des méchants et des terroristes ;

Considérant qu'on ne doit pas priver un citoyen de sa liberté sans de principaux motifs, ou réels ou du moins très probables ; que si le citoyen Trippier-Lozé n'est pas, en effet, ami de la République, c'est non-seulement un mauvais citoyen, mais encore un fourbe hypocrite ; qu'il est injuste de le juger tel, sur de simples soupçons qui peut-être ne sont fondés que sur la méchanceté de ses ennemis ; que, dans le doute, il vaudrait bien mieux rendre la liberté et apprivoiser un aristocrate que de punir un patriote innocent, et qu'enfin, en supposant que cet individu est entaché d'aristocratie, il a été puni par une longue captivité,

La Commission se détermine à solliciter sa libération.

Quant à la femme, elle n'a été arrêtée que parce qu'elle est femme de son mari.

Tanquerel-Pannissais, père d'émigré, non noble, femme et enfants [1].

Son fils aîné est émigré, mais on croit assez généra-

(1) François-Robert Tanquerel de la Panissais et Marie-Anne Durand, son épouse (V. suprà, p. 255).

lement que son père n'a point participé à ce crime. Ce jeune homme, qui s'était rendu coupable de beaucoup d'écarts, fuyait en émigrant les corrections que son père, d'accord avec sa famille, lui préparait.

Il a huit enfants dont six sont avec leur mère en arrestation, à Chartres.

C'est un homme trop impétueux pour dissimuler sa façon de penser et déguiser ses opinions. La Commission est bien éloignée de croire qu'il soit dangereux de rendre à la liberté un individu de cette trempe.

Quant à sa femme, elle était uniquement occupée à l'éducation et aux soins qu'exigeait d'elle sa nombreuse famille ; on ne lui a jamais reproché ni fait, ni propos anticivique.

Les enfants, qui sont en arrestation et qui pour la plupart sont en bas âge, sont tout au moins aussi innocents que leur mère.

D'après ces considérations, la Commission, considérant qu'il n'y a rien de prouvé, ni même d'allégué contre le père, qu'il est au contraire notoire qu'il a hautement exhalé l'indignation que lui causa la nouvelle de l'émigration de son fils, que si on peut lui reprocher quelques propos inconsidérés (qu'on a pu considérer comme contre-révolutionnaires), il en a été bien puni par une année de détention, et qu'enfin en le laissant en état d'arrestation, c'est punir réellement une famille nombreuse, innocente, — croit devoir solliciter formellement la mise en liberté du père, de la femme et des six enfants détenus.

Louise Tripier-Lagrange, veuve Tanquerel[1].

Son fils aîné est émigré ; il était ex-noble de fraîche date. Il serait bien injuste d'attribuer à la mère l'émi-

---

[1] Louise-Marie-Julienne Tripier de la Grange, veuve de Jean-René Tanquerel.

gration du fils, notoirement connu pour être en possession depuis longtemps de dominer sa mère. Le Comité révolutionnaire, dans le tableau des détenus, a annoncé qu'il l'avait peinte au Comité de sûreté générale comme une femme aristocrate, qui n'était pas plus amie du Gouvernement républicain que de la Constitution de 1791.

La Municipalité n'a pas la même opinion sur son compte ; et, comme la Commission n'aperçoit aucune preuve de son incivisme, qu'il n'y a même aucune allégation positive et qu'enfin il est invraisemblable qu'elle ait influencé les projets criminels de son fils, elle ne croit pas pouvoir se prononcer contre cette femme, qui peut-être a été injustement soupçonnée ; d'ailleurs sa captivité a infiniment altéré sa santé.

Le Conseil général de la commune disait d'elle : « Son « fils était d'un orgueil insoutenable et, par là, éloignait « de sa mère tous ceux qui se sentaient entraînés pour « lui accorder quelqu'estime, n'ayant aucun reproche à « lui faire ».

Anne et Marie GASTÉ, filles, ex-nobles [1].

Ce sont des filles que leur noblesse, toute récente qu'elle fût, rendait très orgueilleuses. Le Comité révolutionnaire n'a pas de leur civisme une idée avantageuse, cependant il n'allègue rien de positif contre elles. Elles sont l'une et l'autre très infirmes, ce qui est constaté par des certificats des officiers de santé.

Leur état exigeant nécessairement des traitements et des soins particuliers, qu'on ne peut guère leur administrer dans une maison de détention, et enfin leur vie se trouvant évidemment compromise, si on les laisse

[1] Anne-Madeleine et Marie-Anne de Gasté, filles de René-Simon de Gasté et de Anne de la Rye.

encore quelque temps récluses, la Commission (par ces motifs) se détermine à voter pour leur élargissement.

Le Conseil général de la commune disait d'elles : « on « leur reprochait d'avoir un peu d'orgueil ».

[L'attachement à la royauté de la famille de Gasté lui valut toujours des notes désobligeantes de la part des autorités républicaines].

Jean POIVET-BLINIÈRE, ex-noble [1].

Il n'y a contre lui d'autres motifs d'arrestation que sa qualité de frère d'un émigré ; on n'a rien d'ailleurs à lui reprocher. Il est âgé de 23 ans et par conséquent de la première réquisition ; mais il est d'une santé très délicate et même il paraît attaqué de la poitrine. Il s'est présenté l'un des premiers pour s'enrôler avec les jeunes gens de première réquisition et il serait maintenant au service si les officiers de santé ne l'eussent pas jugé incapable de porter les armes.

La Commission sollicite donc formellement la liberté de ce jeune citoyen, qui n'est même pas soupçonné d'incivisme.

César POIVET, ex-noble [2].

Il est frère du précédent et n'est âgé que de 16 ans. Il y a contre lui un mandat d'arrêt, mais il n'est pas en état d'arrestation, et il erre, se cachant de village en village pour se dérober à la captivité.

Il n'y a contre lui d'autres motifs de suspicion que le crime de son frère aîné ; il est réfugié dans des communes suspectes, et s'il n'était pas rendu à la liberté on pourrait craindre que le désespoir ne le portât à se

(1) Jean Pouyvet de la Blinière, né du mariage de Nicolas Pouyvet et de Marie-Françoise Le Bouteiller.

(2) François-César Pouyvet de la Blinière, né le 15 juillet 1777, du mariage de Nicolas Pouyvet et de Marie-Françoise Le Bouteiller.

réunir aux brigands contre-révolutionnaires, qui infectent notre voisinage.

En conséquence, la Commission, par tous ces motifs réunis, demande sa liberté.

Marie LE BOUTEILLER, femme POIVET, ex-noble [1].

C'est la mère des deux précédents. Son crime est d'avoir son fils aîné émigré [2] ; mais il était marié et héritier de son père. Il paraît prouvé, par le certificat qui lui a été délivré par la municipalité de sa commune, que cet émigré dissimula profondément son projet et qu'il trompa également et sa mère et sa femme.

Le même certificat attestant d'ailleurs le civisme, les bonnes qualités et les vertus de charité et de bienfaisance de cette femme, de sa bru et de ses enfants, la Commission croit devoir demander son élargissement.

Geneviève LEMOINE, femme POIVET-BLINIÈRE, ex-noble [3].

Cette jeune infortunée a été trahie et abandonnée par son mari qui, en la quittant, lui persuada qu'il allait à Paris pour se consulter sur les affaires de la succession de son père, ouverte depuis 1789.

D'après la notoriété publique, il paraît qu'elle ne connut l'émigration de son mari que lorsqu'il ne fut plus temps de s'y opposer.

Cette femme s'étant toujours bien conduite depuis la Révolution et n'ayant jamais manifesté ni hauteur, ni

---

(1) Marie-Françoise Le Bouteiller, épouse de Nicolas Pouyvet de la Blinière, ancien seigneur de Chénecutte, du Ribay et de la Monnerie.

(2) Nicolas-Théodore Pouyvet de la Blinière, époux de Renée-Geneviève Le Moine de la Moinerie.

Les époux Pouyvet-Le Bouteiller avaient eu une fille Marie-Renée P..., qui épousa, à Mayenne, le 5 juillet 1790, Jean-Anne de Launay de la Bouverie, seigneur du Bousquet, né à La Croixille.

(3) V. note précédente.

opinion anticivique, la Commission souhaite la voir rendue à la liberté, dont elle la croit incapable d'abuser.

Magdeleine DEMOREY, veuve René POIVET-BLINIÈRE, ex-noble, âgée de 60 ans [1].

Son fils aîné, lieutenant de cavalerie, est émigré ; tel est le seul reproche qu'on puisse faire à la mère qui, selon toutes les apparences, ne lui a jamais conseillé une démarche aussi scélérate. Longtemps avant son émigration, il était absent de la maison paternelle. Comme la plupart des jeunes militaires, il suivit l'esprit de parti de son corps, gangréné d'aristocratie.

C'est une femme d'une vertu exemplaire, presque uniquement occupée à panser et médicamenter les pauvres malades, auxquels elle prodiguait ses largesses, ainsi qu'à tous les indigents de sa commune.

Au reste, elle est douce, humaine, bienfaisante et populaire, et elle s'est montrée telle et avant et après la Révolution.

La Commission croirait trahir son devoir si elle ne votait pas en faveur d'une femme aussi intéressante et aussi capable de faire oublier le crime de son fils.

Jean FLEURY, ex-domestique.

Il fut arrêté, il y a un an, lors du passage des Brigands de la Vendée et traduit devant la Commission militaire d'Alençon, comme prévenu d'avoir porté les armes contre la République dans l'armée des Rebelles ; mais il paraît que son innocence a été reconnue par la Commission, puisque, le déchargeant de l'accusation, elle a ordonné son élargissement.

Depuis ce temps, cet homme, persuadé que les soup-

---

(1) Madeleine-Marie-Renée de Moré, veuve de René Pouyvet de la Blinière. Sa sœur, Françoise-Henriette, avait épousé Armand-Charles-Guy-Henri Billard de Lorière.

çons de complicité avec les Rebelles planaient sur sa tête, s'est réfugié dans une commune dont le patriotisme n'est pas au niveau de celui de la majorité des habitants du District. Là, il se cache et est presque toujours errant, dans la crainte d'être arrêté.

Il ne paraît pas qu'il y ait contre lui de preuves de rébellion. Son innocence est présumée, puisqu'il a été jugé et renvoyé absous. Il pourrait donc se montrer ouvertement, mais comme il est persuadé qu'il ne sera à l'abri qu'en vertu d'un arrêté du Représentant du Peuple, la Commission l'a classé dans le tableau des détenus et de ceux qui sont *in reatu*.

Il serait dangereux de ne pas accueillir la pétition de cet individu, que la terreur pourrait jeter parmi nos ennemis et qui offre de servir la République.

Guillaume PONTEAU, ex-curé, non sermenté, âgé de 80 ans passés [1].

Il a été pendant plus de 40 ans curé de la commune de Saint-Loup-du-Gast, district de Mayenne, et il était l'exemple de tous ses collègues. Il s'est constamment montré pieux sans fanatisme, humain, généreux, charitable sans ostentation.

S'il a refusé de prêter le serment ecclésiastique, on ne peut attribuer cette faiblesse qu'à son grand âge, qui avait affaibli son esprit, sans altérer son cœur ; aussi,

---

(1) Guillaume Ponthault, né à Saint-Mars-d'Egrenne, en février 1717, ancien vicaire de St-Georges-Buttavent, détenu à Rambouillet, relaxé le 12 frimaire an III (2 décembre 1794), décédé à Mayenne le 19 messidor an V (7 juillet 1797), oncle de André-Jean-François-Guillaume Ponthault, officier de santé, né à Oisseau le 6 août 1748, qui épousa à Tessé-la-Madeleine (Orne), le 24 septembre 1776 Anne-Julienne-Marie Jardin. Celle-ci était : 1° fille de Jean-François Jardin de la Goupillère, notaire royal, et de Julienne Lemoine ; 2° petite fille de Claude Jardin et de Jeanne Chapon ; 3° nièce de Henri Chapelle, époux de Anne Jardin ; 4° cousine-germaine de Charles Hernas de la Verdrie, époux de Anne Chapelle ; 5° cousine issue de germaine de Charlotte Hernas, épouse de Pierre Grosse-Duperon.

après avoir refusé le serment et avoir été remplacé, a-t-il continué de prêcher, dans sa commune, la paix, l'union et la soumission aux lois. Il a mis lui-même cette morale en pratique en fraternisant avec son successeur, exemple bien rare ! Enfin, cet homme vertueux est accablé par les infirmités de la vieillesse et ne pourrait rester plus longtemps en détention sans un danger imminent.

D'après ces considérations, la Commission désire que les mesures de sûreté générale puissent, en cette occasion, s'accorder avec l'humanité et même la justice. Elle désire que ce respectable vieillard soit rendu à sa famille et qu'il soit confié aux soins et à la garde du citoyen Ponthault, (son neveu), officier de santé, domicilié à Mayenne, et sous sa responsabilité, à condition néanmoins qu'il ne pourra habiter dans la commune de Loup-du-Gast où il a exercé les fonctions curiales, dans la crainte que la présence d'un homme qui avait inspiré tant de respect et de confiance aux habitants de cette commune, ne réveillât dans leur cœur des sentiments de fanatisme, qui ne peuvent s'accorder avec les principes du Gouvernement.

Guillaume GÉRAULT, ex-domestique [1].

Le Comité révolutionnaire et la Municipalité ont donné contre cet individu des notes défavorables. La voix publique l'accusait de n'être pas ami de la Révolution et de s'être réjoui des revers de la République, et même d'avoir été l'un des colporteurs de la correspondance des émigrés, fait qui n'a pas été prouvé.

---

[1] Gérault ou Girault était un ancien domestique de Le Mercerel de Chasteloger. Un mandat d'amener avait été lancé contre lui le 18 septembre 1793, « parce que le peuple le considérait comme son ennemi et l'agent des ci-devant et que la conduite de cet homme ne pouvait qu'être préjudiciable « à la maison où il était attaché ».

La Commission n'a pas du civisme de cet homme une opinion bien avantageuse, mais elle sollicite pourtant sa libération par un moyen bien simple, puisé dans les circonstances actuelles. Il n'est pas en état d'arrestation ; il est errant dans les environs du District. Si cet homme eût pris les armes contre la République et qu'il vînt déposer les armes sur la foi de l'amnistie proclamée, son crime lui serait pardonné. Or, il n'est pas prouvé qu'il ait communiqué avec les Chouans ; ainsi, tout suspect qu'on le suppose, il est moins coupable que s'il eût été rebelle.

D'après ces considérations, la Commission préfère rappeler au giron de la République un homme qu'une plus longue proscription pourrait porter au désespoir.

LABROISE-RAIZEUX, de Champgenéteux, ex-noble, cultivateur [1].

Cet homme, âgé de plus de 70 ans, était cultivateur, à Champgenéteux, d'un petit domaine produisant à peu près 3 à 400^f de revenus, lequel compose tout son avoir.

Il fut dénoncé, le 30 octobre 1793, au Comité de surveillance de Mayenne par le nommé François Rondeau, de Champgenéteux, qui l'accusa d'avoir dit que, si l'armée des Brigands était à proximité, il irait bientôt s'y réunir, et que s'il n'eût pas eu la vue si faible, il y a longtemps qu'il y serait passé.

(1) François de la Broise de Raizeux, veuf de Marie-Rosalie-Pétronille de Marguerie de Raille, décédé à Champgenéteux le 31 janvier 1813. Il était fils de René-Charles de la Broise et de Charlotte-Elisabeth de Marguerie. Les époux de la Broise de Raille eurent une fille Charlotte-Thérèse-Françoise de la Broise-Raizeux qui épousa Julien-Victor Robert, né à Montreuil, cultivateur à Champgenéteux. Leur fille épousa Dubois des Lauriers, marchand à Loiron, décédé en 1870. Claude-Elisabeth de la Broise de Raizeux, frère de Françoise de la B..., fut curé de Grazay. Cette famille de la Broise était originaire de Juvigné-Montanadais. François de la Broise avait acheté, le 3 septembre 1777, sa maison et sa terre du bourg de Champgenéteux, de la famille de Lonlay.

Le Comité révolutionnaire de Mayenne invita celui de Champgenéteux à informer de ces faits, ce qui n'a point été fait, mais d'après sa déclaration, il paraît constant que le dénonciateur était un ennemi de Labroise, qui avait obtenu contre lui un jugement qu'il se disposait de faire mettre à exécution, ce qui fait présumer que la dénonciation n'a été lancée de la part de Rondeau que pour se mettre à l'abri des poursuites du dénoncé.

Ce dernier languit cependant dans la maison de détention de Chartres, dans laquelle sa santé s'altère insensiblement.

La Commission ayant pris de nouveaux renseignements sur son compte, dont le résultat a été favorable au prévenu, est d'avis qu'on renvoie dans sa commune et à sa charrue ce vieillard septuagénaire.

Marin-Philippe BERNIER, de Champéon, maréchal.

Il est âgé de 66 ans, et son âge n'a point atténué la violence de son caractère. Il prit part à un rassemblement qui s'éleva dans sa commune contre le recrutement du contingent de la levée de 300.000 hommes. Mais, comme il ne fut pas considéré comme chef et instigateur, le tribunal criminel ordonna qu'il serait sursis à faire droit sur l'accusation, jusqu'à ce que la Convention eût prononcé sur le sort de tous les individus qui, sans pouvoir être considérés comme chefs ou instigateurs, avaient pourtant pris part à ces soulèvements.

Il était, en attendant la décision de la Convention dans la maison d'arrêt de Mayenne, lorsque l'arrivée des brigands força sa translation à Chartres, où il est détenu depuis ce temps.

Il a été réclamé par une partie des habitants de sa commune, qui ont annoncé avoir besoin de ses services comme maréchal.

La Commission considérant que cet homme ne peut être considéré comme suspect et que, en sa qualité d'artisan, il est dans la disposition favorable de la loi du 21 messidor,

Est d'avis que le Représentant du peuple applique à son égard cette loi bienfaisante.

La citoyenne GRANDIÈRE, fille, ex-noble [1].

On ne sait s'il y a eu aucun mandat d'arrêt contre cette fille. On présume que l'agent national Pottier donna ordre de la faire arrêter. Depuis ce temps, elle se cache, déguisée en paysanne ; on ne peut lui faire d'autre reproche que l'émigration de son frère, qui n'habitait point avec elle et qui est parti de son régiment.

Elle est presque sans fortune.

La Commission invite le Représentant du peuple à la comprendre dans la liste des personnes qu'il réintégrera dans les droits de citoyen.

(1) Hélène-Françoise de la Grandière, demeurant au château du Fresne, en Champéon, sœur de François-Augustin-Jérémie Palamède de la Grandière, officier au régiment de Turenne, émigré, et de Anne de la Grandière, ancienne élève de Saint-Cyr. Ils étaient enfants de François-Philippe Palamède de la Grandière et avaient : 1° pour aïeul Palamède de la Grandière, 2° pour bisaïeul Louis-François de la Grandière, 3° pour trisaïeul René de la Grandière, époux de Françoise de Beauregard du Fresne.

CORRECTIONS

TABLE DES DOCUMENTS

L

Pétition adressée, en 1755, au Parlement de Paris par les officiers de la Barre ducale, concernant la taxe des droits et émoluments des magistrats, greffiers et avocats-procureurs ....

E'

F'

TABLE ALPHABÉTIQUE

NOMS PROPRES CONTENUS DANS L'OUVRAGE

Burgeot-Bournonville (Richard), 25, 26.
Burons (métairies des Grands et Petits-), 221.
Buttes (château des), 251.
Buttes (les), 221.

C

Caillerie (Jacques - Bertrand Testard de la), 276.
Caillerie (P... Testard de la), 76.
Cailleteau (Joseph - Bernard), 93.
Cailleteau (Nicolas), 93.
Caillette, 178.
Cailloux (chapellenie de l'Isle ou des), 264.
Calvaire (couvent du), 226, 261.
Calvaire (enclos du), 226.
Calvaire (le Grand-Champ du), 226.
Calvaire (le Petit-Champ du), 226.
Calvaire (religieuses du), 73.
Campagnolles (Jacques-Drudes de), 235.
Canton (Mlles), 180.
Canuel (le baron), 233, 234.
Capet, 205.
Capucins (champ dit des), 220.
Capucins de Mayenne(couvent des), 220, 225.
Capucins de Mayenne (sœurs temporelles des), 225, 226.
Caradeuc de la Chalotais (de), 272.
Carelles, 84, 104.

Carlière (P... Chabrun-), 183.
Carlière (Pierre Chabrun de la), 90, 99.
Carouges de Tillières (P... de), 53.
Carré (François), 25, 26.
Carré (Marie), 99.
Carré (P...), 74, 177.
Carré (René-Jean), 77.
Carré (veuve), 25.
Ceaucé, 84, 103, 105, 252.
Ceaucé (collège de), 96.
Cecé, en Jublains, 185,189.
Cessé (métairies de), en Jublains, 256, 257.
Cendrier, 211.
Chabrun (Jeanne-Marguerite), 238.
Chabrun (Julien), 181.
Chabrun (René-François), curé, 71.
Chabrun-Carlière (P...), 183.
Chabrun de la Carlière (Pierre), 90, 99.
Chailland, 84, 95, 103, 105.
Chalmel (Charles-Daniel), 94, 95, 99.
Chalmel (Georges), 94, 100.
Chalmel (Guillaume), 94, 99.
Chalmel (Jean), 99.
Chalmel (Jean-Nicolas), sieur de la Malardière, 95.
Chalmel (Jeanne - Renée-Catherine), 94, 99.
Chalmel (Michel), 99.
Chalmel (Michel-Jean), 94.
Chalmel (Michelle), 95.
Chalmel (Renée - Jeanne), 94.
Chalmel du Bourg (Jean-François), 238.
Chalmel du Bourg(Joseph-François), 95.

L

Martinet, 20.
Martinière (Anne-Marie Couasnon de la), 234, 284.
Martinière (Couasnon de la), 101.
Martinière (Jean Couesnon de la), 101.
Martinière (sieur de la), 96.
Massac (de), 20.
Masure (chapellenie de la), 264.
Masure (closerie de la), 264.
Masure (métairie de la), 264.
Mauhitière (closerie de la), 177, 249.
Mauhitière (pièce de terre de la), 251.
Mauny, commune de Gesnes, 192.
Maupetit, 76, 108.
Maupoirier (Marie-Madeleine Pattier de), 277, 278.
Maure (prée nommée la), 214.
Maurel (Le), régisseur, 71.
Mausson (marquis de), 21.
Maulaint (Pierre-René), 251.
Mautin (Julien), 184.
Mayenne, 1, 4, 5, 20, 24, 26, 28, 29, 30, 41, 42, 46, 49, 58, 77, 80, 82, 86, 90, 105, 106, 107, 113, 114, 116, 119, 121, 173, 174, 186, 191, 194, 197, 198, 202, 203, 204, 205, 206, 207, 208, 209, 216, 218, 220, 221, 227, 228, 229, 230, 232, 233, 236, 237, 238, 239, 242, 243, 244, 245, 246, 247, 249, 253, 254, 255, 260, 261, 262, 263, 264, 265, 267, 268, 270, 277, 279, 280, 281, 290, 292, 293.
Mayenne (armoiries de la ville de), 112.
Mayenne (baillage de), 125, 158.
Mayenne (baron de), 2.
Mayenne (baronnie de), 1, 2, 3, 4, 5, 8, 13, 18.
Mayenne (Barre ducale de), (Voir Barre ducale de Mayenne).
Mayenne (boulangers publics de), 28.
Mayenne (capucins de), 225.
Mayenne (champ dit de), en Commer, 240.
Mayenne (château de), 1, 62.
Mayenne (chemin de), à Ambrières, 256.
Mayenne (collège de), 251.
Mayenne (comité de surveillance de), 294
Mayenne (comité révolutionnaire de), 268, 295.
Mayenne (commune de), 251, 265, 269.
Mayenne (conseil général de la commune de), 271, 279, 280, 281, 282, 283, 284, 285, 288, 289.
Mayenne (curé de), 107.
Mayenne (département de la), 202, 267.
Mayenne (Directoire du district de), 185, 236, 249, 250.
Mayenne (District de), 185, 208, 215, 217, 219, 226, 231, 232, 237, 239, 244, 248, 249, 251, 254, 256, 257, 258, 259, 260, 292, 294.

S

U

V

Y

CORRECTIONS NOUVELLES

www.ingramcontent.com/pod-product-compliance
Ingram Content Group UK Ltd.
Pitfield, Milton Keynes, MK11 3LW, UK
UKHW022323090726
13658UKWH00001B/45